壹卷
YE BOOK

洞 见 人 和 时 代

阅读是生活的一种方式

文本、交往与视域

吴浩 著

四川人民出版社

图书在版编目（CIP）数据

阅读是生活的一种方式：文本、交往与视域 / 吴浩著. -- 成都：四川人民出版社，2023.5（2024.9重印）

ISBN 978-7-220-13415-9

Ⅰ.①阅… Ⅱ.①吴… Ⅲ.①哲学思想—思想史—研究—中国 Ⅳ.①B2

中国国家版本馆CIP数据核字（2023）第143022号

2022年北京高等教育"本科教学改革创新项目"

"书与人，中国与世界，双语阅读与通识教育"阶段性成果

YUEDU SHI SHENGHUO DE YIZHONG FANGSHI

阅读是生活的一种方式：
文本、交往与视域

吴　浩　著

出版人	黄立新
策划统筹	封 龙
责任编辑	封 龙 冯 珺
封面设计	周伟伟
版式设计	张迪茗
责任印制	周 奇

出版发行	四川人民出版社（成都三色路238号）
网　址	http://www.scpph.com
E-mail	scrmcbs@sina.com
新浪微博	@四川人民出版社
微信公众号	四川人民出版社
发行部业务电话	（028）86361653　86361656
防盗版举报电话	（028）86361661
照　排	四川胜翔数码印务设计有限公司
印　刷	成都东江印务有限公司
成品尺寸	130mm×210mm
印　张	11.375
字　数	210千
版　次	2023年5月第1版
印　次	2024年9月第2次印刷
书　号	ISBN 978-7-220-13415-9
定　价	82.00元

序　言

　　思想史家王汎森提出"思想是生活的一种方式"，描述立体的思想图景："如果从历史实际发展的角度出发，在谈思想史的问题的时候，除了注意山峰与山峰之间的风景，还应注意从河谷一直到山峰间的立体图景"；"希望了解思想在广大社会中如微血管中血液周流之情形，因而也提醒我们注意不能随便将思想视为实际"。①

　　在伽达默尔哲学诠释学的理论体系中，阅读的地位举足轻重："阅读成了诠释学和解释的中心。诠释学和解释都是为阅读服务的，而阅读同时又是理解。"伽达默尔把阅读视作"艺术作品本身真正的体验方式"，"不仅存在于文本中，而且也存在于绘画和建筑物中"，"阅读是一种特有的、在自身中得到实现的意义进程"。②

　　基于王汎森"思想是生活的一种方式"范式和伽达默尔

---

① 王汎森：《思想是生活的一种方式：中国近代思想史的再思考》，台北：联经出版事业股份有限公司，2017年，第20页。

② ［德］汉斯-格奥尔格·伽达默尔著，洪汉鼎译：《诠释学II：真理与方法》，北京：商务印书馆，2021年，第21—23页。

哲学诠释学理论体系，阅读在思想史中的作用，庶几可概括为："阅读是生活的一种方式"。为诠释"阅读是生活的一种方式"，试从文本、交往与视域这三个维度阐发。

伽达默尔回溯"文本"概念的两种初级形态——《圣经》的文本和音乐词义解释的文本。前者是所有教会理论注释的根据，具有真理性；后者是在歌唱过程中产生，具有阐释性。伽达默尔哲学诠释学赋予了"文本"阐释工具的角色："凡是我们把事物归并进经验时遇到阻力的地方，凡是回溯到想象的所与物时能为理解指出一个指向的地方，文本这个词就会得到广泛传播。"①

"交往"是马克思主义理论的重要概念，交往理论是马克思主义唯物史观的基础范畴。在马克思交往理论的理论范式中，交往是表征主体间交互性的关系，是主客观统一的实践活动。"交往"对民族内部结构和对外关系产生重要影响："各民族之间的相互关系取决于每一个民族的生产力、分工和内部交往的发展程度。这个原理是公认的。然而不仅一个民族与其他民族的关系，而且一个民族本身的整个内部结构也取决于它的生产以及内部和外部的交往的发展程度。"②马克思交往理论还揭示世界历史在"交往"中得以形成："各民族的原始闭关自守状态则由于日益完善的生产方式、交往以及因此自发地发展起来的各民族之间的分工而消灭得愈来愈彻底，历史就在愈

① ［德］汉斯-格奥尔格·伽达默尔著，洪汉鼎译：《诠释学II：真理与方法》，北京：商务印书馆，2021年，第427页。
② 中共中央马克思恩格斯列宁斯大林著作编译局编译：《马克思恩格斯全集》（第3卷），北京：人民出版社，1998年，第24页。

来愈大的程度上成为全世界的历史"。①在马克思交往理论之后，后世学者对"交往"这一概念多有深入研究和阐发。

在伽达默尔的哲学诠释学理论体系中，文本的视域和读者的视域经过"交往"，而形成"视域融合"——"当解释者克服了一件文本中的疏异性并由此帮助读者理解了文本，那他本身的退隐并不意味着消极意义上的消失，而是进入到交往之中，从而使文本的视域和读者的视域之间的对峙得到解决。"②

文本、交往、视域这三者，对于阅读这一生活方式，又发生怎样的映射关系？首先，文本是阅读的客体；其次，阅读者藉由文本的阅读，而践履与古为徒、神游天下，完成精神层面茹古涵今的交往；再者，阅读者由文本阅读反诸并升华交往，达到"知行合一""读万卷书，行万里路"的功效；最后，在前三者的基础上，使文本的视域与阅读者的视域实现"视域融合"。伽达默尔的论断可为此做一注脚："尽管阅读绝不是再现，但我们所阅读的一切文本都只有在理解中才能得到实现。而被阅读的文本也将经验到一种存在增长，正是这种存在增长才给予作品以完全的当代性。"③

这本小册子集聚了十余年来我对经典阅读，对书与人、中国与世界主题的思考。诚如意大利文学家卡尔维诺所言：所谓经典，应该是"我正在重读"的书，而不是"我正在读"的

---

① 中共中央马克思恩格斯列宁斯大林著作编译局编译：《马克思恩格斯全集》（第3卷），北京：人民出版社，1998年，第51页。
② ［德］汉斯-格奥尔格·伽达默尔著，洪汉鼎译：《诠释学II：真理与方法》，北京：商务印书馆，2021年，第441页。
③ 同上，第25页。

书。读书遇人，读史阅世，这正是文本、交往与视域对于阅读的意义所在。

　　培根《论读书》一文风靡世界、脍炙人口。学者王佐良对培根《论读书》的中文译文被誉为经典："读书足以怡情，足以傅彩，足以长才。其怡情也，最见于独处幽居之时；其傅彩也，最见于高谈阔论之中；其长才也，最见于处世判事之际。……"我甚至遐想，如果兴办一个阅读主题的博物馆或纪念空间，将培根《论读书》的英文原文和王佐良的中文译文以英汉双语对照形式呈现作为主视觉设计，画龙点睛处镌之伽达默尔的雄论："谁通过阅读把一个文本表达出来，他就把该文本所具有的意义指向置于他自己开辟的意义宇宙之中。"①

　　是为序。

癸卯立春吉日于徽州

---

① 　［德］汉斯-格奥尔格·伽达默尔著，洪汉鼎译：《诠释学Ⅱ：真理与方法》，北京：商务印书馆，2021年，第24—25页。

目录

第一编 书与人,中国与世界

第二编　从丝绸之路到"一带一路"

第三编　通识教育与经典阅读

第一编
书与人，中国与世界

洙泗濠濮，松柏桐椿

——记厉以宁著作外译，并祝先生九秩寿辰

一

仍然记得我对北京大学最初也是最为深刻的印象，来自1998年5月我在徽州腹地休宁中学图书馆阅读《南风窗》杂志的惊鸿一瞥。彼时正值北大一百周年校庆，美国总统克林顿访问中国并在北大办公楼礼堂发表演讲为北大庆生。作为一个徽州县城没有见过世面的青涩男孩，第一次见到铜版彩色新闻纸印制的精美杂志，无论是图像抑或文字都深深震撼了心灵。那一期的《南风窗》不啻北大校庆专刊，系统比较了北大清华的异同，还介绍了北大一百年来的风雨兼程，厉以宁先生的道德事功文章深深打动了我。我在心底默念：微斯人，吾谁与归？

彼时正值高一年级下学期，面临文理分科选择的烦恼——我的文科理科都还不错，都很有希望考上北大清华。但正因

为这次邂逅，正是厉以宁先生人格魅力的感召，在1998年那个夏日的黄昏，我做出了人生的抉择——选择文科，报考北京大学，最理想的当然是考上光华管理学院，亲炙厉以宁先生的教诲。

2000年的高考，我考出了理想的分数，要先估分后报志愿。我毅然决然地报考北京大学，但对于具体专业的选择，却有着不同的声音。我矢志报考光华管理学院，光华在安徽招生的具体专业是金融——那时候互联网尚未普及，山区县城无论是老师还是家长对中国高等教育的高峰都是一头雾水——我特别敬重的教导主任也是全国特级教师，劝我不要报考金融，说金融有什么好，出来就是在银行干事情；我问那我报北大中文系呢，教导主任说中文系出来就是当秘书；父亲为我参谋，还是报国际政治吧，当个外交官挺风光。

我后来阴错阳差上了北大国际政治系，但做厉以宁先生门生的朴素愿望一直深藏心底。到北大报到后不久，厉以宁先生给大一新生作报告，早早去占位置听讲，没想到办公楼礼堂早已被挤得水泄不通。我挨着办公楼礼堂的墙根听完了厉先生一个多小时的报告，仍然记得厉先生引用《吕氏春秋》的典故，讲了"子贡赎人"和"子路受牛"的故事。厉以宁先生深入浅出地讲这两个故事，醉翁之意不在酒，意在探讨民营经济在改革进程中所面临的制度、观念、激励等多方面的因素。厉先生对中国现实问题的关切和中国传统文化的精通，给我留下了深刻的印象。

二

2006年，我从北大硕士毕业，到北外机关工作。时任北外校长郝平教授出身北大，对厉以宁先生非常敬重。厉先生欣然答应北外的邀请，担任北外哲学社会科学学院名誉院长，并多次来北外做报告。2009年春天，我从北外机关调到外研社工作，有幸主持厉以宁先生文集的英译出版。这部文集精选了厉以宁先生在1980年到1998年之间发表的关于中国经济改革与发展的16篇代表性著述，其中心指导思想是：改革与转型服务于经济增长与社会发展；经济增长和社会发展服务于社会普通公民的福祉。这些著述在发表时对中国经济实践产生了广泛而深远的影响，代表了改革开放成功实践背后中国经济学派的理论贡献。也正因此，这部文集不仅是厉先生学术思想演变的写照，更展现了中国经济改革与发展的宏大历程。

外研社对英译厉先生这部文集非常重视，由著名翻译家凌原教授担任主译，并就其中的一些专业问题的翻译与北大光华管理学院蔡洪滨教授、周黎安教授等反复讨论磋商，并请澳大利亚专家对语言进行润色定稿。

2010年11月，恰逢厉以宁先生八十华诞，厉先生这部经济学文集的英译版以《中国经济改革发展之路》（*Economic Reform and Development: The Chinese Way*）之名正式出版，厉先生的学生、英国社会科学院院士、伦敦大学亚非学院金融管理系首席教授孙来祥为文集作序。

为什么厉以宁先生对这部文集冠以"中国经济改革发展之路"之名？异曲同工的是，为什么为厉先生祝寿的学术研讨会也取名为"经济学理论和中国道路"？厉先生和我们谈道："我不用'中国模式'，因为'模式'往往是固定化的；我用'中国道路'，因为它更容易博采众长。中国改革开放所走出的道路，不仅借鉴了外国经验，也吸收了自己的经验教训，是'谁有优点就学谁'。"那正是"中国模式"的提法风靡一时之日，厉以宁先生以经济学家的敏锐葆有冷静的头脑，坚持"中国道路"的概念。2012年秋，党的十八大报告中提出了"道路自信、理论自信、制度自信"三个自信的理论，厉以宁先生倡导的"中国道路"的理论范式为"道路自信"提供了学术参考。

《中国经济改革发展之路》英译版推出之后，很快受剑桥大学出版社青睐。剑桥大学出版社第一时间引进版权，收入剑桥大学出版社"剑桥中国文库"（The Cambridge China Library）丛书。2012年4月16日，剑桥大学出版社专门于伦敦举办了该书海外版的首发仪式。我有幸随厉以宁先生、厉先生夫人何玉春师母和车耳学长等赴英国专门出席首发式。厉以宁先生在首发式上作了题为《双重转型和中国道路》的主旨演讲。厉先生在演讲中总结经济转型的"中国道路"："中国进行的经济转型实际上是双重转型。一是从传统农业社会向工业社会、现代社会的转型，另一是从计划经济体制向市场经济的转型。这两种经济转型在中国是重叠在一起了。二者同样重要，同样决定着中国的命运。"

我在泰晤士河河畔的会场聆听厉先生的报告。我想起了剑桥大学出版社曾经出版过的《剑桥中国史》系列和李约瑟博士主编的《中国科学技术史》系列，这两部中国主题的经典著作都是海外汉学家直接用英语写作。厉以宁先生的英译作品纳入"剑桥中国文库"出版，从中国学术著作对外传播而言，有着开创性的意义。厉先生的演讲和着泰晤士河的波涛，拍打着我的心灵，我也隐隐感觉到时代的脉动。

三

厉以宁先生关于中国经济体制改革的理论创新遍及多个领域，他在股份制改革、国有企业产权制度改革和证券法、非公经济36条以及非公经济新36条等经济法规的制定方面都做出了历史性的贡献。在2018年庆祝改革开放40周年大会上，厉以宁先生被党中央、国务院授予改革先锋称号和奖章，被誉为"经济体制改革的积极倡导者"。

在厉以宁先生撰写的皇皇巨著中，除了《中国经济改革发展之路》，厉先生还对《非均衡的中国经济》和《超越政府与超越市场——论道德力量在经济中的作用》两部著作颇为珍视。我向厉先生表态："您有这个心愿，我一定努力做好另外两部书的英译出版，让国外读者能读到您英文版的三部曲。"

早在改革开放初期，厉以宁先生就提出用股份制改造中国经济的理论，被理论界和政策制定者广泛接受和采纳。在比较研究中国和其他国家经济的基础上，他发展了"非均衡经济理论"，并运用这一理论解释中国经济的运行，得到国内外学术界的高度认可。《非均衡的中国经济》一书，就是厉以宁先生首次对中国经济发展"非均衡经济理论"的系统阐述。中国经济改革发展的成功实践，证明了《非均衡的中国经济》一书蕴藏的深刻的思想理论价值。《非均衡的中国经济》1998年被评为"影响新中国经济建设的10本经济学著作"之一，2009年入选"中国文库·新中国60周年特辑"，厉以宁先生也因为本书的贡献荣获"2009中国经济理论创新奖"。

在《非均衡的中国经济》中，厉以宁先生从中国的非均衡经济现实着手，以说明资源配置失调、产业结构扭曲、制度创新的变型等现象的深层次原因，并进而合乎逻辑地提出中国经济改革必须构建具有充分活力的微观经济主体的政策主张。这部著作是厉以宁先生对于非均衡理论的重要发展和突破，也是其全部所有制改革理论的根基所在，厉先生的所有制改革优先理论和资源配置理论都是非均衡理论的合乎逻辑的延伸和拓展。正是在这个意义上，非均衡理论对中国四十年的经济改革影响深远。

经济学家亚当·斯密为世人所熟知的是其经典著作《国富论》，他在其中提出了"看不见的手"这一概念，对市场在经济资源配置中的基础性作用做了深刻的探讨。但这只是亚当·斯密的一面，他还撰写了另外一部著名的伦理学著作《道德情操论》。世人大多记住了《国富论》，而对《道德情操论》却知之甚少，至少要把这两者放在一起考量，才能帮助我们理解一个完整的亚当·斯密。无独有偶，厉以宁先生不但活跃在中国经济体制改革的前沿，撰写大量经济改革的著述，还以经济学家的视角来剖析习惯和道德在经济领域发挥的重大作用。《超越市场与超越政府》凝聚了厉以宁先生这方面的思考。

在《超越市场与超越政府》一书中，厉以宁先生首次将经济学的关注焦点由传统的交易领域引向非交易领域，引向对习惯与道德这一不可替代的第三种调节的重视。针对这个社会与经济生活中日益重要的问题，厉以宁教授以哲人的思辨和学者的笔触，从经济学与哲学视角，对习惯与道德调节在经济中的作用进行了深入的论述。作为超越市场调节与政府调节的第三种调节，由习惯力量或道德力量进行的调节在社会经济生活中的作用越来越突出。即使在市场经济中，习惯与道德调节不仅存在着，而且它的作用是市场调节与政府调节所替代不了的。厉先生不是从伦理学家角度来讨论道德和习惯问题，而是把习惯与道德问题纳入经济学的框架中加以研究。对社会经济生活中习惯与道德调节的研究，厉以宁先生堪称首开先河者。

这部《超越市场与超越政府》，连同厉以宁先生的其他经济学论著一道，体现了一个真正的经济学家所应具有的终极关怀，并直指经济学研究的本质。海外有学者将厉以宁先生誉为中国的亚当·斯密，就《中国经济改革发展之路》《非均衡的中国经济》《超越市场与超越政府》这三部代表作而言，我想，厉以宁先生是当之无愧的。

四

在《中国经济改革发展之路》英译本由外研社和剑桥大学出版社联合出版之后，我又主持《非均衡的中国经济》与《超越市场与超越政府》两部著作的英译工作，并就其海外出版与施普林格出版集团商洽合作。施普林格（Springer）是世界第一大科技和医学出版机构，它的logo是国际象棋中骑士的形象，彼时对出版中国主题的人文社科经典学术作品颇为看重。施普林格负责选题的资深编辑李琰女士是北大九七级社会学系学姐，我和李琰学姐就由外研社与施普林格合作出版厉以宁先生这两部著作的英译本很快达成共识。我们也继而想到，在这个合作的基础上，能不能扩展为策划一套以中华优秀传统文化研究和当代中国人文社科研究为主题的学术文库？这个想法也得到了双方高层的肯定。

我们很快发起了外研社·施普林格"中华学术文库"英文丛书的筹备工作。曾担任中共中央政治局常委、国务院副总理的李岚清同志对文库非常重视，还专门为文库篆印作为logo。我们也邀请厉以宁先生作为文库的学术委员，厉先生对此欣然同意。

2012年8月29日，外研社·施普林格"中华学术文库"英文丛书正式启动。厉以宁先生与汤一介先生、乐黛云先生、陆学艺先生等诸位贤哲以耄耋之龄莅临现场并讲话，给我们莫大的鼓舞。我们把这套丛书对标的是商务印书馆策划翻译出版的

"汉译世界学术名著丛书"。"汉译世界学术名著丛书"把各个学科的世界学术名著介绍给中国读者，开启民智，馨香长存，是当代中国学术史和出版史上的里程碑。

我们有这样的期许和愿景，就是希望外研社·施普林格"中华学术文库"英文丛书能够与"汉译世界学术名著丛书"比肩，成为在中外文明互鉴交流方面的出版"双璧"，以开阔的学术视野和敏锐的学术意识，把中华优秀传统文化和现当代中国研究最有代表性的学术经典以英文的形式介绍给全世界读者，帮助世界读者了解和认识一个历史悠久、文化灿烂的历史中国，了解和认识一个改革开放、和平发展的当代中国。时至今日，外研社·施普林格"中华学术文库"英文丛书已出版著作38种，初具气象，没有辜负厉以宁先生等前贤的厚爱和期望。

五

中国读者有幸，世界读者有幸。

厉以宁先生以经济学理论阐释中国道路的学术著作，越来越多地被译成外文。迄今为止，由外研社译介的厉以宁先生经济学著作外文版已初具规模。《中国经济改革发展之路》《非均衡的中国经济》《超越市场与超越政府》在成功出版英译版之后，相继输出《中国经济改革发展之路》的塞尔维亚语、西班牙语、阿尔巴尼亚语、法语、保加利亚语版本和《超越市场与超越政府》的西班牙语和日语版本。

厉以宁先生这三部代表性的经济学著作译成外文之后，在国外产生了深远的影响。2015年12月14日，哈萨克斯坦总理卡里姆·马西莫夫、第一副总理巴赫特江·萨金塔耶夫一行访问北大光华管理学院，就中哈经济发展合作、中国经济转型与改革和"一带一路"等议题与厉以宁先生进行了深入的交流。马西莫夫总理曾在中国留学，是个"中国通"。没想到马西莫夫总理还是厉以宁先生的超级粉丝，一见面就拿出厉先生《中国经济改革发展之路》与《非均衡的中国经济》的英译版请先生签名，说曾反复研读，并受益匪浅。

为什么厉以宁先生的著作在国外读者中也深受欢迎？我想这与厉先生渊博的知识、深厚的学养、严谨的学风和对现实问题的关切密不可分。厉先生早年在北大求学的时候，陈振汉教授就谆谆教导：要想在经济学研究中取得成就，必须在经济理论、统计、经济史三个方面打好基础。厉以宁先生从负笈北大开始，就像海绵吸水一样如饥似渴地学习，系统研读马克思、哈耶克、兰格、凡勃仑、康芒斯、马歇尔、韦伯、熊彼特、凯恩斯等学者的著作。

厉先生1955年大学毕业留校工作，曾创作词作《鹧鸪天》自勉：

溪水清清下石沟，千湾百折不回头。兼容并蓄终宽阔，若谷虚怀鱼自游。

心寂寂，念休休，沉沙无意却成洲。一生治学当如此，只计耕耘莫问收。

厉以宁先生在北大经济系资料室埋头工作二十多年。他践行了词作里的志向,转益多师,兼收并蓄,在深入研习的基础上,翻译了外国经济史的多本著作,还撰写了关于希腊罗马拜占庭经济史的专著。厉先生数十年对外国经济史和西方经济学理论用功颇深,但他并非"言必称希腊"之辈,相反以高度的文化自觉和对中国现实问题的关切,形成系统的思考和研究。

厉以宁先生作为中国经济改革进程的重要亲历者与国有企业股份制改革理论的提出者,对中国改革开放的历程具有深刻的见解。他那些在不同程度上推动了改革的演讲和论文则是对历史转折处最生动直观的描述。厉以宁先生的经济学著作将有助外国读者对中国经济改革的发展路径和内在逻辑拥有更为清晰的理解和参考。正如厉先生2012年在剑桥大学版《中国经济改革发展之路》新书发布会上所作的主旨演讲中所总结的,中国改革开放以来的经济转型是一个双重转型的轨迹——从传统农业社会向工业社会、现代社会的转型,从计划经济体制向市场经济体制的转型。相信国外学界从厉先生"中国道路""双重转型"等充满智慧的理论创见中也会深受启发。

抚今追昔,距严几道先生将亚当·斯密《国富论》译成《原富》在中文世界流布,已将近两个甲子的光景。在这两个甲子的时间里,伴随着中国的富强和复兴,更多具有中国气派、中国气象的经典学术作品也走向世界,为全球治理提供中国方案和中国智慧,产生世界性的影响。

2012年,我随厉以宁先生、何玉春师母和车耳学长访问英国爱丁堡时,曾专门寻访亚当·斯密故居,并合影留念。这真是一张具有历史意义的合影。厉以宁与亚当·斯密的相知相遇，是对两个甲子中中西学术文化交流的极好注解。我想起了厉以宁先生1984年的词作《菩萨蛮·黄山归来》：

隔山犹有青山在，彩云更在群山外。寻路到云边，山高亦等闲。

问君何所志，纵论人间事。寄愿笔生花，香飘亿万家。

六

厉以宁先生青年时期即从事诗词创作，他的诗词作品清新质朴，别开生面。我特别喜欢厉先生那些治史论学、饱含哲理的词作，还曾报颜请先生亲手题写了三幅词作收藏。转眼即是厉先生九秩寿辰，我挑选了先生一百零八首诗词作品，请资深翻译彭琳女士翻译成英文，计划在先生寿辰之日出版。把准备英译的厉先生诗词数量定在一百零八首，亦有"何止于米，相期于茶"的美好祝福。

中国古典传统对何以长寿有着不同的解读。儒家讲"仁者寿"。子曰："知者乐水，仁者乐山。知者动，仁者静。知者乐，仁者寿。"（《论语·雍也篇》）道家讲"烟云供养"。明代书画家陈继儒感慨："黄大痴九十而貌如童颜，米友仁八十余神明不衰，无疾而逝，盖画中烟云供养也。"（《妮古录》卷三）

黄公望、米友仁笔下的富春山居、米家山水一派道家气象，甚至黄公望本人也是不折不扣的全真道士。陈继儒认为黄公望、米友仁的长寿，是因为他们常常作画山水，烟岚云岫荡涤心胸。

我觉得儒家和道家二者的说法都可以解释厉以宁先生的长寿。厉先生关切民生、关心民瘼，在重大历史转折的关头践行知识分子的时代使命，是真真切切的儒家，"仁者寿"三个大字对厉先生而言是完全匹配的。

厉先生还寄情山水，胸中自有丘壑，他诗词里的每一道山每一条河都灵动着真情和哲思。以"烟云供养"来形容厉先生的胸怀自然恰如其分。前些日子，就厉先生诗词英译出版事，我专程去府上拜望先生。厉先生泡了一杯猴魁绿茶在家等候。何师母说厉先生就喜欢而且一直都喝我家乡黄山的猴魁绿茶。我想起西南联大的一代哲人都喜欢喝茶。汪曾祺先生《泡茶馆》一文探讨了泡茶馆对联大学生有些什么影响。答案是：可以养其浩然之气，保持绿意葱茏的幽默感，战胜恶浊和穷困。我来自徽州茶乡，酷爱喝茶，在人生最困顿的时候曾反复默念汪曾祺先生的这段话，吾养吾"浩然之气"，"保持绿意葱茏的幽默感"，云云。茶客与茶人有所不同，前者是消费者，后者可以是制茶者，但更是精神上的爱茶者。从这个意义上说，汪曾祺先生是茶人，我曾亲炙其教诲的赵宝煦先生是茶人，厉以宁先生亦是这样的茶人。茶人胸中自有丘壑，葆有绿意葱茏的幽默感。真正好茶所生发之处，必然是高山之巅、烟云供养。

如何儒道兼济？朱光潜先生"以出世的精神做入世的

事业"之语甚得我心。我曾创造性地把四条河流组成一个短语——"洙泗濠濮",来诠释这个含义。

"洙泗",即洙水和泗水,洙水在北,泗水在南,春秋时在鲁国地界。孔子曾于洙泗二水之间讲学,后世因此以洙泗代指孔子教泽,譬如"海滨洙泗""潇湘洙泗"皆此种含义。

"濠濮",即濠水和濮水。《庄子·秋水》中有关于濠水和濮水的两则富有哲思的故事。一则是庄子与惠子濠上观鱼。"子非鱼,安知鱼之乐?""子非我,安知我不知鱼之乐?"这组洋溢着辩证法光辉的对话即出于此。另一则故事是写庄子在濮水边钓鱼,楚王派使者来请庄子去做官。庄子以神龟作喻,向使者发问:"宁其死为留骨而贵乎?宁其生而曳尾于涂中乎?"众人的选择皆是"吾将曳尾于涂中"。后世往往将濠濮并列,寄托庄子《南华经》中遗世高蹈的情怀。北海公园的"濠濮间"与颐和园谐趣园中的"知鱼桥"等都出自"濠濮"的典故。

我一直倾慕朱光潜先生"以出世的精神做入世的事业"之风骨,把"洙泗"和"濠濮"视为志趣的两端,也正因此把书斋陋室取名为"洙泗濠濮"四水堂。洙水泗水濠水濮水四条河流,恰如我徽州老宅之四水归明堂。今年春节,我以"洙泗濠濮"和"松柏桐椿"为镜像自撰联:"闻鹧鸪,熟读稼轩,歌洙泗濠濮;打草稿,搜尽奇峰,写松柏桐椿。"我突然发现这副对联完全可以献给厉以宁先生,暗合了先生左手作诗填词、右手写经世济民论著的旨趣。厉先生的词作颇类稼轩,多阕《鹧鸪天》余音绕梁,洙泗濠濮是先生风范。厉先生做经济学研究，特别注重田野调查，在耄耋之年仍坚持深入中国经济改革第一线去获取第一手信息，从这个角度而言，他与"搜尽奇峰打草稿"的石涛苦瓜和尚是旷代知音。"松柏桐椿"取"松柏同春"之义，古人常以此为题入画，寄托寿庆祝福和美好愿望，沈周、文徵明、八大山人、吴历等皆有《松柏桐椿图》传世。厉先生关切贫困地区的发展，贵州毕节地区的脱贫凝聚着先生数十年的心血——正如先生2012年第七次赴毕节扶贫时创作的词作《踏莎行》："积雪消融，山林甦醒，纵横百里黄花影。杜鹃绽放漫坡红，春风已过乌蒙岭"——先生为毕节扶贫攻坚一点一滴的进步而惊喜，松柏桐椿是包括毕节在内的中国广大地区经济改革成就的写照，是先生诗意人生的写照。

"当一条河伴随着你成长时，或许它的水声会陪伴你一生。"这是美国作家安·兹温格作品《奔腾的河流》中的名句，出自自然文学研究学者程虹教授的译笔。我非常喜欢这句译文。洙泗濠濮就是流淌在我心灵深处的四条河流，我能感受到它们的涓涓细流和滚滚奔腾。我读厉以宁先生的诗词，也经常会升腾起"洙泗濠濮"之感，先生精彩的词作常有水声相伴。比如，1968年作于昌平北太平庄的《破阵子》："既是三江春汛到，不信孤村独自寒，花开转瞬间"，东坡稼轩的豪气力透纸背。

我最喜欢厉先生1987年的词作《踏莎行》，先生彼时在北京大学图书馆整理手稿《非均衡的中国经济》，赋词抒怀：

戒律清规，闲人流语，随风吹过身边去。藏书楼里作忙人，楼高那管花飞絮。

不计浮华，但求警句，愿将心血其中聚。清清流水出深山，须经沙石千回滤。

谨以此文献给厉以宁先生九秩寿辰。

（刊于《中华读书报》2019年11月20日，《新华文摘》2020年第2期全文转载）

明月照积雪，夜深千帐灯
——论叶嘉莹先生的"弱德之美"

一

庚子盛夏，淫雨霏霏。

我在京西大觉寺与傅莹大使饮茶。是日恰逢农历六月初一，是叶嘉莹先生的生日。我提到即将上映的叶嘉莹先生纪录影片《掬水月在手》，谈及这部影片的主题词"弱德之美"。大使问我如何理解"弱德之美"？彼时，我尚未深入研习叶嘉莹先生关于"弱德之美"的著述，但从字面理解，马上浮现老子《道德经》中关于水的名言："天下莫柔弱于水，而攻坚强者莫之能胜，以其无以易之"，"天下之至柔，驰骋天下之至坚"。

新冠疫情肆虐全球，更为遗憾的是引发世界政治的喧嚣纷嚷。叶嘉莹先生提出并由她本人展现的"弱德之美"，仿佛惊鸿一瞥，给了我们很多思考。

二

何为"弱德之美"？

叶嘉莹先生提出的这一概念，出自对词这一文体美学特性和内在意蕴的研究，最早见于其《从艳词发展之历史看朱彝尊爱情词之美学特质》一文。基于过往对词体的研究"神韵说""境界说"等不能秉承主旨，叶嘉莹先生从张惠言"贤人君子幽约怨悱不能自言之情"、王国维"天以百凶成就一词人"等论点出发，探寻词作者因内心的"难言之处"于无意之中结合进入了词的创作，敏感地把握住词体以深微幽暗、富于言外之意蕴者为美的美学品质。

叶嘉莹先生创造性地提出了"弱德之美"的概念，来归纳词体的这种美感："这种美感具含的乃是在强大之外势压力下，所表现的不得不采取约束和收敛的、属于隐曲之姿态的一种美。"

叶嘉莹先生发现，在清朝词人朱彝尊《静志居琴趣》《江湖载酒集》等作品中，隐含了一段与其妻妹的不伦恋情。因为这段不为社会所容的爱情，朱彝尊将内心中缠绵郁结的"难言之处"，化生成词作中隐曲的"弱德之美"。在叶嘉莹先生看来，不但"低徊要眇""沉郁顿挫""幽约怨悱"的佳词、《花间集》中男性作者托名女性叙写所表现的"双性心态"，甚至苏东坡、辛稼轩等豪放词人蕴含"幽咽怨断之音"和"沉郁悲凉之慨"的作品，都具有"弱德之美"——究其本质，这些都是在外在环境的强压之下，不得不将"难言之处"以曲笔道出。

也正因此，叶嘉莹先生认为词体的"弱德之美"具有双重意蕴和双重心态。东坡词意蕴的深曲，因其儒家用世之心受挫后遁而为道家之超旷的一种双重的修养；稼轩词意蕴的深曲，因其英雄之志受到外界压抑所形成的一种双重的激荡；朱竹垞词作意蕴的深曲，只是由于对爱情的追求在礼教的约束之下所形成的一种既想要冲决网罗却又不得不驯服于礼教的挣扎与矛盾。

朱彝尊收入《江湖载酒集》的一首小词《桂殿秋》，言尽朱词"弱德之美"："思往事，渡江干，青蛾低映越山看。共眠一舸听秋雨，小簟轻衾各自寒。"竹垞《桂殿秋》一词深受后世词评家激赏，甚至被况周颐评为清词压卷之作。江弱水《十三行小字中央：朱彝尊的风怀诗案》一文对朱彝尊与其妻妹缠绵悱恻的爱情作了福尔摩斯探案般的考据。

同为具有"弱德之美"的作品，但在叶嘉莹先生眼中，风骨高下立判：东坡词可以称为"弱德之美"中的达士，稼轩词可以称为"弱德之美"中的豪杰，竹垞词才真可称为"弱德之美"中一个真正的弱者。

叶嘉莹先生甚至认为，在古典诗歌行列中，陶渊明和李商隐也含有"难言之处"和"弱德之美"。陶渊明"不以五斗米折腰"，退隐归园田居。李商隐身陷晚唐牛李党争，以隐忍态度承受痛苦。陶渊明、李商隐的诗歌各有其"难言之处"，以曲笔委婉道出，同属"弱德之美"。

三

九月十日教师节，南开大学举办《掬水月在手》影片首映式。叶嘉莹先生是国际儒联荣誉顾问，我衔命陪同王念宁副会长专程赴南开致贺，有幸在南开礼堂聆听九十六岁高龄的迦陵先生与白岩松共话诗意人生。迦陵先生坐在轮椅上娓娓道来，鬓发皤然，声如洪钟，风华绝代。

如何理解这位耄耋老人提出的"弱德之美"？窃以为可从三个层次理解。

首先，"弱德之美"是一个词体美学的概念。叶嘉莹先生将此种美感定义为："在强大之外势压力下，所表现的不得不采取约束和收敛的属于隐曲之状态的一种美"。词体美学的"弱德之美"，是一种敬畏、节制、内敛、隐忍的美感，是"感情上那种承受"，是"在承受的压抑之中自己的坚持"。

再者，"弱德之美"不仅是词体美学的意蕴，更有人格风骨的美感，是一种在承受压力时坚持理想、坚韧不拔、外圆内方、一以贯之的美，是代表儒家至大气象的美。正如叶嘉莹先生所言："弱德是我们儒家的传统，行有不得，反求诸己，躬自厚而薄责于人，是我在承受压抑之时坚持我的理想、我的持守，坚持而不改变。"

进而，追问"弱德之美"因何而生？乃是因为词人追求理想境界而受挫不得，曲笔叙说"难言之处"。面对压力，词人可以保持沉默，但却选择了用折笔言之——苏轼、辛弃疾、朱彝尊莫不如是，那是因为他们皆受内心生发的理想情怀、美好情感所驱使。从这个意义而言，"弱德之美"追求的是天池、蓬山、瑶台这样的诗意胜境，是陈寅恪先生笔下"独立之精神、自由之思想"的境界。

研读《迦陵诗词稿》，我发现叶先生诗词中经常出现的五种意象：荷花、柔蚕、蓝鲸、鲲鹏、妙音鸟，皆能体现"弱德之美"的意蕴。

叶嘉莹先生是在农历六月出生的，六月又称为荷月，叶先生的小名就叫小荷。也正因此，荷花在迦陵诗词中出现的频率是最高的。叶先生十六岁时初学作诗，就写了一首《咏莲》："植本出蓬瀛，淤泥不染清。如来原是幻，何以度苍生。"自此，荷花的意象伴随叶先生的诗词人生。"花开莲现莲落成，莲月新荷是小名"，"昨夜西池凉露满，独陪明月看荷花"，"一任流年似水东，莲华凋处孕莲蓬"，"莲实有心应不死，人生易老梦偏痴"……

柔蚕的意象出现在两首迦陵诗词当中。二〇〇〇年，叶先生作《鹧鸪天》一阕："似水年光去不停，长河如听逝波声。梧桐已分经霜死，幺凤谁传浴火生。 花谢后，月偏明，夜凉深处露华凝。柔蚕枉自丝难尽，可有天孙织锦成。"二〇〇七年，叶先生用此阕词韵作七言绝句："不向人间怨不平，相期浴火凤凰生。柔蚕老去应无憾，要见天孙织锦成。"从"柔蚕枉自丝难尽，可有天孙织锦成"，到"柔蚕老去应无憾，要见天孙织锦成"——相隔七年光景，迦陵诗词同样的意象，风格一变，由戚婉到豪健，由忧思惆怅到雄心万丈，仿佛杜甫笔下"庾信平生最萧瑟，暮年诗赋动江关"，迦陵心态可见一斑。

二〇〇〇年，叶先生读到美国作家黛安·艾克曼（Diane Ackerman）著作《鲸背月色》（*The Moon by Whale Light*），说远古时期海洋未被污染以前，蓝鲸可以隔洋传语，受此意象感发，创作一阕《鹧鸪天》："广乐钧天世莫知。伶伦吹竹自成痴。郢中白雪无人和，域外蓝鲸有梦思。明月下，夜潮迟，微波迢递送微辞。遗音沧海如能会，便是千秋共此时。"时隔十七年后，叶先生又受此意象感发，创作绝句："来日难知更几多，剩将余力付吟哦。遥天如有蓝鲸在，好送余音入远波。"

鲲鹏是《庄子·逍遥游》中出现的意象。叶先生年少时即熟读《庄子》，生平所作第一首诗作《秋蝶》，就有"三秋一觉庄生梦"之语。鲲鹏的意象在迦陵诗词中多有显现："鹏飞谁与话云程，失所今悲匍地行。北海南溟俱往事，一枝聊此托余生。""一朝鲲化欲鹏飞，天风吹动狂波起。天池若有人相待，何惧扶摇九万风。"……

叶先生少年时从伯父习诗词，始知清代词人陈维崧别号"迦陵"、郭麐别号"频迦"，迦陵与频迦合起来，迦陵频迦就是一种鸟的名字。后来叶先生在辅仁大学从顾随先生学诗，选择与"嘉莹"发音相似的"迦陵"作为别号。迦陵频迦是佛经中描绘的一种栖息在雪山或极乐净土的人首鸟身的神鸟，向人间传递美妙声音，又被称为妙音鸟，在梵文中称为Kalavinka。迦陵频迦经常作为乐舞的形象，出现在各种讲经说法盛会上。在敦煌莫高窟的多幅唐代壁画上，在泉州开元寺大雄宝殿柱头斗拱上，在正定隆兴寺大悲阁观音基座上，甚至在法门寺地宫金银器和日本正仓院漆器上，都能看到迦陵频迦的婀娜身姿。妙音鸟的意象在迦陵诗词稿中也出现了两处："妙音声鸟号迦陵，惭愧平生负此称。偶往佛庐话陶令，但尊德性未依僧。""迦陵从此得所栖，读书讲学两相宜。学舍主人心感激，喜题短歌乐无极。"

荷花、柔蚕、蓝鲸、鲲鹏、妙音鸟，是迦陵诗词中出现频率很高的五种意象。柔蚕虽然纤小，但却是坚韧不拔、九死不悔的精魂。小荷与妙音鸟，一为先生乳名，一为先生别号，此二者身形小巧，甚至不失柔弱，却亭亭玉立、卓尔不群。蓝鲸与鲲鹏，身形不复娇弱，但却遗世高蹈、雍容华瞻，是天国人间美妙高洁的象征。此五种意象在某种意义上皆为迦陵自况，具有不折不扣的"弱德之美"。

四

电影《掬水月在手》最让诗人欧阳江河感动的，是诗人叶嘉莹不再是她本人，她的身体仿佛被李义山、陶渊明、杜甫等古人的灵魂附体了。诚然，叶先生年少时即喜李义山诗，中年时甚至在梦中以李义山诗意象作成绝句三首。荷花、柔蚕、蓝鲸、鲲鹏、妙音鸟，这五种在迦陵诗词中频频出现的"弱德之美"的意象，也无不具有浓郁的李义山元素。

且看此五种意象在李义山诗句中的呈现：

"秋阴不散霜飞晚，留得枯荷听雨声。"（荷花）

"春蚕到死丝方尽，蜡炬成灰泪始干。"（柔蚕）

"沧海月明珠有泪，蓝田日暖玉生烟。"（蓝鲸）蓝鲸虽出自美国作家《鲸背月色》，但却颇类李义山诗中泣泪成珠的鲛人意象。

"天池辽阔谁相待，日日虚乘九万风。"（鲲鹏）李义山此诗虽未直呼鲲鹏其名，但"九万里风鹏正举"的形象呼之欲出。

"蓬山此去无多路，青鸟殷勤为探看。"（妙音鸟）青鸟是神话中为西王母取食传信的神鸟形象，与佛经中的迦陵频迦妙音鸟有异曲同工之妙。

迦陵真堪李义山的旷代知音！按照欧阳江河的研究，李义山、陶渊明、杜甫是对叶嘉莹先生诗词创作特别重要的三位诗人，在她内心中各代表了一个方向：确立了内心的写作的李义山，确立了人格形象和生存方式的陶渊明，确立了诗律形式的最高规范和活生生的现实的杜甫。"她首先把这三个古人转化为她自己的生命，她把自己内心的生命转化腾空出来，然后容纳了三位古代的诗人。"

从人格风骨而言，李义山、陶渊明、杜甫都是具有"弱德之美"的诗人。李义山是创作"朦胧诗"的先锋，陷于牛李党争，"虚负凌云万丈才，一生襟抱未曾开"，同时也创作了大量极具史家慧眼的咏史诗。陶渊明"不为五斗米折腰"，"田园将芜胡不归"？《归园田居》诗的清新恬淡只是陶渊明诗的一面，他同样有"刑天舞干戚，猛志固常在"金刚怒目的一面。

《茅屋为秋风所破歌》道尽杜甫的儒士情怀："安得广厦千万间，大庇天下寒士俱欢颜！风雨不动安如山！呜呼！何时眼前突兀见此屋，吾庐独破受冻死亦足！"

何止是李义山、陶渊明、杜甫三位古人，从生命的纵深而言，迦陵腾空了自己的生命，把整个流动的中国诗歌史的长河都纳入了躯壳，融成精魂。这条长河的源头在《诗三百》，一直汩汩流淌绵延在现代的白话诗。

蒙古族诗人席慕蓉陪同迦陵远赴吉林叶赫古城遗址寻根。八十高龄的迦陵陟彼高冈，默然伫立，吟诵起《诗经·黍离》："彼黍离离，彼稷之苗。行迈靡靡，中心摇摇。知我者，谓我心忧；不知我者，谓我何求。悠悠苍天，此何人哉？"席慕蓉说，迦陵在故土找到了"三千年以前特别为她写的这首诗"。

诗人痖弦回忆，台湾新旧两派诗人起初是不相往来的。在纪念诗人的端午节，新诗人和旧诗人，"你吃你的粽子，我吃我的粽子"，"你纪念你的屈原，我纪念我的屈原"。叶嘉莹在《幼狮文艺》上以现代方法研究传统诗歌的三篇文章，使得台湾的新诗人和旧诗人开始彼此往来，"新诗人和旧诗人开始在一个桌子上吃粽子了"。

影片中的这两幕，迦陵翩然《世说新语》中的魏晋名士，令人动容。

五

顾随是影响迦陵一辈子的恩师，言谈创作多涉及儒学禅理。顾随曾致信迦陵，希望她"别有开发，能自建树，成为南岳下之马祖"，而不愿她"成为孔门之曾参"。因为曾参是孔门里听话的门生，马祖是六祖惠能之下，"强宗胜祖"。

迦陵真正传了顾师的衣钵，亦有出入儒佛的"双重心态"，作诗为人皆如是。迦陵开蒙的第一本书是《论语》，一生秉持安身立命之"道"。迦陵自撰别号出于佛经，冥冥之中与佛家有不解之缘。

迦陵十九岁时感悟人生，作有诗句："入世已拼愁似海，逃禅不借隐为名"。她这样解读："如果你想要不负此生，为人类或者为学问做一些事，你就必须要入世"；"而我不需要隐居到深山老林里去追求清高，我可以身处在尘世之中做我要做的事情，内心却要永远保持我的一片清明，不被尘俗所沾染"。这两句诗一直被迦陵激赏，视作立身处世的理念，在南开大学迦陵学舍落成之时，书于学舍月亮门两边作为对联。据迦陵晚年口述《红蕖留梦》，她曾经假托顾随说过这样的话："一个人要以无生之觉悟为有生之事业，以悲观之体验过乐观之生活"，其实是迦陵自己的话。这是迦陵感慨人生忧苦所得，她超越了小我的祸福得失，把目光投向更广大恒久的向往追求。迦陵通儒参释之心可见一斑。

迦陵钟爱荷花，荷花本身即为儒家和佛家两家的象征。北宋理学家周敦颐有《爱莲说》传世，"出淤泥而不染、濯清涟而不妖"的芙蕖是儒士君子之德的写照。同样，佛经中也多见莲花意象。

迦陵大学三年级在广济寺听《妙法莲华经》，记住"花开莲现，花落莲成"之语，"曾向莲花闻妙法"的意象后多处见于迦陵诗词。一九八八年，赵朴老邀请迦陵赴广济寺素斋。是日恰逢迦陵荷月生日，彼地又是迦陵四十余年前听讲《妙法莲华经》之所在。迦陵感叹殊胜因缘，作有一阕《瑶华》词，"忽闻道九品莲开，顿觉痴魂惊起"。赵朴老受此感怀，和词相赠，赞誉迦陵"是悲心参透词心，并世清芬无几"。

小说家白先勇亦评价迦陵有"佛家的心胸"，"唯有具备佛家的心胸才能如此悲悯"，也感受到她"非常入世，想要经世济民、兼济天下的宏愿"，见证她以一己之身诠释了儒家的"人能弘道，非道弘人"，感慨她更有儒家"知其不可为而为之"的精神。诗人痖弦评价迦陵虽然看起来"柔弱秀美"，却性格坚强，形容她是"穿裙子的士"，儒家对士的标准"威武不能屈，贫贱不能移，富贵不能淫"，迦陵都做到了。迦陵诗词格局宏大、气度非凡，晚年诗句"书生报国成何计，难忘师骚李杜魂"，一派元气淋漓的儒家气象。迦陵出入儒佛，兼而熟习《庄子》，儒释道三者在她的作诗为人中合为一体。这不正是中华文化兼容并包的至大气象吗？

我想起了四十年前，著有《最后的儒家》一书、因梁漱溟研究而暴得大名的美国汉学家艾恺，第一次在北京采访他心目中"最后的儒家"梁漱溟先生，听到梁先生叙述自己"既是佛家又是儒家""既认同马列思想又赞许基督教"，这对于有着严格宗教教派分野的西方学者而言，不啻"当头棒喝"。艾恺慨言，他起初对此茫然不解，后来终于想通，这种可以融合多种相互矛盾的思想，正是典型中国传统知识分子的特质。同为新儒家的程朱陆王，虽然都讲义理心性，但其思想中都含有许多佛家的成分。梁启超、章太炎等同样将儒家、佛家和西方思想融入其理论思考。

从气象的宏阔而论，迦陵儒释道合一，取径西方现代文论等研究中国诗词，在儒释道三家之间出入表里、游刃有余，在中国诗词研究的领域，走出"古今中西之争"。迦陵治学之融贯新旧，让我想起朱晦庵的两句诗："旧学商量加邃密，新知培养转深沉"。

六

迦陵自身"弱德之美"的背后，是其生命之纵深和气象之宏阔，有如佛经偈语："芥子纳须弥""一花一世界"。

"遥天如有蓝鲸在，好送余音入远波。"迦陵托名蓝鲸发出的"沧海遗音"，其"弱德之美"不但能与古人通灵，在域外也有很多知音。

享誉世界的阿拉伯伟大诗人、思想家阿多尼斯先生，以九十高龄两次登上黄山，写作了献给中国的诗集《桂花》。阿翁经常书写中世纪阿拉伯苏菲大师伊本—阿拉比的诗句赠送友人："你以为自己是小小的星宿，这其中囊含了至大的宇宙。"阿翁诗句亦有此气象："我如何能学会萤火虫的勇气——它小小的双翼竟然裹携着火！"

这是何等豪劲雄浑的"弱德之美"？！

迦陵是纳兰容若族裔。借用王静安在《人间词话》中对纳兰词的评论：

> "明月照积雪"，"大江流日夜"，"中天悬明月"，"长河落日圆"，此中境界，可谓千古奇观，求之于词，唯纳兰性德塞上之作，如《长相思》之"夜深千帐灯"，"如梦令"之"万帐穹庐人醉，星影摇摇欲坠"差近之。

"明月照积雪"，"夜深千帐灯"，迦陵先生"弱德之美"，庶几这样的境界。

（刊于《中华读书报》2020年12月16日，《新华文摘》2021年第6期全文转载）

改革家，文章士，大写的人

——纪念吴象先生诞辰一百周年

一

辛丑四月初七，在苍茫暮色中收到吴象先生逝世的消息，是以吴象老哲嗣小象、二象、阿丽共同具名发来的："意料中的事情还是来了，我们的父亲因综合性衰竭症，于今天上午11点53分离开了我们，享年100岁。特告之。"那是一个涕泗滂沱的黄昏。

吴象先生的革命人生大抵可以分为三个阶段：全面抗战爆发之后，他告别故乡安徽徽州，辗转千里赴延安参加革命，先后在八路军总部、新华社和《人民日报》从事宣教和新闻工作；新中国成立之后，他长期在山西工作，曾担任《山西日报》总编辑、山西省委政策研究室主任等职；改革开放后，他协助万里同志工作，从安徽到中枢，为农村改革做出重要贡献。

5月28日，吴象遗体告别仪式在八宝山殡仪馆东礼堂举行。送别吴象、萦绕礼堂的是冼星海作曲的《太行山上》："红日照遍了东方，自由之神在纵情歌唱！看吧！千山万壑，铜壁铁墙！抗日的烽火，燃烧在太行山上！……"

"死去何所道，托体同山阿"。铿锵雄健的战歌为吴象先生波澜壮阔的一生做最后的注解。

二

在改革开放的历史当中，吴象的名字是和农村改革紧密联系在一起的。治改革开放史的学者认为："凡治农村改革史者，不可不关注吴象。研究改革过程，如果没有读过吴象的文章，一定不得其门而入。"

吴象在改革开放之前，就与农村工作有着不解之缘。

1947年，全国土地会议在河北省西柏坡召开，正式颁布《中国土地法大纲》，将各解放区土改运动推向高潮。1948年，国际友人柯鲁克、伊莎白夫妇访问晋冀鲁豫边区，并在河北省武安县十里店村做了近两个月的调查研究。彼时，晋冀鲁豫中央局派驻工作队，在十里店村帮助村民实行《土地法大纲》，《人民日报》记者吴象正是成员之一，并与柯鲁克、伊莎白夫妇结下深厚友谊。在柯鲁克、伊莎白夫妇的纪实著作《十里店——中国一个村庄的群众运动》的图像和文字当中，我们看到27岁的吴象。书中收录的一张合影，有吴象略显青涩的形象，他因为讲话通俗、简明，被推选为工作队的主要发言人。

柯鲁克、伊莎白夫妇还如实记录了在工作队进村的这一天晚上，吴象在月光普照下代表工作队对村民的讲话："分配土地只是一个步骤，并不是最终目的，目的是增加生产，提高农民生活水平，赢得战争的胜利。"三十多年后，花甲之年的吴象读到《十里店》里的文字，见到自己变成"书中人"，欣喜激动之情，溢于言表。

新中国成立之后，吴象长期在《山西日报》工作，对昔阳县大寨村自力更生进行农业建设、发展农业生产的经验，以及此后"农业学大寨""普及大寨县"等人民公社体制"左"的错误都有深刻的了解和认识。

改革开放后，吴象在万里同志麾下，深入进行农村改革调查研究，以如椽大笔，为全面推行家庭联产承包责任制、推动农村改革做出了历史性的贡献。回顾农村改革的重要文献，从1980年发表于《人民日报》并于1984年荣获第一届孙冶方经济科学奖的《阳关道与独木桥——试谈包产到户的由来、利弊、性质和前景》，到1982年至1986年关于农村改革的5个中央1号文件，都凝聚着吴象的智慧和心血。

《阳关道与独木桥》一文以两位省委书记对于包产到户的争论发端："你走你的阳关道，我走我的独木桥。"吴象敢为天下先，鞭辟入里地分析了包产到户的由来、利弊、性质和前景，从理论上为包产到户正名，具有里程碑的意义：

　　包产到户并不是什么独木桥，它同各种形式的责任制一样，是集体经济的阳关大道。如果一定要把它比喻为独木桥，那可以说居住在深山沟中，不走独木桥就无法行动，无法前进，就无法到平坦宽阔的阳关大道上去。在这种情况下，走独木桥正是为了走阳关道。……

没有高度发展的商品生产，就没有社会化大生产。而社会主义是建立在社会化大生产高度发展的基础上的。因此，不论是独木桥、木板桥、石板桥、铁索桥，只要是能走人的，我们统统要加以利用，加以改造，加以发展，这样才能走出沟壑纵横的深山，来到平坦广阔的原野，踏上金光灿烂的阳关大道。

农村改革史家、吴象昔日在中央农研室的部曲赵树凯教授这样评价吴象关于改革的文字："古人有所谓'悔其少作'，改革中则有人悔其'早'作，即后悔改革之初的立场游离、态度骑墙，甚至屡有反对之作。吴象无此虞。在改革斗争最复杂激烈时刻，吴象未曾摇摆，无缘于左右逢源。不仅如此，在关键时刻执笔上阵，为改革摇旗呐喊，尤其在政策纷争白热化的1979年和1980年。现在看当年著述，无文章难以示人，编文件不需删减。"诚哉斯言！

吴象和袁隆平相隔四天，先后遽归道山。二位堪称国士，都为解决中国人吃饱饭的问题，殊途同归写下历史答卷。袁隆平从科技进步层面，研究和发展杂交水稻技术，实现水稻持续稳定增产；吴象从制度创新层面，促进农村生产关系的调整，解放农业生产力。中国农村改革、农业发展的卓著功勋，改革家和科学家对此皆功莫大焉。

三

吴象早在抗战时期，就以笔为枪，撰写了新闻通讯《茫茫夜的洪流》与《夜袭常村》。解放战争开始时，吴象在刘邓大军总部担任随军记者，报道刘邓大军在冀鲁豫战场连战连捷的战况，刘邓首长纪律严明、指挥若定给他留下深刻的印象。山西人民出版社在1959年即出版了吴象在解放战争时期撰写的作品集《过封锁线》。

吴象的文字生涯以革命题材起步，他写山水人物的文章也同样平实隽永。吴象晚年将游历四方的文字结集为《山山水水》，作于1985年的《忆屯溪》是其中一篇佳作。他在文中回忆赴延安参加革命前夜，与总角之交周起凤在故乡安徽屯溪老大桥徘徊瞻眺、彻夜长谈，家国之恨、离别之苦和奋斗之志，都定格在那个皓月之夜的屯溪。《忆屯溪》还被收入2012年版《休宁县志》的"艺文志"。

吴象晚年把毕生怀人记事的28篇文章结集成册，名曰《大写的人》。彭德怀元帅指挥解放太原的战役，胡耀邦、万里、杜润生等同志领导中国农村改革的担当、智慧与勇气……都一一跃然纸上。吴象先生笔下"大写的人"的群像，令我想起文天祥的《正气歌》：

> 在齐太史简，在晋董狐笔。在秦张良椎，在汉苏武节。
> 为严将军头，为嵇侍中血。为张睢阳齿，为颜常山舌。或为

辽东帽，清操厉冰雪。或为出师表，鬼神泣壮烈。或为渡江楫，慷慨吞胡羯。或为击贼笏，逆竖头破裂。

吴象一生撰写了28部著作、文章无数。史家公认，吴象在改革开放之后撰写的以农村改革为主题的文章，是他平生著述中最精彩的华章。重温《阳关道与独木桥》《从昔阳到凤阳》等等文字，当年激烈争论的焦点今日已成为常识，仿佛有"李杜诗篇万口传，至今已觉不新鲜"之感。从焦点成为常识，正是吴象文字不朽之意义所在。

我在外研社工作的时候，曾与施普林格（Springer）出版集团策划发起外研社·施普林格"中华学术文库"（英文丛书），原中央政治局常委李岚清同志还专门为文库篆刻印章作为logo。"中华学术文库"同时关注古典中国和当代中国，在讨论当代中国选题的时候，我们想到英译吴象老初版于2001年的《中国农村改革实录》，并得到先生的首肯和支持。《中国农村改革实录》（英文版）荣选2013年国家社科基金中华学术外译项目，并很快翻译出版（施普林格英文版以《当代中国农村改革实录》为书名）。

2016年1月，在印度新德里国际书展中国主宾国活动中，《当代中国农村改革实录》（吴象著）、《村落中的"国家"——文化变迁中的乡村学校》（李书磊著）、《非制度政治参与——以转型期中国农民为对象分析》（方江山著）这三部"中华学术文库"关于当代中国农村主题的英文版作品共同举办了首发式。印度中国经济文化促进会秘书长穆罕默德·萨奇夫（Mohammed Saqib）发表评论："这三部著作呈现了中国农村的不同侧面，尤为难得的是，其书写并不艰深枯燥，而是深入浅出地展现了一个真实切近的中国农村社会，并提供了重要的学术观点与实践智慧。其中的很多经验对处于相似发展阶段的印度来说，尤其有借鉴参考的价值。这三部著作的英译出版将有助于印度读者对中国社会的理解，更有助于印度自身的农村变革，期待有更多同类作品在印度出版。"修订版的《伟大的历程——中国农村改革起步实录》（日文版）入选2020年国家社科基金中华学术外译项目，由南京大学国际关系学院副院长姚远主持翻译，将在日本劲草书房出版。吴象为之奋斗的中国改革开放的伟业，是属于全人类的智慧。

我想创造新词，概括吴象在改革家之外的另外一重身份——"文章士"。"士不可以不弘毅，任重而道远。"文章士，就是以文章弘毅履道之士，笔端挟持风雷，以韩潮苏海之势冲决网罗。近代以降，在推动中国社会历史性转折的关键时刻，涌现出如许雄文和文章士。《新青年》编辑部诸位大先生笔下的星斗其文、改革开放之初《光明日报》特约评论员文章《实践是检验真理的唯一标准》等等，皆可归在此列。

吴象是改革家，也是文章士。吴象身上改革家和文章士的形象是双峰并峙的。推进改革，需要解放思想、深入调研、理论创新，甚至不乏观点争鸣。换言之，改革的成功，需要审问慎思，需要雄辩呐喊。吴象与其同道的文章在改革史当中就起到"文以载道""文以弘道"的作用。这样的文章是"大文章"，是真正的"雄文"，这样的作者堪称"文章士"。

四

我少年时在故乡初闻吴象先生大名，觉得很好奇：徽州素无大象踪迹，为何要用笨拙的大象作为名字？后来与吴老结识之后得知，他原名吴大智，字若愚，参加革命之后改了名字叫吴象。大智若愚，听起来有老子《道德经》当中"大直若屈，大巧若拙，大辩若讷"朴素辩证法的韵味。

吴老为何以"象"为名？从字面上看，似乎出自《道德经》的"大音希声""大象无形"。从"大智若愚"到"大象无形"，也是从吴大智、吴若愚到吴象的同一逻辑转换。这是我的猜想，很可惜没有在先生生前向他当面求教。他的儿女回忆，吴老谈到"象"时曾说："大象虽然行动笨拙，但借着长鼻子的作用，却聪明灵性。"吴老的儿女也认为"象"字与"大智若愚"相得益彰。

似乎吴象先生颇为喜欢"大象"的形象，记得在他家里的书架上，摆满了他游历各地带回来的各种大象形象的纪念品。2007年春，我在海口开会，吴象老伉俪恰在海口疗养，我在会后还曾陪伴二老一起去海口的野生动物园参观，吴老远远地和野生象群有一张合影，很可惜照片没有留下。

赵树凯教授以《金刚经》里的"凡所有相，皆是虚妄"解释"吴象"之名："古文字多有通假，'吴象'音同'无相'，禅意绵绵，由此可联想其人其文。"《金刚经》中还谈到"不住相布施"，也就是"无相布施"，释家认为"其福德不可思量"。《六祖坛经》当中对"无相"也有进一步的阐释:"外离一切相,名为无相。能离于相,即法体清净。此是以无相为体。"六祖慧能著名的偈子"本来无一物,何处惹尘埃",就是对"无相"的表达。据我所知,吴象先生对佛学涉猎不多,其在青年时代更名吴象,以及因名相生发绵绵禅意,只能解释为鸿雪因缘。

"大智若愚","无相",吴象先生不折不扣,亦慈亦让,从其文其人能读出道骨和禅意,但他身上更多的是"知者不惑、仁者不忧、勇者不惧"的儒家情怀。我理解,一位浸润中国文化的"文章士",必然是在境界气质上儒释道相通的。芝加哥大学教授艾恺(Guy S. Alitto)四十多年前研究梁漱溟先生,为他作传,称其为"最后的儒家"。艾恺后来和梁公见面,没想到他如此崇敬的"最后的儒家",不仅仅兼通儒释道,还尊重基督教、伊斯兰教,信仰社会主义。艾恺从梁漱溟身上读懂了中国文化的一以贯之和兼容并包。

吴象回忆在1957年全国宣传工作会议期间,曾有幸参加毛主席与新闻界的座谈会,毛主席风趣地对吴象说:"哦,姓吴,大象的象,可是你的鼻子并不长嘛。"那次谈话给吴象留下深刻的印象,数十年后,吴象仍然反复回忆和咀嚼毛主席在现场的讲话:"彻底的唯物论者是无所畏惧的。"

我在少年时喜读梁衡先生雄文。他写周恩来、瞿秋白等中国共产党领袖人物的名篇《大无大有周恩来》《觅渡,觅渡,渡何处》等,刻画了无所畏惧的彻底的唯物论者的形象。吴象笔下诸位革命家、改革家,是无所畏惧的彻底的唯物论者,是

"大写的人"。

吴象曾对儿女们说：邓小平、胡耀邦、万里等领导人，对包产到户最支持，但看他们以前的工作经历，其实他们每个人都在一生中很少独立地全面地管过农业方面的工作。但为什么他们对农业问题的症结看得这样清楚，干起来这样坚决呢？吴象对此的回答是："主要是他们做事情的出发点是老百姓。"

在《大写的人》中，我们读出了浩然之气。《孟子》有言："我善养吾浩然之气。"苏轼在《潮州韩文公庙碑》中诠释"浩然之气"："寓于寻常之中，而塞乎天地之间"，"在天为星辰，在地为河岳，幽则为鬼神，而明则复为人"。文天祥在《正气歌》中作了进一步的阐发："天地有正气，杂然赋流形。下则为河岳，上则为日星。于人曰浩然，沛乎塞苍冥。"

按照"别传"即"自传"的文艺评论逻辑，吴老为他人作传的"大写的人"群像，在某种意义上正是他本人的理想和楷模。他以老一辈革命家、改革家为榜样，兢兢业业为农村改革的事业奋斗。吴老的儿女这样解读他们的父亲："我们的爸爸，以他一个世纪的丰富人生，规规矩矩地写了一个'人'字。这个'人'字，双脚站立，脊梁直挺，形成物理学上最稳定的三角结构，风雨不摇，磐石不动。"

五

吴象先生1922年1月16日出生于安徽徽州休宁县商山村，曾两度入我的母校休宁中学就读。吴象先生是我的休宁乡贤和母校学长。我在北京大学读本科的时候，对"徽州在哪里"的问题很感兴趣，写了一本《徽州少年歌》，在大学毕业的时候正式出版。一位乡友，恰是吴象老的亲戚，帮我呈递了一本新书请先生指正。

吴象老读后，很快联系我，约我到干杨树的家中见面。吴老跟我聊徽州，聊他的徽州情结。他跟我谈起最近感兴趣的问题："徽骆驼"这个词小时候曾多次听到过。徽州并没有骆驼，上海更见不到骆驼，可我这个徽州人就是在上海读小学的时候一次又一次地听到"徽骆驼"这个词，也模糊地知道是指徽州商人，即早年的徽帮。为什么要把徽商称作"徽骆驼"呢？

我向吴象老说起胡适先生晚年在台北给绩溪旅台同乡会的题词"努力做徽骆驼"，并从北大图书馆借来李敖的著作《胡适评传》给吴老看。李敖在《胡适评传》中用"努力做徽骆驼"做第五章的标题，并这样行文："'徽帮'、'无徽不成镇'这些说法，表示了两个事实：第一是灵活的商业能力，第二是团结的宗族乡党的观念。前者可以说是进取的，后者可说是保守的。这两种交错的结果，就成了所谓的'徽骆驼'。"

李敖的论述激发了吴象老对"徽骆驼"研究的兴趣。他后来还专门写了一篇《努力做徽骆驼》的长文，作为我和任羽中学长联合主编的《徽州人文读本》（中国社会科学出版社，2006年版）的序言。吴象老认为以骆驼为徽商命名太恰切、太准确了，形象、风格、秉性、精神惟妙惟肖。他在文中总结了骆驼和徽商四个方面的共性：骆驼刻苦耐劳、负重致远，徽商背井离乡、走出大山、艰苦奋斗；骆驼秉性驯良、温和亲切、昂首阔步、坚韧持久，徽商"贾道儒行"，温、良、恭、俭、让，童叟无欺；骆驼啃食杂草、不弃粗粝、善于反刍、厚积贮久，徽商兼收并蓄、融合创新、精益求精；骆驼不单独行动，结伴而行，徽商以宗族血缘为纽带，辅以亲缘、乡谊的联合，形成凝聚力极强的群体。吴象老在文章结尾讴歌"徽骆驼"精神："徽骆驼"是徽商传统美德的形象体现，是徽文化的精髓，是徽商辉煌成就生生不息的精神火炬。

"徽州并没有骆驼，为什么要把徽商称作'徽骆驼'？"这句"吴象之问"，我觉得不仅对于研究徽商，而且对于研究徽州乃至安徽的文化精神，都大有裨益。若干年后重读这篇文章，联想到今年海内外媒体聚焦的明星——北上又南返的西双版纳野象群，我觉得吴老总结骆驼的上述四个特性，大象也皆有之。也许，吴老对"徽骆驼"和"大象"的喜爱，是他的夫子自道吧。

2005年秋天，我在北大刚上研究生，吴象老约我到家，商量为我们的家乡休宁县创办的一所新型学校——德胜鲁班木工学校，共同撰写一篇评论文章。德胜鲁班木工学校是在休宁县人民政府领导下，由时任休宁县县长胡宁先生发起、休宁旅外知名人士聂圣哲先生支持兴办的木工职业学校。从2003年9月1日正式开学，到2005年6月24日向首届毕业学员颁发"匠士"学位，德胜鲁班木工学校39名"匠士"旋即亮相京城、参与首都建设。在短短不到两年的时间里，这所学校以其高尚的办学宗旨、先进的教育观念、科学的教学管理模式和优秀的育人成果，向世人交上了一份满意的答卷，也使我们进一步认识到它这种实践重于知识、求学先要做人的理念。

吴象老的这个提议令我激动万分，能与先生这样一位改革耆老共同撰写文章，对我这样一位刚上研究生的青年而言，是莫大的荣耀。我们都是休宁人，也曾先后去访问过这所新型的学校，"诚实、勤劳、有爱心、不走捷径"的校训质朴天然，全校师生积极向上的精神面貌和严肃活泼的青春气息，很令人振奋。我很快写好了初稿，从经济、教育、文化三个层面，剖析德胜鲁班木工学校这个创举在繁荣山区经济、创新职业教育、超越重道轻艺"官本位"文化等三个方面的积极意义。初稿交给吴老之后，吴老评价很不错，除了个别的修订之外，还画龙点睛地写道："我们不约而同地联想到徽州乡先贤、大教育家陶行知先生和他先后创办的晓庄师范、山海工学团及育才学校，认为这所木工学校也是值得重视的伟大创举。可以预见，随着办学规模的扩大和教学实践的深入，这所学校将蔚为风气，积极影响整个社会，造福子孙后代。所以称其为创举犹嫌不足，简直可以誉为一石三鸟的伟大创举。"吴象先生还将这篇文章的题目定为《一石三鸟的伟大创举》。吴象老指导我写作并共同署名的这篇文章后来在《黄山日报》整版刊登，先生后来又带我续写了一篇《"雕"出德能勤绩"匠士"》的文章，刊发于新华社《瞭望》新闻周刊2005年第52期。

2014年9月，听闻我们的母校休宁中学面临搬迁的消息。这处校园所承载的徽州一个多世纪现代教育的文脉是否能得到妥善的保护和延续？海内外校友对此都非常关切。我执笔向当地教育部门写了一篇关于审慎考虑休宁中学校园搬迁的呼吁文章，希望得到吴老的签名支持。吴老彼时在中日友好医院住院，阿丽把我的呼吁文字呈给吴老之后，吴老认真看过，第一个签上自己的名字，并立即给我打来电话："以前我喊你小老弟，今天我要称你一声老兄，你的文章写得好。"后来共有十九位校友在意见书上签名，当地政府从善如流，采纳了我们的建议。

吴象先生毕生著述，早年报道革命，壮年为农村改革鼓与呼，晚年关切徽州乡邦的文化传承与创新。这应了杜甫的那句诗："庾信平生最萧瑟，暮年诗赋动江关。"据胡颂平编著的《胡适之先生晚年谈话录》，胡适先生暮年在台岛的蕉风椰雨里，非常喜欢杜甫的《咏怀古迹》，也经常用徽州家乡话吟咏这两句诗。

六

辛弃疾和朱熹是至交好友，情谊深笃。朱熹逝世后，辛弃疾悲恸不已，撰联悼念："所不朽者，垂万世名。孰谓公死，凛凛犹生。"辛弃疾另作一首词《感皇恩·读庄子闻朱晦庵即世》缅怀：

> 案上数编书，非庄即老。会说忘言始知道。万言千句，不自能忘堪笑。今朝梅雨霁，青天好。
> 一壑一丘，轻衫短帽。白发多时故人少。子云何在，应有玄经遗草。江河流日夜，何时了。

吴象先生逝世后，我正学写词，尝试依稼轩怀朱文公词韵，纪念吴象先生：

> 纵笔写乡关，少年不老。屯浦离别月出皓。暴风骤雨，十里店村晨晓。木兰舟奋棹，春光好。
>
> 大写之人，平生襟抱。何惧途程凤阁杳。一石三鸟，独木桥头青草。商山客早行，清辉皎。

明年1月16日是吴象先生一百周年冥诞，吴老的女儿阿丽说我是吴老交往的年龄最小的"小老朋友"，命我写一篇纪念文章。我思考吴象先生生命的一个世纪和他身前身后的大江大河。辛稼轩言朱文公"不朽"，孰谓公死，凛凛犹生。《春秋左传》也有"立德、立功、立言""三不朽"之说。吴象先生身具改革家、文章士、大写的人这三重身份，恰恰对应了立功、立言、立德三重意义的"不朽"。

对"立德、立功、立言"此"三不朽"，胡适批评其理论构建存在缺陷。他于1919年在《新青年》六卷二号上发表《不朽——我的宗教》一文，提出"社会的不朽论"：

> 我这个现在的"小我"，对于那永远不朽的"大我"的无穷过去，须负重大的责任；对于那永远不朽的"大我"的无穷未来，也须负重大的责任。我须要时时想着，我应该如何努力利用现在的"小我"，方才可以不辜负了那"大我"的无穷过去，方才可以不遗害那"大我"的无穷未来？

胡适笔下的"大我"即是"社会","大我的不朽"即是"社会的不朽"。胡适提倡之"社会的不朽论"更强调个人对于社会的历史责任和时代使命。吴象先生的不朽，吴象先生等农村改革前贤的不朽，不仅仅是因为他们在立德、立功、立言上的不朽，更在于他们尊重农民选择，尊重农民的意愿和权利，从来不敢忘记自己的衣食父母——中国的数亿农民兄弟。他们是彻底做到了"以人民为中心"的，是真正践行马克思主义理论中"实现人的全面发展"使命的。吴象先生等前贤起锚的改革航船，已行经无数个高山峡谷、激流险滩，可谓"轻舟已过万重山"，但在前行的路上仍然要面临无数个三峡、小三峡、小小三峡的考验。胡适先生一个世纪前的发问至今仍可供我辈参考：

  我应该如何努力利用现在的"小我"，方才可以不辜负了那"大我"的无穷过去，方才可以不遗害那"大我"的无穷未来？

谨以此文纪念改革家、文章士、大写的人：吴象先生。

（刊于《中华读书报》2021年11月17日，《新华文摘》2022年第4期全文转载）

致契合

——纪念王佐良先生诞辰一百周年

2016年是王佐良先生诞辰一百周年。李赋宁先生曾用柯尔律治对莎士比亚"万脑人"（myriad-minded）的赞誉，来形容王佐良先生的博学多识。纵览王佐良先生一生道德文章，仿佛呈现一具多宝阁，琳琅满目，美不胜收。也正因为学识广博，王佐良先生尚在中年时即被同人尊称为"王公"。且以王公最富成就也最具特色的四个身份来审视其波澜壮阔的学术人生。

王佐良先生是伟大的学者，在外国文学、比较文学和语言学等领域都有着卓越的贡献。王公对英国文学史的研究和撰著是其外国文学研究方面最重要的学术贡献。他提出了建立具有中国特色的外国文学史模式的重要问题。他这样写道："我感到比较切实可行的办法是以几个主要文学品种（诗歌、戏剧、小说、散文等）的演化为经，以大的文学潮流（文艺复兴、浪漫主义、现代主义等）为纬，重要作家则用'特写镜头'突出起来"，"又要把文学同整个文化（社会、政治、经济等）

的变化联系起来谈，避免把文学孤立起来，成为幽室之兰"。此外，王公特别强调在编写外国文学史中要秉承历史唯物主义的原则："它会使我们把文学置于社会、经济、政治、哲学思潮等等所组成的全局的宏观之下，同时又充分认识文学的独特性；它会使我们尽量了解作品的本来意义，不将今天的认识强加在远时和异域的作者身上，而同时又必然要用今天的新眼光来重新考察作家、作品的思想和艺术品质。"王佐良先生用英文撰写的《论契合——比较文学研究集》被誉为中国比较文学领域的奠基之作。王公使用"契合"（affinity）来描述各国异域文化和本国古今文化之间的彼此渗透、互相影响的关系。王佐良先生在英语文体学方面的研究成果大大充实了我国英语教材的内容。

王佐良先生是出色的翻译家。王公在翻译理论方面多有建树，在文学翻译方面也有着丰硕的成果。王公翻译的培根《谈读书》一文脍炙人口，成为中国翻译史上不可逾越的高峰："读书足以怡情，足以傅彩，足以长才。其怡情也，最见于独处幽居之时；其傅彩也，最见于高谈阔论之中；其长才也，最见于处世判事之际。……读史使人明智，读诗使人灵秀，数学使人周密，科学使人深刻，伦理学使人庄重，逻辑修辞之学使人善辩：凡有所学，皆成性格。……"时隔半个多世纪之后，张中载教授仍然清晰地记得王公在课堂上朗诵他翻译的彭斯诗句："呵，我的爱人像朵红红的玫瑰，六月里迎风初开；呵，我的爱人像支甜甜的曲子，奏得合拍又和谐。"在英译汉之外，王佐良先生还曾与外国学者合作，将曹禺的《雷雨》剧本翻译成英文，广受好评。

王佐良先生是诗人，是作家。他创作的诗歌一唱三叹、清新隽永。他晚年回忆西南联大师友燕卜荪、穆旦等的散文，娓娓道来，令读者仿佛重新置身"笳吹弦诵在春城"的峥嵘岁月。他在评论穆旦的诗歌翻译和创作时谈到："诗歌翻译需要译者的诗才，但通过翻译诗才不是受到侵蚀，而是受到滋润。能译《唐璜》的诗人才能写出《冬》那样的诗。"这何尝不是王公的夫子自道呢？王公本人的翻译和创作莫不如是。能将《谈读书》翻译成为中文翻译文学巅峰之作的学者，才可以在他的散文集《照澜集》《心智的风景线》《中楼集》中，浸润氤氲着培根那样的逸兴和神韵。王佐良先生的最后遗作是《谈穆旦的诗》，他纪念老友的诗歌人生，念兹在兹的是穆旦《赞美》中的诗句："一个民族已经起来"。"一个民族已经起来"，这是包括王佐良先生在内的西南联大知识分子"以学术为志业"的终极追求。

王佐良先生是教育家。他早年在西南联大毕业之后即留校担任助教，自英伦留学归国之后长期在北外执教。对于教育，王公一贯主张："通过文学来学习语言，语言也会学得更好"，"文化知识和文化修养有助于人的性情、趣味、美德、价值标准等的提高，也就是人的素质的提高，这是当前教育界和全社会亟须加强的最重要的工作之一"。"桃李不言，下自成蹊"。王佐良先生的高足当中，大使、外交家有之，外国文学研究专家有之，外语教育名师有之，甚至更有之转型成为社会学领域的国际知名学者、亚洲基础设施投资银行的首任行长。由王佐良、许国璋、周珏良诸位先生开创的斯文正脉，业已成为北京外国语大学最为珍贵的学术传统和精神财富。

西谚有云：狐狸多知，刺猬一知。哲学家以赛亚·伯林借此把思想家分为狐狸型和刺猬型两种，狐狸型思想家兴趣广泛、思维发散，在颇多领域都卓有贡献，刺猬型思想家则专注一点，开创出严密的理论体系。纵览王佐良先生波澜壮阔的学术人生，身兼二者之长，既有狐狸型学者的广博，又有刺猬型学者的精深。但正如散文创作中的"形散而神不散"，如何理解王公学术思想一以贯之的内在精神？"契合"二字庶几可以担当。

王公在《论契合》序言中即提纲挈领地写道："当外国文学的输入解决了本土文学的迫切需求时，本土文学就会应时而动，发生巨变，并同时与外国文学产生契合；而这时的契合就不仅是文学间，也涉及到社会、文化、经济和其他方面。倘若一种古老的文学与一种新兴的文学相遇一处，前者有着悠久而弹性十足的古典传统，后者又拥有富有创意的美学或激进的意识形态，契合与碰撞就会更加精彩。这即是20世纪中国文学与外国文学的相遇。"

"契合"是王公的学术旨趣，更是他对我们民族语言文化、学术思想发展的愿景。王公创作于1987年的诗作《语言》更是元气淋漓地展现了这样的"契合"：

> 中心的问题还是语言。
> 没有语言，没有文学，没有历史，没有文化。
> 有了语言，也带来不尽的争论：
> 是语言限制了思想，

还是语言使思想更精确，

使不可捉摸的可以捉摸，

使隐秘的成为鲜明，

使无声的愤怒变成响亮的抗议，

使人高昂而又细致，

天地也更加灿烂？

我学另一种语言，

我要钻进去探明它的究竟，

它的活力和神秘，

它的历史和将来的命运，

为什么世界上有那么多的人说它写它，

为什么它能那样敞开地吸收，

又能那样慷慨地赠送？

但我更爱自己的语言，

无数方言提供了各种音乐，

永远不会单调！

各个阶段的历史，各处的乡情和风俗，

永远不会缺乏深厚而又深厚的根子，

而协调它们、联系它们、融合它们的

则是那美丽无比、奇妙无比的汉字！

多少世纪时流的冲击没能淹没它，

到如今又成为终端机上的镜中客！

但愿它能刷新，

去掉臃肿，去掉累赘，

去掉那些打瞌睡的成语，

那些不精确的形容词，

那些装腔作势的空话套话，

精悍一点，麻利一点，也温柔一点，

出落得更加矫健灵活，

能文能白，能雅能俗，能明能暗……

"反对枯燥。"一个英国女作家说。

"多点灵气。"一个中国学生回答。

　　1935年，为了庆祝蔡元培先生的七秩寿辰，胡适、蒋梦麟、罗家伦、王星拱、丁西林、赵太侔等六人联名致信蔡先生，要为蔡先生赠送一所房屋，营造一所全社会的"公共纪念坊"。三十多年后，林语堂忆及此事，撰文提出要"以口为碑"，"以心为碑"，"以文为碑"，来祝贺蔡先生的百年寿诞。在王佐良先生一百周年诞辰之际，借用林语堂先生的贺词，我们祝贺王公的寿辰，不但要"以口为碑"，使先生的事业代代相传；"以心为碑"，使先生的精神更感人至深；还要"以文为碑"，使先生的功德寿于金石而不朽。

　　向王佐良先生的学术成就致敬！

　　向由王佐良先生开创的北京外国语大学外国文学研究学术谱系致敬！

（刊于《中华读书报》2016年9月7日）

只求立世治学，无意升官发财
——怀念赵宝煦先生

得知赵宝煦先生仙逝的噩耗，极为悲恸。赵先生是北京大学资深教授、著名政治学家，是我们敬仰的老师辈的老师。他在当代中国政治学和国际政治学这两个学科开创性的贡献为海内外学界所公认。

近年来，我协助赵先生做了一些口述历史的工作。先生喜欢喝茶，他在每次访谈之前都泡好茶静静地等我。在一杯清茶和一抹夕阳的陪伴下，一个世纪的风雨兼程在留声机里跳跃辗转。

赵先生晚年的谈话，对青年时代在西南联大求学的经历多有提及。先生于1943年1月从北平离家南下，1943年11月到昆明进入西南联大，再到1946年5月西南联大解散，他在西南联大满打满算也只有两年半的时间。但这两年半给赵先生身上深深地打上了"联大"烙印。

赵先生到西南联大之后首先就读的是化学系，后来转到政治学系。当时联大政治学系的系主任是张奚若。在转政治系的迎新会上，张奚若对新生说："学政治系是升官系，经济系是发财系，假如你要是抱着升官的目的到我这来呢，我告诉你你走错门了。你要是升官呢，你上小龙坎，就是在重庆南岸的中央政治干校，你要做官你上那儿去。你上我这来你要是拿了文凭，结果你就绝对做不了官，因为国民党绝对不喜欢我们这里出来的人。你要是想当个学者，我要先告诉你四年我培养不出学者来。那你说你到我这来干吗呢？我就告诉你到我这来就学一个念书的方法，如果以后你愿意念书你就学一个念书的方法。"赵先生听后大为震撼，从此走上政治学研究的道路。

赵先生知我有"联大情结"，在88岁高龄还专门书写了《西南联大校歌》馈赠于我：

> 万里长征，辞却了五朝宫阙。暂驻足衡山湘水，又成离别。绝徼移栽桢干质，九州遍洒黎元血。尽笳吹，弦诵在山城，情弥切。
>
> 千秋耻，终当雪。中兴业，须人杰。便一成三户，壮怀难折。多难殷忧新国运，动心忍性希前哲。待驱除仇寇，复神京，还燕碣。

斯人已去。我默默诵读赵先生书写的联大校歌，回忆他的联大故事，越发理解他身上的联大精神。冯友兰先生撰文的《国立西南联合大学纪念碑碑文》提到西南联大可供纪念的四点意义：联大的使命"与抗战相终始"，并最终扭转乾坤，实现报国使命；北大、清华、南开三校"八年之久，合作无间，同无妨异，异不害同，五色交辉，相得益彰，八音合奏，终和且平"；联大"以其兼容并包之精神，转移社会一时之风气，内树学术自由之规模，外获民主堡垒之称号，违千夫之诺诺，作一士之谔谔"；联大记载的历史是中国历史上迄今为止唯一成功的南渡北返。这四点意义可以归纳为两大层面的精神内涵：追求民族独立、进步、富强、文明的爱国主义情怀，崇尚自由、民主、和谐、自然的学术自由传统，也暗合了"启蒙与救亡的双重变奏"。

赵先生一生为人为学的轨迹莫不如是。先生晚年回忆，他在青年时代读了很多杂书，对他后来影响较大的有两本书：一是上海生活书店出版的、巴金翻译的、屠格涅夫的散文诗《门槛》，一是南北朝刘义庆的《世说新语》。

《门槛》说在一个荒野里天昏地暗，冷风呼啸，飞沙走石，就有一个黑的屋子，屋子门口很厚的棉布帘子。一个姑娘在门槛前说："你让我进来吧。"里面一个声音就说："你不能进来。这里面等待你的是饥饿、死亡和各种非刑。"这位姑娘坚定地说："我愿意，你让我进来。"那个声音回答："你死了没有人纪念你，甚至有人咒骂你。" 这个姑娘说："我还是要进来"，最终跨进了门槛。最后有两个声音，一个就说"一个傻子"，另一个就说"一位圣人"。赵先生说：这个故事给他印象很深的，就是一个殉道者的精神。不是说什么名留青史，你死了别人还要咒骂你，但是他认为是对的我就坚决要做。《门槛》中俄罗斯女郎执着的殉道者精神，激励他毫不犹豫地参加革命。

　　爱国主义的情怀和追求进步的思想，贯穿赵先生的学术道路。赵先生在青年时代冲破日伪的重重封锁，不远千里南行昆明，追寻救国真理；他在西南联大创立"阳光美术社"，用犀利的画笔作为匕首和投枪参加民主运动，与反动势力作坚决的斗争，并从此走上革命的道路；新中国成立后，他辛勤耕耘，培养了一大批政治学和国际政治学领域的专家学者，为推动这两个学科的学科建设和学术发展作出了开创性的贡献；改革开放之后，赵先生以花甲之年远涉重洋，先后出访了欧美、日本、印度等20多个国家和地区，在美国哈佛大学、加州伯克利大学，苏联社会科学院，德国柏林自由大学等著名的大学和学术机构发表演讲，积极对外宣传中国改革开放的成就和中国政治学研究的最新成果。先生在1941年写下的《灯蛾》一诗，为他爱国进步的一生做了极好的注解："在暗夜里追寻我底爱，展翅向昏黄的灯光飞来。纵使灯火会烧焦我底肢体，我不埋怨，这一切原是我自己安排。"

　　另外一本影响先生甚深的书是《世说新语》。《世说新语》中放浪形骸的魏晋风度和自由宣泄的个性，使赵先生崇尚纯真自然，本能地鄙视各式各样的道学和教条。赵先生坦言，这一条虽使他在革命队伍中屡遭诟病，也至今不悔。

　　赵先生说起他受西南联大最深的影响就是学术自由的理念。因为学术自由的理念，他在学术上提倡"和为贵""中庸之道""君子和而不同"；因为学术自由的理念，他厌恶伪道学，不喜矫揉造作，更反对千篇一律、机械一致——正如先生在文章中写道："彩虹所以美丽是因为它有七个颜色，钻石所以璀璨耀目是因为它的许多晶面能从不同角度反光"，"先秦诸子若都叨唠着同一的见解，当时学术文化的高度发展又从何而来？"因为学术自由的理念，赵先生推崇西南联大的办学思想，对学生因材施教，不求全责备，只要求学有专长，放手让学生自由发展、自由竞争。今天在艺术创作和艺术研究领域卓有成就的徐冰教授和白谦慎教授，当年在艺术兴趣的培养和艺术天分的发掘上，都曾得到赵先生亦师亦友般的启蒙和鼓励，而赵先生本身的专业却是中国政治学和国际政治学！

而在90年的人生历程里，赵宝煦先生的立世和治学，深得《门槛》和《世说新语》人物的风骨，兼有爱国进步和自由民主的精神。这恰恰是西南联大传统的精髓所在。

（刊于《中国青年报》2012年2月14日）

笳吹弦诵在新棠

——纪念胡晋接先生与徽州现代教育的百年

一、引子

我的母校安徽省休宁中学即将迎来一百周年华诞。休宁中学创校校长胡晋接（1870—1934），绩溪城内人，字子承，号梅轩、止澄，徽州现代教育的开拓者，备受四方敬仰。

虽然在行政区划上，绩溪从徽州改隶宣城已近二十五年，但绩溪民众对徽州文化的热忱却丝毫不减，反而随着岁月的推移愈加浓烈。七年前，我和北大几位志同道合的同学回休宁、绩溪两地开展"家在黄山白岳"暑期支教活动，受到绩溪县胡稼民教育思想研究会（简称"稼研会"）诸位前辈的鼓励和支持，并结下深情厚谊。"稼研会"诸位前辈多是曾活跃在徽州杏坛的饱学宿儒，因钦佩先师胡稼民先生风骨，以研究胡稼民先生教育思想为发端，继而对胡适、胡晋接等为代表的徽州名师和徽州教育史料进行了系统深入的研究。他们多已年过花甲，甚至已是耄耋之年，但仍以整理研究徽州乡邦教育文献为己任，笔耕不辍。

"稼研会"诸老对胡晋接先生崇敬有加，早在两年前即启动了《胡晋接先生纪念文集》（以下简称《纪念文集》）的编纂出版工作，至今已告一段落。《纪念文集》分为"胡晋接教育言论选""胡晋接诗文选""胡晋接往来书信选""胡晋接年谱"和"胡晋接研究"五个部分，涵盖子承先生生平事迹、交游行止、诗文信札和后世学人对子承先生的回忆录和研究，是胡晋接研究的开山之作，也是徽州现代教育研究的力作。

"稼研会"会长周文甫先生嘱我为《纪念文集》撰写序言。我既觉"义不容辞"，又感"诚惶诚恐"。我是休宁中学毕业生，新安江畔几多风雨，梅轩亭里六度春秋。子承先生确立的"诚毅"校训早已镌刻于内心深处，伴我走出大山，铭记至今。为纪念子承先生尽一己绵薄之力，自然是"义不容辞"。子承先生是休中之父，此纪念文集的撰写者也多是徽州宿儒前辈，小子何德何能，让我"作序"是无论如何也不敢承应的事情。我想谨以这些浅薄的文字，作为我对这部《纪念文集》的读后感。

休宁中学的毕业生，对创校校长胡子承先生的大名是非常熟悉和敬仰的。我所魂牵梦萦的休中故园处处都有子承先生的印迹。休宁中学校门前有一大石牌坊，正面镌刻着罗工柳先生题写的"安徽省休宁中学"的校名，背面则是胡子承先生确立的校训"诚毅"。休中教学楼下喷水池旁，有一面石屏风，上面刻有子承先生对"诚毅"校训的解读:"止于至善,是之谓诚,能常常止于至善而不迁,是之谓毅。此乃古圣相传心法,而初学入德之门也。揭为校训,用相劝勉。"校门东侧更有以子承先生所号"梅轩"而命名的梅轩亭,亭内对联、题词等皆为纪念子承先生而书写。校史馆"斯文正脉"堂是子承先生创校时的礼堂,厅堂内所有建材均为银杏木,故又名白果厅。子承先生将校址迁至万安之后,曾访古城岩还古书院遗址,移悬书院遗物"斯文正脉"匾额至此,并将其命名为"斯文正脉"堂。每次回母校,无论是春雨绵绵,还是夕阳暮霭,我都会沿着"诚毅"牌坊、梅轩亭、风雨操场、亥山、校史馆、主教学楼的线路重游,在这些地方驻足良久,诵念子承先生本人、或是纪念子承先生的诗文,胸中顿生"斯文正脉养吾浩然之气"之感。

二、子承先生办学之"道"与"术"

1913年1月,安徽省督军柏文蔚与教育司长江彤侯商承孙中山先生提出的普及义务教育的五项纲领,决定全省分为六个学区,每一学区设一所师范学校。徽州六邑(休宁、歙县、黟县、祁门、婺源、绩溪)属第五学区,设一师范学校,名为"安徽省立第五师范学校"(1914年2月更名为安徽省立第二师范学校,简称"二师"),委任胡晋接担任校长。

子承先生1913年衔命在万山丛中的徽州创办师范学校,直至1928年辞职告老还乡,先生把人生中最为宝贵的十五年时光都奉献给了"二师"。先生主政"二师"的十五年，开头时是民国草创，结尾处是大革命结束、北伐完成、南京国民政府形式上统一全国。这十五年，军阀混战，民不聊生，乱哄哄的"你方唱罢我登场"，但五四新文化运动的爆发，给这一片浑浊和泥沼注入了希望和新生的力量。子承先生就是在这样的情境下开启了徽州现代教育的山门。

先生当日在徽州创办"二师"，必须直面两大历史困境。困境之一，是徽州商人群体的衰败；困境之二，是科举制的废除。这两大困境直接导致了当日徽州教育的困顿。

历经鸦片战争、太平天国等历次兵燹，受时代变迁、内外政策等多重因素影响，在清季民初，独领风骚数百年的徽州商人群体无可奈何地退出历史舞台。徽州在文化上"东南邹鲁"的美誉，在经济基础上是以徽州商人的成功为根基的。徽商的衰败，给徽州六邑的教育以沉重的打击。

徽州是程朱理学的大本营，徽州人在传统社会的科举考试中创造了诸多奇迹："连科三殿撰，十里四翰林""兄弟丞相""父子尚书""同胞翰林"等佳话在徽州不算多么稀奇的事情，仅以面积不过2000多平方公里、当时人口不过十几万的休宁县而言，从南宋到清朝居然涌现出十九名状元，远远超出曾经一度名声显赫的苏州，稳居全国之首，成为当之无愧的"中国第一状元县"！1905年，科举制的废除，对中国社会各个方面发生了前所未有的深远影响，可谓"千年未有之大变局"。

科举已废，而学堂未兴，这就动摇了当日徽州教育的根本。1907年（清光绪三十三年），清朝末代翰林许承尧对徽州教育的衰败痛心疾首。他在《新安中学堂记》一文中说：

> 夫吾徽学风昔日渐全国，今顾稍稍衰落矣。我儒先刻苦厉学相传之精神，应如何宝爱而弗失，且一涓一滴皆出社会之赐，享其奉者宜何所酬。而此固为昔日试士地，才俊腾跃竞艺之所。由今而思，当必有凄感来会，而振奋以起者。

与此可以相佐证的，是子承先生1914年的肺腑之言：

> 吾乡故为东南文物之邦，硕学巨儒，后先相望，或为理学，或为经济，或为经史，或为词章，耿耿精光，不可遏抑。岂其运会之独隆，亦由其讲学之风盛，有以联络其精神耳。乃自科举废，学校兴，而起视吾乡，所为联络精神之语言文字，转阒然无闻，何怪十年以来，不惟教育停滞不进，而文学之衰，且一落千丈也。（《安徽省立第五师范学校杂志》第一期）

面对残山剩水，子承先生在"二师"将怎样施展他的抱负呢？仔细研读《纪念文集》中先生的教育言论选、诗文选和年谱，窃以为子承先生十五年"二师"生涯的擘画运筹和躬耕践行，可以从"道"和"术"两个层面来理解。按照时髦的话说，就是从教育理念和教育方针上来推进"二师"的办学乃至徽州的现代教育。

子承先生办学之"道"，借用李泽厚先生的概念，乃是"救亡与启蒙的双重变奏"。子承先生办学之"术"，窃以为是"书院传统与现代教育的交织融合"。

先生家学甚厚，很早即成为秀才、郡廪贡生，但"无意仕进"，青年时期即立下"教育报国"的理想："欲改造中国而非改造中国思想界不可。然欲改造中国之思想界，又非改造中国教育制度不可，盖教育乃一切思想之源泉，而小学又为教育之基础也。"（汪俊赓、程庸祺整理：《胡晋接先生年谱》之1884年条目）子承先生22岁时即在绩溪白石鼓汪氏家塾教私塾，他的学生汪孟邹后来创办亚东图书馆，成为民国著名的出版家。1904年，先生担任堂长的绩溪仁里思诚两等小学堂正式开学，开徽州小学教育之先河。子承先生由私塾而小学，丰富的实践为后来开创"二师"积累了丰富的经验。先生出掌"二师"之后，"救亡"的思想丝丝扣扣地体现在他的教育理念当中。

1913年，先生在"五师"的开学训词中说：

> 本师范学校，为安徽省立第五区师范学校，经费由省担任，其开设本校之目的，在于造成本区小学教师，以教育将来之国民。……总之，民国前途，惟新国民是赖，即惟造就新国民之新教师是赖，所以望之者重，则所以责之者亦不得不重。惟诸生勉之。（《安徽省立第五师范学校杂志》第一期）

先生1920年著文《师范生之地位与其责任》，从"救亡""救吾国国家的危亡"的角度盛赞师范生的责任：

> 国家强盛，固在于国民，而国民之是否优良，又视乎师范生他日之服务是否尽职，故师范生之地位，好象军官所立的地位，以训练军队为天职，师范生以训练国民为天职。师范生的责任，即在练成二十世纪中华民国的新国民，使能与世界各国国民，立于对等的地位，以救吾国国家的危亡者也。（《安徽省立第二师范学校杂志》第七期）

由此可见，"救亡"是子承先生教育理念的核心内容之一。同样较之前人，他也更加重视"启蒙"的意义。先生充分认识到传统教育的弊端，在"二师"大力推行教育革新，实施"村民教育主义""实用教育主义"，发展"社会经济主义"，"输入国民之新思想、新学艺，而不破坏其淳朴懿粹之美德，俾异日有文明之启导，无习惯之囿格，注重守信、耐劳、规律、勤勉"，教导学生教学做相结合、德智体全面发展。

子承先生本人是非常出色的地理学者，早在1912年（民国元年），其编著的《中华民国地理新图》就由上海亚东图书馆印行。但实事求是地说，先生的学术根基仍然偏重于传统国学。尽管先生也曾自学外语，但先生终究没有像陈独秀先生、胡适先生那样留过东洋、西洋，没有对西学进行系统的研习，对西洋文明没有切身的接触和感受。所以我们纵观先生文稿，其学术路径大抵是国学根基，而对西学所涉远不及国学。我们不必为尊者讳，同样也不必苛求前贤。

子承先生办学之"术"，也就是办学的方针，综合了书院传统和现代教育的特点。书院讲究"自由讲会"的制度，强调"格物致知"的精神。明清时期，徽州各地书院的发展非常繁盛，涌现出了紫阳书院、还古书院、竹山书院等著名的书院。子承先生少年时就随其父肇龄公就读于绩溪东山书院，他的学问就出自书院。所以，我们看先生当年的教育言论，讲"日省"，讲"信实"，讲"行持"，讲"进德""修业""合群"，讲"抱一""去私""进取"，讲"远足修学"，讲"诚的教育"……如此种种，哪一样不是书院中研习的圣贤心法？再看先生在"二师"一以贯之的"朝会"制度，庶几就是书院中的"讲会"制度。

尽管先生的教育方针脱胎于书院传统，但并不仅仅局限于书院传统，现代教育在"二师"的办学实践中得到了很好的体现。传统学术者有三：义理、考据、辞章。现代学术以其更为细致的学科分野，打破了这样笼统的分类。与此相对应，现代教育也体现出更为细致和繁复的学科设置。"二师"系统开设有修身、讲经、国文、习字、历史、英语、数理、物理、珠算、乐歌、体操、法制、经济、商业、图画等课程，除修身、讲经、习字、珠算等之外，其他多是现代教育课程。

我们甚至饶有趣味地看到，身为地理学家的子承先生极为看重植物学，认为"博物一科，先授植物"，他嘱咐学生寒假返乡就近采集植物带回校内，"无论谷物、菜蔬、果树、药品、竹木、藤草，凡天然之生物"，"或取秧苗，或摘果实，或选茎叶，或拾花枝"。他在《征集徽属六县植物启》末尾总结道："本人生地理之观念，揽黄山白岳之精华，或吟罢而盘桓，或课余而游艺，知识足资实用，岂惟多识乎物名，美感端赖养成，并以高尚其人格，本校有厚望焉。"（《安徽省立第五师范学校杂志》第一期）这段文字读来决然不同于子承先生谈诚论学的任何一篇文章，仿佛写它的人不是书院严肃的老先生，而是第二课堂可亲的小兄长。"一花一世界，一叶一菩提。"大凡鸿儒俊彦见到人间草木，总是抑制不住内心的亲近和愉悦。

子承先生办学之"术"，乃是"书院传统与现代教育的交织融合"，体现了新学、旧学的融会贯通，这也是那个时代的烙印，也应了休中民国时期老校歌的歌词："旧学商量，新知融贯，且把文明种因。"

三、因何开除柯庆施？

子承先生躬耕"二师"十五载的春风化雨，得到了同辈、后世的敬仰和尊崇。但对于先生当年开除参与学潮的进步学生柯尚惠（后名柯庆施，"文革"之前的国务院副总理、中共上海市委第一书记）一事，批评者占了大多数。

胡适先生是子承先生的绩溪同乡后辈，对先生也非常敬仰，他们二人有多封书信往来谈学论史。但在"五四"之后，胡适曾在和友人的通信中，批评"二师"和子承先生的"保守"。

1919年5月4日以后，胡适在致黄觉僧的信中说：

> ……但是先生所痛骂的"取言论自由之原则而残之"的"黑暗手段"，其实并不在北京，乃在休宁安徽第二师范学校。北京还没有人敢禁止《新青年》，也还没有人禁止学生看《新青年》。我梦里也想不到子承先生和先生等竟做出这种手段来，甚至于有因此开除学生的事。我这里收到许多信说第二师范"取言论自由之原则而残之"的事实，我至今不曾发表，因为我总希望子承先生和先生等不至如此。现在先生来信也自认贵处不读《新青年》了。先生等既不读《新青年》，又怎么能够作我们的后盾？这种后盾又有什么价值？……
>
> 总而言之，如果先生们认《新青年》为"洪水猛兽"，也该实地研究一番，看看究竟《新青年》何以是"洪水猛兽"。如果不看《新青年》，又不准学生看《新青年》，一意把"洪水猛兽"四个字抹煞我们一片至诚救世的苦心，那就是"取言论自由之原则而残之"的"黑暗手段"了。
>
> 请把这信请子承先生以看。（耿云志、欧阳哲生编：《胡适书信集》）

胡适在信中说"梦里也想不到"子承先生等会在"二师"禁止学生看《新青年》，甚至于有因此开除学生的事。我想，胡适此处大抵说的就是子承先生开除柯庆施一事。《纪念文集》中收有胡其伟《二师学生柯庆施及其与我父亲胡广平的友谊钩沉》和汪太戈《柯庆施在安徽省立二师》两篇文章，都详细地谈到了柯庆施当时参加学生运动被子承先生开除的事实。按照汪太戈一文中引用的柯庆施1940年写的自传材料：

> "五四"运动以后，我们就看到《新青年》《新潮》等杂志（开始校长叫我们看《新青年》，后来又不许看，但我们仍买来偷看），受了他们很大的影响，思想上发生了很大的转变，而有了一些新的认识。过去那种仅仅是压迫强制得不舒服而产生的反抗情绪，到了这个时期，好像是加了油（思想上的）一般，使我们的思想与学校当局的思想发生了根本的矛盾，于是冲突更甚。

柯氏在自传中提到"开始校长叫我们看《新青年》，后来又不许看，但我们仍买来偷看"，子承先生对《新青年》态度的前褒后贬，我想到另外一则材料可以印证。去年冬天，北京新文化运动纪念馆（前身为老北大红楼）为纪念胡适诞辰120周年，特地举办胡适文物纪念展。我在红楼参观展览的时候，看到一层展厅有一室"陈独秀专题陈列"，墙壁上列有一些历史名人对陈独秀先生创办《新青年》功绩的褒扬。我惊讶地看到，展室在显赫的位置列有子承先生与陈独秀的通信：

> 胡晋接：以先生之大雄无畏，推翻数千年盘踞人人脑筋中之旧思想，而独辟町畦，以再造新中国。仆深信大志

《新青年》出版之日，乃真正新中国之新纪元也。（《新青年》第三卷第三号）

据考证，《新青年》第三卷第三号刊行于1917年5月1日。我们可以看出，至少在新文化运动发端——1917年的时候，子承先生对陈独秀主编的《新青年》还是持一片盛赞之声。这一点从柯庆施的自传也可以印证，"开始校长叫我们看《新青年》"。但为什么"后来又不许看"了呢？哪里是促使其急转直下的历史节点？

窃以为，子承先生的思想倾向兼有新旧两端，追求新旧两者的平衡。这从教育家黄炎培先生1914年4月参观"二师"后的观感可以印证。黄炎培先生在日记中赞许子承先生和同人："校长胡君、教务主任方君振民（新），对于地方，意主输入国民之新思想、新学艺，而不欲破坏其旧时淳朴懿粹之美德。"［《黄炎培考察教育日记》（第一集）］新文化运动在发端时候，子承先生也是热情拥护的。但先生对输入的新思想、新学艺所能接受的程度，恐怕是以"不破坏其旧时淳朴懿粹之美德"为底线的；一旦冲决了这个底线、破坏了新旧二者的平衡，先生对新思想、新学艺的态度恐怕会发生根本改变。待到新文化运动发展到新的阶段，中西文化呈现剧烈的矛盾冲突，特别是"五四"学生运动之后，学运风潮甚至从北京扩展到穷乡僻壤的徽州"二师"，新思想、新学艺已经对徽州社会旧有的礼俗秩序发生激烈的冲击。面对身边乍起、"吹皱一池春水"的学潮，老派学人出身的子承先生似乎无法接受这样"礼崩乐坏"的事实。柯庆施被"二师"除名的悲剧便无法避免。

不过，对柯氏而言，"塞翁失马，焉知非福"。胡适1924年6月4日致族叔胡近仁的信中，似乎又惊人地"预见"了柯氏的命运：

> 福保的问题，我以为可先进二师。现在真没有好中学堂！那里不是你说的"机械教育"！二师的危险是很明白的，所以不足怕。易卜生的儿子少时，易卜生送他到俄国去留学。人问，"你是爱自由的人，为什么不送他到美国去？"易卜生说："美国人得着了自由，故不知道自由的真价值。俄国人没有自由，故反能认识自由的意义。"二师虽专制，却是制造革命党的好地方。胡子承不但替胡适之造了许多信徒，还替陈独秀造了无数党员！（但这个消息，你千万不可让子承先生知道！！）福保不妨先去二师，等到他被子承先生开除出来时，他已是自由的忠心的信徒了。（耿云志、欧阳哲生编：《胡适书信集》）

胡适劝胡近仁让儿子胡福保上"二师"念书，理由居然是"二师"专制，专制可以培养"自由的忠心的信徒"。"二师虽专制，却是制造革命党的好地方。胡子承不但替胡适之造了许多信徒，还替陈独秀造了无数党员！"从这个意义上说，这也正是柯庆施走上革命道路的轨迹。

重新回溯这段公案，柯庆施自己在自传材料中回忆：

……这种学校生活，又产生我的痛苦与不满，于是我逐渐调皮与捣蛋起来了，同班中我们团结了一批人，经常对不顺眼的事情表示出一些微弱的抗议，在同学中发议论，因此，我就在学校里成为捣蛋的名人。不管班上发生什么事情，不管我是否参加，结果我总是要被申斥与记过。（汪太戈：《柯庆施在安徽省立二师》，《徽州社会科学》2008年第8期）

　　少年柯庆施有青春期叛逆的一面。那么胡子承先生呢？他是否意识到对"青春躁动"的学生过于严厉了？目前没有第一手的材料可以证明子承先生当时的真实想法。但我想可以从中年胡适对学潮的态度，来迂回体察子承先生的行思。

　　1935年，面对日寇的铁蹄，北平学生发动"一二·九"爱国学生运动。对学生的罢课游行，时为北大教授的胡适在日记中如实记载了他的态度：

　　一点聚餐。大家都谈学生请愿事。我们费了二十多日的力量。只是要青年人安心求学。今天学生此事，虽出于爱国热心的居多，但已有几张传单出现，其中语言多是有作用的，容易被人利用作口实。（曹伯言整理：《胡适日记全集》第七册）

　　中年的胡适比青年时少了几分激进，多了几分理性。但"只是要青年人安心求学"的胡适，甚至因为这样的态度，也避免不了被学生批评、斥责和警告的命运。从"只是要青年人安心求学"的角度，我们或许可以稍稍理解子承先生当日的心理。

子承先生那样一位从书院里出来的一丝不苟的老先生，出于严明校纪，更出于让青年人"安心求学"的心理，对参加学潮的柯庆施采取一项不大不小的惩戒——"留家一年，察其思想已否矫正再行斟酌办理为妥"，"寄上题目于日内作就，内容须具有恳切忏悔之意思而类悔过书者，……日记亦须记就寄来，内容以多忏悔语为佳"，然后校方可以考虑让其返校。校方对柯氏言辞严厉，但却"法外开恩"，并未直接除名，留有回旋余地，相当于"休学一年"。但这样的"法外开恩"已经无法阻止柯氏追求革命真理的脚步了。

四、结语

后人还得感谢子承先生的是，他仿佛一位不辞辛劳的风水先生，在万壑丛中的徽州，为"二师"，为后来的"徽中"和"休中"，觅到一处如此幽雅秀丽的校址。后人不可不珍视之！

"二师"先后选址歙县问政山麓紫阳书院、休宁率口荷花池畔，校址均"狭难久居"。先生偶尔翻到旧藏的《还古书院志》，"妄意还古书院可用亦大佳"，遂率人往休宁还古书院探访，途中经友人推荐，意外觅得万安新塘村任氏故宅作为永久校址。

新塘村又名新棠村，地处黄山、白岳之间，所在的万安古镇又是徽州六县的地理中心，山清水秀，交通便利，远闹市而隔尘嚣。这不正是子承先生苦苦寻觅的教学佳所吗？近百年后我们重读此文，仍能感到先生笔端掩映不住的欣喜。

子承先生历经一番奇遇，终于为徽州现代教育觅得一方风水宝地。徽州现代教育也仿佛子承先生历经千辛万苦盗来的天火，虽是星星之火，却在这片广袤的大地上熊熊燎原开来。

傅雷在《约翰·克利斯朵夫》中有两处特别传神的翻译。那是克利斯朵夫在婴儿和孩童时候熟悉的音乐："江声浩荡""钟声复起"。或许，这使克利斯朵夫从小就孕育了对音乐的敏感和天赋。我也非常熟悉和怀念休中故园新棠村的乐声：亥山的松涛，池畔的蛙鸣，草丛深处的虫吟，当然，还有呼啸而过的蒸汽机车，大喇叭播放的《运动员进行曲》，和清晨响彻一方的琅琅书声。

我想起西南联大的校歌："尽笳吹，弦诵在山城。"可惜我不会篆刻，今后遇到治印的朋友，一定请他帮我刻一枚藏书章：笳吹弦诵在新棠。

（刊于《中华读书报》2012年8月8日）

对市场经济理论的新认识

——《经济新引擎——兼论有为政府与有效市场》评介

　　中国经济改革40多年来的成就举世瞩目，美国经济学家米尔顿·弗里德曼曾说："谁能正确解释中国改革和发展，谁就能获得诺贝尔经济学奖。"陈云贤的著作《经济新引擎——兼论有为政府与有效市场》，就是对中国改革开放的成功经验作出的理论解释，并对市场经济理论作出了新的探索。

一

　　该书提出了有为政府与有效市场的概念，并对二者的辩证关系进行了创新性研究。

　　对政府与市场关系的深邃理论思考，贯穿中国经济改革40多年实践的全过程。对二者关系的认识最初体现在对计划与市场的讨论中。1992年春，邓小平同志在南方谈话中指出："计划多一点还是市场多一点，不是社会主义与资本主义的本质区别。计划经济不等于社会主义，资本主义也有计划；市场经济不等于资本主义，社会主义也有市场。计划和市场都是经济手段。"邓小平同志对计划与市场关系的深刻思考，是中国特色社会主义市场经济的重要思想渊薮。党的十四大报告提出建立社会主义市场经济体制，"要使市场在社会主义国家宏观调控下对资源配置起基础性作用，使经济活动遵循价值规律的要求，适应供求关系的变化"，"同时也要看到市场有其自身的弱点和消极方面，必须加强和改善国家对经济的宏观调控"。党的十九届四中全会将社会主义市场经济体制定义为社会主义基本经济制度的重要组成部分，指出："必须坚持社会主义基本经济制度，充分发挥市场在资源配置中的决定性作用，更好发挥政府作用，全面贯彻新发展理念，坚持以供给侧结构性改革为主线，加快建设现代化经济体系。"坚持市场对资源配置起决定性作用的同时，更好发挥政府积极作用，已经成为坚持与完善中国特色社会主义市场经济的共识。

该书从经济学经典概念"资源配置"入手，创造性地提出"资源生成"的新概念，认为资源配置中存在"资源生成"领域，进而由"资源生成"提出"生成性资源"的概念，城市基础设施资源等是"生成性资源"的代表，地方政府是"生成性资源"领域的竞争主体。书中将"生成性资源"分成三类：与产业发展相对应的资源，属于"可经营性资源"；与社会民生相对应的资源，属于"非经营性资源"；与城市基础建设相对应的资源，属于"准经营性资源"，包括硬件公共设施、软件公共设施，以及城乡一体化进程中的城乡基础设施、逐步开发建设的智能城市系列工程等。

基于上述划分，该书提出了地方政府相对应的不同职能。对于"可经营性资源"，地方政府应当做好规划、引导和扶持工作，实行调节、监督和管理；对于"准经营性资源"，地方政府可以进行城市基础设施等的投资运营，参与市场竞争；对"非经营性资源"，即公共物品或公益事业，地方政府有责任进行"社会保障、基本托底、公平公正、有效提升"的宏观调控与管理。

由此，该书提出了现代市场经济竞争的"双重主体"理论——产业经济的竞争，以企业作为主体；城市经济的竞争，以地方政府作为主体，这一竞争仅限于城市基础设施投资、开发、运营和管理领域，其目的主要在于优化城市资源，提高城市经济效率。

在对地方政府职能和市场竞争主体进行上述划分的基础上，书中提出了有为政府与有效市场相结合的观点：一方面，市场在产业经济、城市经济的资源配置中起决定性作用，市场规律对产业经济、城市经济中的市场竞争起根本性作用。另一方面，地方政府既是城市经济的竞争主体，遵循市场规律推动区域经济实现可持续增长，同时又对当地的产业经济实施规划、引导、扶持、监督、管理等职能，对民生经济发挥保障、托底、提升的作用。

二

提出创建中观经济学的设想，是该书的又一大亮点。

现代经济学可以划分为微观经济学和宏观经济学两大体系。微观经济学研究市场机制如何决定资源配置，基本理论是价格理论。宏观经济学以国民经济总过程的活动为研究对象，主要考察就业水平、国民收入等经济总量。该书则创造性地提出了以地方政府为研究主体的中观经济学。

在该书的中观经济学框架下，广义的区域资源或城市资源，包括产业资源、民生资源和基础设施资源三类。地方政府的竞争也相应分为民生经济竞争（主要涉及与社会民生相对应的资源，即非经营性资源）、产业经济竞争（主要涉及与经济增长相对应的资源，即可经营性资源）和城市经济竞争（主要涉及与城市建设相对应的资源，即准经营性资源）三类。地方政府之间的竞争，既表现在民生经济、产业经济、城市经济及其配套政策措施上的广义竞争，又表现为在城市基础设施投资建设、现代化智能城市开放建设项目及其配套措施上的狭义竞争。

企业竞争和地方政府竞争构成了市场竞争的"双重主体"。企业竞争是在产业经济层面实现产业资源的市场化配置，即商品市场中的竞争。地方政府竞争则是在城市经济层面实现对城市资源的宏观调控与管理，即以基础设施投资资源为主的竞争。地方政府之间的竞争需遵循市场经济规律，在经济发展、城市建设、社会民生等方面展开竞争，包括项目竞争、产业链配套竞争、人才和科技竞争、财政和金融竞争、基础设施竞争、环境体系竞争、政策体系竞争、管理效率竞争等各个方面。

沿着这样的理论建构，作者在书中提出，有为政府不仅关注"非经营性资源"和"可经营性资源"的调配与政策配套，而且能参与、推动"准经营性资源"的调配和政策配套；有为政府可以依靠市场机制，由市场决定资源配置，对产业经济发挥引导、调节、预警的作用，对城市经济发挥规划管理的作用，对民生经济发挥保障、托底、提升的作用，其目的是推动改革，形成经济增长的领先优势，实现可持续发展。

中国改革开放40多年的辉煌成就，在某种意义上就是由地方试验和顶层设计相互作用、正向激励的产物。中国改革的很多重要成果和制度创新，发端于地方，取得良好成效后，其成功经验被提炼总结并纳入新一轮的顶层设计。无论是农村改革，还是特区建设带来的城市改革，地方政府的有为与担当，在历史的关键节点都产生了积极的作用。

三

"一带一路"是推动构建人类命运共同体的重要实践平台，是当今世界规模最大的合作平台。当前，"一带一路"建设已经从总体布局的"大写意"阶段转向精雕细琢的"工笔画"阶段，正在迈向高质量发展。

习近平总书记在第二届"一带一路"国际合作高峰论坛开

幕式上的主旨演讲中指出:"共建'一带一路',关键是互联互通。""基础设施是互联互通的基石,也是许多国家发展面临的瓶颈。建设高质量、可持续、抗风险、价格合理、包容可及的基础设施,有利于各国充分发挥资源禀赋,更好融入全球供应链、产业链、价值链,实现联动发展。"

　　为什么共建"一带一路"的关键是互联互通?为什么基础设施是互联互通的基石?该书认为,以基础设施投资建设为主体的新生成性资源领域,既是全球性准公共物品,又是世界各国乃至全球经济发展的新引擎,有助于促进世界各国经济的可持续发展。这种新引擎,在资源生成领域,有别于产业经济和民生经济,现阶段主要体现在以基础设施软硬件投资建设乃至智能城市开发运营为主体的城市经济发展中(接下来还会逐步体现在太空资源、深海资源以及极地经济、网络经济的开发运营中)。这种新引擎对世界各国而言是新的经济增长极,因此应全力推动以基础设施开发建设为主体的投资新引擎、创新新引擎和规则新引擎。由"有为政府+有效市场"构成的现代市场体系,能够在竞争中充分发挥企业对产业资源的配置、政府对城市资源的宏观调控与管理,提高基础设施投资建设的水平,进而推动全球经济治理与发展。

（刊于《光明日报》2020年3月17日）

求索时代新知

——评《大局：知名学者共论中国新发展》

　　《大局：知名学者共论中国新发展》（中共中央党校出版社2020年10月出版）一书，是北京大学习近平新时代中国特色社会主义思想研究院"新时代学习大家谈"系列学术讲座成果的结集。该书聚焦当代中国的伟大变革，深入研究阐释习近平新时代中国特色社会主义思想，在研究范式、哲学思考等方面进行了积极探索，令人耳目一新。

　　体现新时代哲学社会科学工作者的使命担当。本书的宗旨是"用学术讲政治"。"讲政治"是讲党的意识形态，讲党的创新理论，讲党的政策部署；"讲政治的方式"，是导读和解读、分析和阐释，力求讲出政治背后的东西；"用学术讲政治"，就是从学理角度，深刻分析党的方针政策背后的理论逻辑、历史逻辑和实践逻辑，研究客观规律，讲清楚"所以然"。本书辑录的九篇文章，从马克思主义理论、经济学、比较政治学、法学等多个学科角度，对党的创新理论、党和国家重要决策部署进行了深入研究和理论阐释，体现了新时代中国哲学社会科学工作者的理论贡献和使命担当。

在研究范式方面作出了积极而有益的探索。本书倡导的以马克思主义为指导、以跨学科交叉的研究方法为支柱的研究范式，是中国特色哲学社会科学理论创新的有益探索。比如，本书收录的林毅夫的《中国经济学创新的立足点》一文，以中国的经济改革为研究对象，旗帜鲜明地提出中国经济学的理论创新要立足中国实践经验，运用好历史唯物主义的基本原理和现代经济学的研究范式，并基于历史唯物主义的理论指导，提出新结构经济学理论体系。再比如，韩毓海的《关于文化自信》一文，从马克思主义理论、历史学和跨文明比较的视角，揭示中华文明的历史连续性、包容性和统一性；继而从马克思主义经典著作和中华优秀传统文化典籍入手，分析马克思主义和中华文明的优秀成分在唯物论、辩证法、以人民为中心等三个方面实现了有机结合和高度统一。通过多学科的独到诠释，凸显本书"用学术讲政治"的主旨。

习近平新时代中国特色社会主义思想是对马克思列宁主义、毛泽东思想、邓小平理论、"三个代表"重要思想、科学发展观的继承和发展，是马克思主义中国化最新成果。于鸿君、尹俊的《习近平新时代中国特色社会主义思想的研究方法初探》一文，提出了三种类型的研究方法，即规范研究、定量实证研究和定性实证研究，这三种方法相互补充，相得益彰。马克思主义学科的研究方法是基础方法；同时，由于习近平新时代中国特色社会主义思想内容广博，涉及经济、政治、文化、社会、生态、党建、外交、国防等方方面面，既有对各领域历史经验、实践探索的归纳概括，又有针对全面建设社会主义现代化国家提出的各项战略规划和方略，任何单一的研究范式和学科方法都无法独立承担起研究和阐释的使命，因此必须打破学科边界，综合运用经济学、政治学、社会学、法学、统计学、民族学、人类学、生态学等学科以及交叉学科的研究方法和工具。

对创新理论从本体论、认识论等层面进行阐释。综观本书辑录的九篇文章，不难发现一个共同特征，就是这些文章把对党的创新理论的研究要求精要概括为四个方面：回归原点，以马克思主义为指导；立足基点，以新时代中国特色社会主义伟大实践为根基；选取支点，以跨学科交叉的研究方法为工具；找准结合点，兼顾理论研究、实践对策与阐释宣传。这一提炼，具有本体论、认识论的内涵。以马克思主义为指导，以跨学科交叉的研究方法为工具，既具有返本开新的意义，也具有辩证唯物主义认识论的高度。而新时代中国特色社会主义伟大实践，则是党的创新理论研究的源头活水。同时，本书兼顾理论研究、实践对策与阐释宣传，突出党的创新理论研究的前瞻性、全局性、战略性和整体性，体现了系统观念。比如，潘维的《马克思主义与中国道路》一文，从马克思主义的永恒真理性与历史实践性出发，把"出色的大政方针""统一的思想路线""明确的政治路线""严谨的组织路线"提炼为中国"良治善政"的四大要素，并结合中华民族悠久历史传统和革命建设改革伟大实践，提出要不断推进马克思主义中国化，走好中国特色社会主义现代化道路。

　　总之，习近平新时代中国特色社会主义思想根据时代和实践发展变化，以崭新的思想内容丰富和发展了马克思主义，形成了系统科学的理论体系。对新时代的哲学社会科学工作者而言，这一科学理论体系是学术研究的富矿，亟待我们创新方式方法，从原理上、学理上进行深入研究阐释。本书为我们的学术探索提供了一个范例。

（刊于《光明日报》2021年3月18日）

"一个民族已经起来"

——读《在彼处：大使演讲录》有感

一

第一次拜读傅莹女士的文章，是在三年前的春天。彼时，拉萨"3·14"打砸抢烧事件阴霾不远，伦敦、巴黎、旧金山的奥运火炬传递受阻，CNN等西方主流媒体针对中国发布歪曲丑化甚至无中生有的报道……这些仿佛早春时分从西伯利亚裹挟而来的沙尘暴，让正默默期盼北京奥运盛会的国人心头一阵憋闷。在这样的心境下，读到时任中国驻英国大使傅莹女士的那篇发表在《星期日电讯报》上的《奥运火炬传递后的思考》，顿有"浇胸中块垒、吐不平之气"之感。

她面对窗外漫天飞舞的雪花陷入沉思："挡在中国与世界之间，有一堵厚厚的墙"；"为什么在涉及中国的问题上，笼统的批评能够被西方公众轻易接受？为什么没有人质疑这些批评到底涉及哪些具体问题，确切情况如何？为什么一些报道和数字能够在毫无事实依据的情况下连续数日在新闻中出现？”傅莹讲述了奥运圣火在伦敦传递遭到干扰带给中国人，尤其是年青一代的情感冲击，也用数字和事实充分翔实地介绍了西藏经济、社会、文化发展的现状，向世界说明了中国的立场，也充分表达了期待中西方相互理解与尊重的愿望——“世界曾等待中国融入世界，而今天中国也有耐心等待世界认识中国”。

十年前，笔者在北大聆听钱其琛副总理作国际形势的报告，他在结尾处引用了苏轼《留侯论》里的话，至今依然记忆犹新：“匹夫见辱，拔剑而起，挺身而斗，此不足为勇也。天下有大勇者，卒然临之而不惊，无故加之而不怒。此其所挟持者甚大，而其志甚远也。”钱副总理借此来说明在复杂的外交斗争中“要斗智斗勇”，“不要斗气”，“不图一时之痛快，不争一日之短长”。傅大使的这篇雄文可谓“斗智斗勇”，虽笔调温婉，却字字珠玑，有着千钧的重量。文章以英文写就，按照英语大家梅仁毅先生对傅氏英文的评价，“没有艰深术语，没有老生常谈，从听众熟悉的事物说起，娓娓道来，如细雨入土，很容易便将听众吸引了过来”。

今天，越来越多的中国外交官在西方主流媒体上接受采访、撰写专文，给国人以李杜文章“至今已觉不新鲜”之感，这一点却恰恰证明了：傅莹大使是中国公共外交实践的先行者，《奥运火炬传递后的思考》一文也有着“开风气之先”的意义。正是在内容、形式和语言等三重意义之下，这篇雄文的一纸风行，便也不足为奇了。

二

傅大使回国履新已近两年，她任中国驻澳大利亚和英国大使期间的英文作品结集为《在彼处：大使演讲录》，以英汉对照形式于近日出版。《在彼处》共收有作者英文演讲20篇、在英国主流媒体发表的文章5篇和访谈实录3篇，并附有其关于演讲技巧体会的文章。

书名《在彼处》朴素平和，却饱含深意。诚如傅大使本人在伦敦离任招待会上的演讲："作为外交官，又是蒙古族人，我是个天生的游牧者，似乎一生都不断在履新和离别之间徘徊——在布加勒斯特、金边、雅加达、马尼拉和堪培拉，都有过美好的岁月，每次告别都依依不舍。"身在彼处，念兹在兹的，却无时无刻不是故国。这是游子的情怀，更是外交官的担当。

全书文字行云流水，但却"形散而神不散"，紧紧围绕"向世界说明中国""沟通中西"的主题而阐发。在这个主题下，无论是中国、抑或是西方的读者，皆可找到对这些问题的答案：中国是一个什么样的国家？为什么中国的制度如此不同？为什么这个国家会有如此强大的生产力？中国怎样融入世界？怎样向世界介绍一个真实的中国？

无论是在中华人民共和国60周年国庆招待会、四川地震灾区死难者哀悼仪式等使馆官方活动，还是在莎士比亚诞辰纪念午宴、"中国茶文化展"开幕式等特色文化雅集；无论是在英国皇家国际事务研究所、伦敦政治经济学院等科研机构严谨的学术研讨，还是在澳大利亚国立大学、牛津学联等与大学师生愉悦的交流——傅莹女士的演讲涵盖政治、经济、社会、文化、历史等方方面面，但其主题都是"致力于把中国介绍给全世界，并向全世界敞开中国的大门"（英国前首相托尼·布莱尔语）。

笔者尝试用一个问题来梗概全书，那就是：中国是一个什么样的国家？2009年4月29日于牛津学联的演讲当中，傅莹举了这样一则颇有意味的事例。很多外国学者和民众认为中国已经是世界第二强国，仅次于美国，中美G2、"中美共治"等成为国际政治领域的热门词汇。但大部分中国人不同意这个看法，纷纷列举各种事实和数据，说明中国仍然是一个发展中国家。傅莹接着提问：那么哪个国家在世界上排名第二位呢？在场的听众给出的答案不一而足。笔者曾经有幸在国内大学听过几次傅莹女士的演讲。她面对中国大学生也多次提问这个问题，青年学生的答案也很相似，赞成中国世界第二者有之，但也有更多的人给出他们心目中世界第二强国的答案，也有答案认为俄罗斯、中国、德国、英国、法国等都实力均衡，都有成为世界第二强国的资格。这也印证了当今世界真是一个"一超多强"的多极化时代。

傅莹为什么一而再、再而三地就这个问题测试和发问？为什么中国和外界对这一问题呈现两种截然不同的认识，孰是孰非？笔者以为，这不但反映了外界和国人对中国的心态，更体现了如何从一个多元的角度更加客观地去认识一个真实的中国。

邓小平同志在向外国客人介绍中国的时候，曾经用"既大又小、既强又弱"的表述来说明中国的特点。温家宝总理也曾这样比喻：在中国这样的人口大国，任何小的困难只要乘以13亿就会成为大难题，任何成就除以13亿就变得微不足道。傅莹在演讲中说明一个改革开放、和平发展的当代中国，并非只介绍中国成就和中国奇迹，同样也向国外听众陈述中国在发展中存在的诸如贫困问题、就业和民生问题、资源和环境问题、产业结构不平衡问题等等各种严峻挑战。她在自序中慨言："像中国这样，取得很多成绩却得不到外界认可，面临许多挑战也得不到充分理解。"我想，这正是她针对当下世界对中国认识的歪曲、片面的时弊所发，也是她在演讲中一以贯之地介绍二元中国的原因所在。布莱尔在为本书作序时也非常清醒地认识到这一点："这就是中国所面临的两难境地——它既是发展中国家，也是世界强国。"一个"既大又小、既强又弱"的中国，一个"既是世界强国，又是发展中国家"的中国，这就是当下中国的事实。我们对此要有清醒的认识，既不能妄自菲薄，也不要夜郎自大。

傅莹的演讲撰文，不照本宣科，而是采用能够让受众认可的说话方式，通过人们感兴趣的问题来介绍和说明中国。这种出色的沟通能力使她成为在海外颇有影响、代表了中国形象的外交官之一。她对自己演讲的总结体现了关于公共外交的深刻理解，就是"要实事求是，要早说话、要多说话、说明白话"，要让世界理解和尊重中国。

三

掩卷沉思，眼前浮现起另外两位中国驻英使节的形象：郭嵩焘与顾维钧。

郭嵩焘，首任中国驻英国公使。1876年1月（清光绪二年冬），为清王朝交涉英国驻华使馆翻译官马嘉理在云南被杀事件，郭嵩焘衔命赴英"通好谢罪"并担任公使。郭嵩焘不久受谤而去，其在驻英公使任上只有短短不到三年的时间，且受当时中国国力所限，郭氏在英的外交活动乏善可陈，但他却"放眼看世界"，深入考察以英国为代表的西方现代工业国家在政治、经济、社会、文化、教育等各个方面的历史和现状。我们今天通过郭嵩焘的《使西纪程》和《伦敦与巴黎日记》，仍然可以清晰地感受到他置身西方文明对中华古国在世界化浪潮中向何处去的深邃思考，其理论深度远远超越了当时在国内领导洋务运动的诸位"中兴名臣"。

顾维钧，1941年7月担任中国驻英国大使。那时候，太平洋战争尚未爆发，正是中国抗日战争最为艰难的岁月。英国正在同纳粹德国作殊死较量，伦敦成为西欧武装抵抗轴心国的中心。顾维钧在回忆录中这样袒露其心境："最重要的是要让西方民主国家的人民了解，中国不仅是为了自己的独立自由而战，也是为了全世界的自由事业而战"，"应当广泛宣传中国抗战对于自由世界的真实意义和重要性"，这样，"各友好国家的政府方能认识到中国的抗战和西方世界的自由事业是利害与共的"。顾维钧明确地把"宣传中国的抗战事业"和"寻求物质上的援助"作为其驻英大使的任务，并为此开展了一系列的外交活动。

从郭嵩焘、顾维钧到傅莹，从《伦敦与巴黎日记》《顾维钧回忆录》到《在彼处：大使演讲录》，中国一个多世纪风雨兼程的外交史草蛇灰线、伏脉千里。三者同为中国驻英使节，皆为出色的外交官，这些文字凝聚了他们对中国与世界的思考，但不同的是他们所处的时代和国运。从郭嵩焘"走向世界的挫折"，到顾维钧为争取援助而折冲樽俎，再至傅莹"介绍一个真实的中国"的公共外交；中国外交史从晚清、民国一路铺陈，直至今天新中国的和平发展，这背后是一个民族崛起的足音。我想起穆旦先生的一首诗。

那时候，穆旦先生还是西南联大外文系的学生，他在抗战的烽火中思考故国的命运，写下诗篇《赞美》：

> 走不尽的山峦的起伏，河流和草原，
> 数不尽的密密的村庄，鸡鸣和狗吠，
> 接连在原是荒凉的亚洲的土地上，
> 在野草的茫茫中呼啸着干燥的风，
> 在低压的暗云下唱着单调的东流的水，
> 在忧郁的森林里有无数埋藏的年代。
> ……
> 然而一个民族已经起来，
> 然而一个民族已经起来。

是的，一个民族已经起来。

一个民族已经起来。

（刊于《中华读书报》2011年9月21日）

《高山流水：李长锁、後藤耀辉摄影展》策展感言

今年是中国改革开放四十周年、《中日和平友好条约》缔结四十周年。中日两国摄影家李长锁、後藤耀辉摄影展《高山流水》是向这两个里程碑意义的四十年致敬的展览。

李长锁，1952年生于北京，1977年毕业于北京大学东语系日语专业，曾就职于中国摄影家协会国际部，上个世纪80年代东渡日本留学，获日本大学艺术研究院摄影系硕士学位，后长期在日本文化教育机构工作，并致力于中日人文交流事业。李长锁先生是在中日两国享有盛誉的摄影家，摄作等身，是中国摄影家协会会员、日本华人写真家协会主席，《翼的王国》《自然与智慧》《大西洋》等杂志社特邀摄影家，曾荣获联合国教科文第八届亚洲文化中心奖、中国青年影展奖、全日本航空杂志《翼的王国》年度大奖、中国艺术摄影协会第二届金路奖金奖等荣誉。1986年在日本银座举办的李长锁个人系列影展《黄河母亲河》，是中国大陆摄影家首次在境外举办的系列摄影个

展，至今仍为中日两国摄影界所津津乐道。

后藤耀辉，日本华人写真家协会副主席兼秘书长，师从李长锁，是日本摄影界近年涌现的新锐之一。后藤耀辉足迹踏遍扶桑山山水水，特别是近年来长期隐居日本富士市山村，围绕富士山主题创作了大量摄影作品，并获得2018年印度JCG国际摄影三地巡回展JCG金牌、2018年新加坡SIPC国际摄影四地巡回展DIGIRAP彩色组PSA荣誉丝带奖、2018年美国GASO国际摄影六地巡回展Tate自然组荣誉丝带奖、2018年第五届IUP国际摄影家联盟国际摄影展览旅游组IUP银牌等奖项。他的富士山主题摄影作品，在某种意义上是富士山的一部图像志。

李长锁、后藤耀辉四十年的摄影历程，见证了中国改革开放、中日和平友好的四十年，他们镜头下的作品是对这两个四十年精彩的注脚。这次策展没有选择传统人文纪实类的作品——尽管两位摄影家在此题材上有大量精彩作品，而是聚焦于山水主题，别有深意。

子曰："知者乐水，仁者乐山。"山水之乐是历代文人墨客、丹青妙手从事创作的永恒主题。中国摄影先驱郎静山先生创作的《晓汲清江》《古阁重峦》等系列作品，诠释了中国美学"衔山抱水建来精"的独特神韵，开启了从山水画到山水摄影的艺术之径。中日两国一衣带水，文化同源。李长锁、后藤耀辉的艺术创作，深得此种古典美学精义。

值此中国改革开放四十周年、《中日和平友好条约》缔结四十周年之际，精选李长锁、后藤耀辉创作的中日两国山水主题摄影精品四十幅于北京外国语大学展出。黄山、黄河、富士山、日本海等中日两国名山大川在摄影家镜头之下熠熠生辉。

驻足展厅,李长锁先生三十年前拍摄的青藏高原巴颜喀拉山黄河源头,印证太白诗句"黄河之水天上来,奔流到海不复回"的雄浑壮美;先生三十年前拍摄的秀美黄山,是渐江题画诗"坐破苔衣第几重,梦中三十六芙蓉"的写照。在那没有无人机等航拍设备的年代,李长锁先生冒着生命危险,在黄河源头和上游峡谷行摄,他以相机为笔,为谱写中华民族母亲河的图像史搜集第一手资料。可以想象,他镜头下的某些景象在这三十多年间发生了怎样的变化!从艺术、历史和生态的角度,李长锁镜头下的黄河系列作品弥足珍贵。

如果说李长锁先生的摄影作品得黄宾虹作品"山川浑厚,草木华滋"的神韵,后藤耀辉镜头下的富士山则仿佛葛饰北斋浮世绘《富岳三十六景》的摄影形式呈现。常人拍摄的富士山多有肃穆壮美甚至少许正襟危坐之感,后藤耀辉拍摄的富士山系列,更富有清新感和烟火气,让我们领略富士山的影影绰绰和一颦一笑。特别是那幅《朝雾晨光》中的富士山,冷暖色调交融下的静谧山水,与赵孟頫的《鹊华秋色图》颇多神似。

古有伯牙鼓琴,志在高山流水,钟子期对曰:峨峨兮若泰山,洋洋兮若江河。兹以古人精义为这场特别的展览命名——"高山流水"。物华天宝、地杰人灵是高山流水的题中应有之义。《世说新语·言语》有云:王武子、孙子荆各言其土地、人物之美。王云:"其地坦而平,其水淡而清,其人廉且贞。"

孙云："其山嶵巍以嵯峨，其水汨潒而扬波，其人磊砢而英多。"诚哉斯言。

（刊于《中华读书报》2018年11月7日）

双清图

初识大元，是在三年前的春天。

大元曾经是上个世纪八十年代杭州最优秀的中学语文老师，受组织委派去西藏支教，和"那个叫马原的汉人"等一班弟兄在拉萨过了几年勤勉教书、痛快采风的日子。邓小平南方谈话后，大元下海经商，走南闯北，一手打造了全国十大品牌之列的壁挂炉"冈底斯"。在企业经营成功的同时，大元笔耕不辍，时常有精彩的小说、散文和艺术评论作品问世。大元左手办实业，右手写文章，胸中还有一颗滚烫的教育心、公益心。他和夫人高颖开创教育培训品牌"耕读缘"，先后在四川丹巴县、青海海南州贵南县援建两所希望小学，并和朋友们在这两所希望小学结对帮扶两百四十多名儿童。

几杯老酒下肚，大元跟我们谈起了他正在筹建的橄榄树学校。他喜欢植物，对原产于地中海的橄榄树情有独钟，说将来一定要在校园里种上三棵油橄榄，看到橄榄树，就想到希腊神话，想到圣经，想到雅典娜女神，想到诺亚方舟，还有三毛作词、齐豫歌唱的《橄榄树》。大元还追踪到剑桥大学三一学院，去寻访砸中牛顿脑袋的那棵苹果树，梦想将其枝条扦插培育，漂洋过海移植在橄榄树校园里。

我喜欢黄宾虹笔墨"山川浑厚、草木华滋"的意境。对草木葳蕤，我们都是"心有戚戚焉"。我跟大元说起，我曾在拙政园拾得四百多年前文徵明手植紫藤的种子，采撷回新棠邨休宁中学校园种植，在休宁中学校史馆白果厅旁已经郁郁葱葱了。因为对教育和植物的情结，我们一见如故，借着酒兴还讨论起橄榄树学校校园主干道应该塑哪些先贤的雕像。

一个多月之后，我和大元从杭州赶到徽州休宁参加赵一凡先生哈佛博士袍的捐赠仪式。

赵一凡先生是中华人民共和国成立以来，第一位在哈佛大学获得哲学博士的大陆学者。三十年前，赵一凡三十出头，就在《读书》杂志上开设专栏"哈佛读书札记"，还一手创设了"三联·哈佛燕京学术丛书"。"丛书"专门组建学术委员会，成员皆海内外学界一时之选，他在委员会中担任常务主任。从社科院退休之后，赵先生受费正清著作《美国与中国》的启发，自费考察祖国边疆，立下宏愿要写出《中国与美国》，独自驾车上青藏高原，深入罗布泊险境，陆续有精彩作品问世。

我曾经陪同赵一凡先生深入徽州"一府六县"考察。休宁县在科举时代涌现了十九位文武状元，在县级行政单位中位居全国之首。赵老师参观休宁中国状元博物馆后感慨：你们除了收藏科举时代状元的文物，现代"状元"的藏品还征集吗？他说到当年在哈佛八年，省吃俭用带了一套哈佛博士袍回来，想着遽归道山之时穿这身袍子烧了，后来觉得可惜，就捐给休宁的中国状元博物馆吧。

在休宁状元博物馆平政堂前，休宁中学一位优秀学子试穿赵先生的哈佛博士袍，缓缓前行到赵先生面前，接受赵先生的拨穗礼。给这一个瞬间注脚的，恰是平政堂的那副楹联："千载结绳数天下状元几许，九牧分野看邑中人物如何"。后来，我读到好朋友王以培先生写长江古镇采风的著作《清庙》，开头引用了《诗经》的《周颂·清庙》："於穆清庙，肃雍显相。济济多士，秉文之德。"

《清庙》是祭祀周文王的乐歌，回想当日平政堂前的盛景，毋宁是"尊德性、道问学"的当代《清庙》，是对教育和文化的致敬。

我和大元有幸见证。这是和大元的第二次见面。

和大元的第三次见面是在当年的盛夏。大元来北外，出席和北外的合作办学协议签署仪式。签约仪式前，我陪大元一行在北外校园里参观，宾客看到崔恺先生设计的以几十种外语表达的"图书馆"单词形式所构造的镂空外立面，都极为震撼，表示橄榄树学校的校园要参考北外的风格，把橄榄树的元素淋漓尽致加以体现。我们从图书馆移步到小碧池旁，大元兴奋地拍照。我有个想法，建议大元在杭州的橄榄树学校建一处"水八仙池"。水八仙原产江南，是江南水土最为典型的名物。台湾《汉声》杂志还专门为保护水八仙发起专题行动计划。对于一个学校而言，橄榄树意味着全球视野，但是我们的中国情怀、乡土本位怎么体现呢？没有比水八仙更合适的。

签约仪式之后不到一月，在余杭的临平新城举办了北外附属杭州橄榄树学校奠基仪式。此后的两年时间里，我们一点点见证了一座学园的诞生。在校园筹建期间，橄榄树学校还与企鹅兰登出版集团合作，为小学、初中和高中图书馆的书目选定举办专题研讨会，台湾"中央研究院"院士李欧梵、法兰西学院外籍院士董强、杭州二中校长叶翠微等名家亲临指导。

此间来杭，闲暇时分与大元一道去寻访杭州周边胜迹，无论是在塘超小径、塘栖古镇，还是在烟霞洞、三生石，我们讨论的话题总是离不开橄榄树和水八仙。大元对橄榄树和水八仙的喜爱也无以言表。

校园落成后，迎面的庭院就是三棵来自地中海的油橄榄，其后是各种外语单词表达的橄榄树外立面镂空墙。美国汉学家艾恺还因大元的橄榄树情结，由橄榄树的英文单词Olive为词根，为他专门取了个英文名Oliver。我开玩笑说，大元这样可以由橄榄树直接穿越进入狄更斯的小说，成为《雾都孤儿》的主人公Oliver Twist了。东面校区殷实的英伦风格红砖、白色的橄榄树外立面镂空墙和如同希腊的天空一般澄澈的蓝色跑道，红蓝白三元素将橄榄树的国际范儿体现得淋漓尽致。水八仙池也专门建好了，栽种了这八种江南水生植物。西面校区水墨留白一般的墙体，以及得宋画之韵的飞檐，与水八仙池动静等观。

来余杭的次数多了，对这个城市更增加一份理解。中国传统文化讲"儒释道合一"，"儒释道"的精髓蕴藏在余杭的历史深处。近代大儒章太炎先生是余杭仓前人。余杭的径山寺早在南宋时候就是官方认定的"五山十刹"之首，今天日本的茶道以及日本的茶种都出自径山寺，是日本高僧入宋求得带回东瀛的。清初画坛四僧之一的石涛，流连余杭山色，画有《余杭看山图》，晚年别号"大涤子"，就是取自余杭境内的道教名山"大涤山"，这也是石涛"由佛入道"的飞鸿雪泥。

余杭有着深厚的中国文化资源。在余杭办国际学校，在外语能力的训练、全球视野的塑造同时，对中国情怀的滋养和文化自觉的陶冶，更要比翼齐飞。我一直认为橄榄树和水八仙不但是橄榄树学校的校园形象大使，更是橄榄树学校的精神内核，体现"中国与世界"的中西合璧。橄榄树学校设立了橄榄树奖学金之后，校方就另外一项奖学金的名称咨询我的时候，我不假思索地回答水八仙奖学金，而且还特别凑巧的是，这项奖学金的设置就是奖励八位优秀学生的。

杜甫写过《饮中八仙歌》的名诗。浦江清、汪曾祺写过考证八仙文化的学术文章。《汉声》杂志发起保护水八仙的行动计划。我甚至觉得水八仙对于植物学、生态学、民俗学的学者而言，是又一座学术富矿。

"水八仙"是哪八种水生植物呢？茭白、莲藕、水芹、芡实（鸡头米）、茨菰（慈姑）、荸荠（马蹄莲）、菱、莼菜。这八种水生植物大多在秋天上市，也都可以食用。"水八仙"的成员在中国农业文明的发展史上源远流长，在中国古典文学当中有很多体现。

"水八仙"中被歌咏最多的大概要属莲藕。咏莲的诗句比比皆是。又比如莼菜，晋朝时候苏州人张翰在洛阳为官，因秋风起而思念故土的莼菜、鲈鱼，辞官南归，留下"莼羹鲈脍"的成语。

再比如茭白。茭白古时称作"菰"，在唐之前被作为粮食作物栽培，其种子叫菰米或雕胡米，是"六谷"之一。后来在农业生产中发现，有些菰因感染黑粉菌而不抽穗，茎部不断膨大并逐渐形成纺锤形，这样的肉质茎就是今天茭白被食用的部分。

遥想当年，杜甫告别成都草堂，顺江东下，于夔府孤城"日日江楼坐翠微"，写下《秋兴八首》。其中的第七首写到了"水八仙"中的两种——茭白和莲藕："波漂菰米沉云黑，露冷莲房坠粉红。"

"双清图"是中国传统花卉绘画的重要母题，古人往往挑选两种清雅的植物入画，取"双清"的意境。上面的两句诗可以作为题画诗，择取茭白和莲藕的形象创作"水八仙"主题的"双清图"。接下来的"关塞极天惟鸟道"正是通往理想国学园的路径，而"江湖满地一渔翁"，不但是杜甫自况，更是大元和橄榄树同人的写照。

也许"双清图"的创作尚无法完全表达对橄榄树学校的敬意。今天是戊戌年的大年初一。我在心中憧憬这样的场景，请丹青妙手皴擦点染，将橄榄树和水八仙错落有致地画在一个画面上，作为献给橄榄树学校的"岁朝清供"。

（刊于《青年作家》2018年第5期）

樗栎杞梓，葵薤芝蘭

——《植物先生：二十四节气植物研学课》序

　　大元嘱我为其新著《植物先生：二十四节气植物研学课》作序。我既感激他的青眼高看，又诚惶诚恐，试在解读"植物先生""二十四节气""植物研学课"三个关键词的基础上，写下这篇读后感以附骥尾。

一

　　植物先生就是大元，他是个元气淋漓的人。两年前，我把有幸与大元交往以及共同筹建橄榄树学校的经历写成一篇小文《从橄榄树到水八仙》，发表在《青年作家》杂志上，此处不作赘述。文章刊发后这两年间与大元的交往，又加深了对其人其文的理解。想起《水浒传》里梁山好汉天罡地煞星宿出场的时候，往往"以诗为证"，权且胡诌一首打油诗作为对前文的补白：

风骚摹写荷花淀，黉宇系牵耕读缘。

草木先生名者谁？余杭冈底斯大元。

　　《论语》中《子路、曾皙、冉有、公西华侍坐》，记载了夫子与诸弟子"各言其志"的对话，夫子感慨"吾与点也"。马克斯·韦伯也有两篇著名的演讲《以政治为志业》《以学术为志业》传世。按照我的理解，大元的志向有四：文学、教育、游历与草木。大元是作家，在小说、散文、报告文学、文学评论等体裁上都撰有代表作，也因其文学成绩被推选为杭州市和余杭区的作协领导，他心底一直潜藏着对孙犁老先生荷花淀派清新质朴文风的崇敬。大元曾经是20世纪80年代杭州最优秀的中学语文老师之一，受命援藏支教，后投身实业小有成就，却始终无法释怀心头的教育梦想，先后创办"耕读缘"教育培训品牌和橄榄树学校。大元喜欢游历，其足迹所涉之处纵横四海，还因为早年在青藏高原的经历，创办了全国十大壁挂炉品牌之一的"冈底斯"。大元对草木念兹在兹，他热爱草木、寻访草木，识草木之名，为草木作赋。在大元倾注毕生心血建设的外国语学校，无论是构想跨洋移植砸中牛顿脑门的那棵苹果树枝条，还是营造橄榄树和水八仙元素，他的草木情怀体现得淋漓尽致。也正因此，大元的外孙女小蛋白称呼他"Mr. Tree"，美国汉学家艾恺由橄榄树的英文单词Olive作词根，为大元取了个英文名Oliver。"植物先生""草木先生"这顶桂冠，舍子其谁？

二

"春雨惊春清谷天，夏满芒夏暑相连。秋处露秋寒霜降，冬雪雪冬小大寒。"这首《二十四节气歌》是很多人对二十四节气最初始也是最深刻的记忆。五日为一候，三候为一节气，六节气为一时，四时为一岁。一岁的斗转星移，伴随着二十四节气的更替衍进，并周而复始。

中华先民通过观察太阳周年运动，认知一年中时令、物候等的规律变化，系统总结得出二十四节气，指导农业生产。按照科学史家的研究，二十四节气的元素见诸先秦《尚书》《国语》《管子》《春秋左传》《大戴礼记》《吕氏春秋》等著作，但对二十四节气完整系统的记载最早见于汉武帝时淮南王刘安编著的《淮南子》。2016年，"二十四节气——中国人通过观察太阳周年运动而形成的时间知识体系及其实践"被联合国教科文组织正式列入人类非物质文化遗产代表作名录。

二十四节气是中华民族的共同生活方式，其影响甚至早已穿越国境，成为东亚文化圈的集体记忆。日本知名清酒品牌"獭祭"（Dassai）的创立，就与二十四节气雨水的初候"獭祭鱼"有关。据胜谷诚彦在《獭祭》一书中的记载，樱井博志给新款清酒取名"獭祭"，既是因为产地"獭越"之名，更来自俳句诗人正冈子规别号"獭祭书屋主人"的启发。节气雨水有三候：獭祭鱼，候雁北，草木萌动。在雨水之初，水獭在水中捕捉鱼儿堆放于岸边，仿佛供奉于神明的祭品，因此得名"獭祭"。古人写作时引经据典，把待参考的典籍摊放一旁，在视觉上也仿佛"獭祭鱼"。宋朝学习李商隐诗风的"西昆体"诗人，把喜欢罗列典故、堆砌成诗的李商隐戏称为"獭祭鱼"。正冈子规自诩"獭祭书屋主人"，想必他也是李商隐的粉丝。

三

早在先秦时期，中国古代贤哲就从本体论的高度来认识草木的意义。战国时期齐国阴阳家邹衍提出"五德终始说"，"木德"是"土、木、金、火、水"五德之一，草木被视为客观世界的五大基本元素之一。中国古人对草木、对植物保有一种平等的"兄弟"之情。《世说新语》记载：桓温北征，见年轻时所种柳树"皆已十围"，感慨"木犹如此，人何以堪"，"攀枝执条，泫然流泪"。窃以为这是最能代表中国人草木情怀的一则史料。

中国也不乏植物研究的佳作。植物志是植物研究最基础的形式。清嘉庆朝状元、官拜多省督抚的吴其濬历经多年实物观察，并与文献材料相考证，编写有《植物名实图考》《植物名实图考长编》，堪称中国古代植物志的典范。数年前，北京大学师生对燕园的一草一木做了系统的植物学调查，出版了植物志性质的《燕园草木》一书，既有植物学的科普解读，又辅以翔实的图片诠释，可谓图文并茂、相得益彰。

科普的宗旨在于将高深的科学知识以深入浅出的方式向普罗大众宣介，不啻翻译的功效。如果按照严复先生论翻译的"信""达""雅"三境界，植物志的要旨在于"信"，在于对植物学知识的忠实，但在题材和行文上失之于"达"与"雅"。

对大多数受众而言，植物科普的首要之义在于识别和赏析。《论语》中夫子论学诗，其中一条功用便是"多识于鸟兽草木之名"。近年来，"形色"等多款识别赏析植物的手机软件风靡移动互联网，可堪5G时代的植物志，达到"信"的标准。

植物科普如何进入"达"和"雅"的境界？王安石在《游褒禅山记》中喟叹："古人之观于天地、山川、草木、虫鱼、鸟兽，往往有得，以其求思之深而无不在也。"苏东坡在《答谢民师书》中评谢氏作品"常行于所当行，常止于所不可不止"。无独有偶，东坡另有文自况："吾文如万斛泉源，不择地而出，在平地滔滔汩汩，虽一日千里无难，及其与山石曲折、随物赋形而不可知也。所可知者，常行于所当行，常止于所不可不止，如是而已矣。"窃以为植物科普在观察、识别、赏析草木的基础上，更要有学术研究的"求思之深"和通识写作的"行文之远"，最理想的庶几"常行于所当行，常止于所不可不止"的境界。

《植物先生》一书以植物研学课为依归，在严谨的植物志基础上，综合了文学、历史、地理等多个学科的方法和视角，假以大元饱含情感和才情的如椽之笔，在葳蕤草木之间娓娓道来。大元的植物研学课，不但有"多识于草木之名"之"信"，更有"求思之深""行文之远"之"达"，殊为难得的是臻于"常行于所当行，常止于所不可不止"之"雅"境。

四

通读全书之后，我想对《植物先生》做这样的概括：以二十四节气为经，以地理坐标为纬，以文学经典为骨肉，以植物科普为精魂。借用《周易》一言以蔽之："天地变化，草木蕃。"

大元本书的首要特点便是以二十四节气为经。植物学、植物科普类著作繁多，大体上均按照植物分类的框架撰写，无论是中国古代的《植物名实图考》以谷、蔬、山草、隰草、石草、水草、蔓草、芳草、毒草、群芳、果、木为分类，还是西方近现代以恩格勒系统或哈钦松系统编撰的植物志按照"门、纲、目、科、属、种"林奈分类法的分类，皆无法超越此种藩篱。大元是植物学的票友，是作家，是豪情万丈的人，他的植物写作超越了植物学科班的分类框架，择取中国传统农耕文明二十四节气为纵向坐标。这或许在植物学科班人士看来有点"野狐禅"的味道，但也正因此，浓郁的垄亩山野气息扑面而来，有着文化自觉层面"但开风气"的贡献。大元按照每个节气择取一种代表性植物来写，既有对传统二十四节气七十二物候的遵循——譬如他在谷雨节气一节根据"谷雨三候，戴胜降于桑"来写他青少年记忆中的桑树、戴胜鸟、蚕花宝宝、蚕花姑娘，更多的篇章则超越了传统物候的藩篱，来为他心目中的节气代表植物作赋写传。

大元本书的第二个特点是以地理坐标为纬。为了写节气代表植物，他踏遍千山万水去寻访他心目中的"花魁""树王"，仿佛在一个地理导航系统当中，精确定位代表性植物的地理坐标。大元的实地寻访仿佛遵循王静安先生倡导的历史研究中的"二重证据法"——"纸上之材料"（历史文献）与"地下之新材料"（考古发现）的相互印证。余杭超山宋梅亭旁的蜡梅王、大明堂的结香，苏州沧浪亭的梧桐、忠王府文徵明手植的紫藤，新昌大佛寺的银杏，杭州翁家山的迟桂花……在他的笔下顿时有了全新的意义。

大元是作家，他写植物的书也洋溢着人文主义的光芒，他写植物的一个重要特点是植物学与文学双峰并峙，着力挖掘文学经典与文学史中的植物。也正因此，本书的第三个特点是以文学经典为骨肉。《诗经》中的艾草、《庄子》中的梧桐、冯梦龙《警世通言》中的玉堂春（紫玉兰）、茅盾《春蚕》中的桑、苏童《飞越我的枫杨树故乡》中的枫杨、张贤亮《绿化树》中的马缨花（合欢）、姜戎《狼图腾》中的芦苇……在大元笔下汩汩写来。植物学与文学、文学史的跨界融合，本书做了很好的尝试。

归根结底，《植物先生》是一本植物科普类散文集著作，大元植物写作的基础是正确识别植物，证伪书本或坊间长期对某种植物的误称讹传。所以，本书最为重要的特点是以植物科普为精魂。大元浓墨重彩地撰写蜡梅与梅花、蜀葵与冬葵、梧桐与悬铃木、月桂与肉桂，以及广玉兰、白玉兰、紫玉兰、辛夷等等的植物学区分。他甚至通过文献和科考二重证据的考察，将鲁迅先生《从百草园到三味书屋》一文中的皂荚树考订为无患子，我猜想他在探访和行文之余，肯定有一种植物学界福尔摩斯的狡黠快感。

五

大元笔下的植物，既有梧桐、银杏、桂树、水杉、枫杨这样的大树古木，更有油菜花、艾草、蜀葵、狗尾草、芦苇这样的垄亩芳草。他对草木的关切，兼有庙堂之高与江湖之远。也许因为大元青少年时期的乡村生活经验，他笔下那些乡野草木的故事，更加清新质朴、隽永绵长。此种画风让我想起了白石老人。齐白石受陈师曾启发"衰年变法"后，不但画风一变，还将视野超越了传统风花雪月的梅兰竹菊四君子，投向以往甚少入文人画的蔬果、草虫、虾蟹等。正如他在《白石诗草自序》中说："辛未国难，几欲迁移，岂知草间偷活，不独家山，万方一概，吾道何之？"白石老人"草间偷活"的自况，使他对草虫之属有了更多一分的惺惺相惜，笔下的玉簪、红蓼、青菜、萝卜等也更为生气勃勃。

去年十月，为祝贺厉以宁先生九秩寿辰，我写有《洙泗濠濮，松柏桐椿》一文，刊发于《中华读书报》，后被《新华文摘》转载。"洙泗濠濮，松柏桐椿"——四水对四木的短语凝练了我对厉以宁先生"以出世的精神，做入世的事业"学术人生的理解。对于大元的《植物先生》和我心目中的草木精魂，我也试着创作一个四草四木相对的微型对联——"樗栎杞梓，葵薤芝蘭"，并作释读。

樗树、栎树，在木匠看来皆非栋梁之材，但在《逍遥游》中，惠子认为樗树"其大本拥肿而不中绳墨，其小枝卷曲而不中规矩，立之涂，匠人不顾"。庄子则不以为然："不夭斤斧，物无害者，无所可用，安所困苦哉！"在《人间世》中，匠人在齐国曲辕见到一棵为社神的栎树，虽高大奇伟，却并不加以斧斤。他这样解读栎树："散木也，以为舟则沉，以为棺椁则速腐，以为器则速毁，以为门户则液樠，以为柱则蠹，是不材之木也，无所可用，故能若是之寿。"樗栎是不材之木，却恰因"无所可用"而有"无用之用"。

杞树、梓树，皆为大木栋梁。我曾在岳麓书院看到一对古联，嵌有"杞梓梗楠"四种大木，后来也了解到湘军名将彭玉麟也曾用"杞梓梗楠"作联比喻栋梁之材。徽州歙县名镇杞梓里，是否也因为栋梁之材的寓意而得名？杞梓里是王茂荫故里。王茂荫是清朝咸丰年间的户部侍郎，因倡导货币改革而被马克思关注，写入《资本论》，是马克思《资本论》中唯一提到的中国人。我就杞梓里的得名请教歙县学者许琦。许琦查阅地方志后，回复如下："杞梓里古名溪子里，宋代时因杞、梓两种优质木材之寓意改名杞梓里。"杞梓里不但走出了王茂荫，还走出了很多专家学者和社会贤达。杞梓里，诚不虚言。

葵、薤，是两种古老的草本植物。汪曾祺先生曾考证《十五从军征》中的"采葵持作羹"中的"葵"就是湖广一带颇受欢迎的食材冬苋菜（或称冬寒菜）。汪曾祺先生在同一篇文章中还写了另外一种草本植物"薤"，考证薤的鳞状茎即是南方称作的藠头。葵薤被汪曾祺先生并列作为文章标题，是其写人间草木的名篇。尽管是民间流传久远的食材，但葵薤之属终非登大雅之堂的名草。

芝、兰（繁体字作"蘭"），是两种香草，比喻美德，比喻嘉言懿行，芝兰之室就得名于此。胡适先生早年写有新诗《希望》，后被谱曲以《兰花草》民谣传世。"我从山中来，带着兰花草。种在小园中，希望花开早……"胡适先生故乡山庄有很多兰草，他的故居也称作"兰蕙书屋"。《兰花草》是先生状物之作，又何尝不是自况？

樗栎杞梓，葵薤芝蘭——我认为可以此来梗概和代表人间所有草木。无论大木散木、香草稗草，无论居庙堂之高、处江湖之远，无论风花雪月、下里巴人，在"有用之用"和"无用之用"之间，都可以找到自己的位置。

回想与大元结识已有四年光景。其间我曾和大元访杭州烟霞洞胡适旧游之地，远眺之江；也曾在内蒙古库布齐七星湖泛舟，遥望瀚海。行吟南北，知人论世，我从大元这里学到了很多植物学的知识，学到他对人间草木的敬畏与热爱。从橄榄树到水八仙，从樗栎杞梓到葵薤芝蘭。我和大元因橄榄树与水八仙结缘，是某种意义的草木之交。读完他的新著《植物先生》，愿意用"樗栎杞梓"和"葵薤芝蘭"向他的人间草木情怀致敬。

（刊于《当代作家评论》2020年第6期）

中流自在行

一

　　享誉世界的阿拉伯大诗人阿多尼斯在2009年访问中国之后，写过这样一句诗："云翳泼下中国的墨汁"。

　　阿翁自从彼时在中国体验过用毛笔书画的方式之后，传统的中东剪贴画的风格为之一变，改为中国画式的泼墨写意，或许这也是画家阿多尼斯的衰年变法，与白石老人的"红花墨叶"有异曲同工之妙。也正因此，阿翁后来连续几次访问中国，到了临别时候，翻译家薛庆国都要受阿翁所托，为他的行李上装上几大盒一得阁的墨汁带回巴黎。

　　我在2014年随中国和平发展基金会代表团赴泰国参加"一带一路"主题的国际学术会议时，结识代表团成员一得阁董事长孟繁韶。我们说起阿翁与一得阁的笔墨情缘，都颇感温暖，相约将来有机会为阿翁在北京举办一场笔墨雅集。这个约定在

3年后成为现实。

2017年秋天，阿多尼斯访问北京。我和薛庆国、孟繁韶商议为阿翁举办题为"云翳泼下中国的墨汁"的雅集。孟繁韶精心策划，把这场雅集设在了琉璃厂清秘阁的二层。是日，清秘阁正举办西湖画派余久一的山水画展。阿多尼斯、叙利亚驻华大使伊马德—穆斯塔法和薛庆国、董强等阿翁的翻译家、诗人朋友都参加了这场笔墨雅集。几位书画家朋友受邀在雅集现场创作，其中一位就是年轻的书法家雷江，字大舟。雷江创作了"如莲在水"4字手卷赠予阿翁。

在清秘阁的设色山水中，大家朗诵着、书写着阿多尼斯的诗歌以及致敬阿多尼斯的诗歌，直至"曲终人不见，江上数峰青"。

二

庚子腊月，我走进中国大百科全书出版社娜嬛书房的大门，在古色古香的展厅看到一个专题书法展，是雷江向其乡先贤印光大师致敬的展览，精选了多年抄录印光大师的嘉言。数年后，我和雷江的作品就这样不期而遇。

印光大师和雷江都是陕西郃阳人。关中地区有着深厚的张载关学传统。庚子年恰逢张载千年诞辰。在纪念张载千年诞辰的国际学术研讨会上，90多岁高龄的张岂之老先生饱含激情地吟诵横渠四句："为天地立心，为生民立命，为往圣继绝学，为万世开太平。"这一幕令人动容。印光大师成长在关中，由关学入佛，专弘净土。同邑后学雷江敬慕印光大师，发起成立仰光学社，举办印光大师嘉言钞翰墨展，并将展览主题定为"诚敬"。

我想起同样出入儒佛的叶嘉莹迦陵先生。痖弦评价迦陵虽然看起来"柔弱秀美"，却性格坚强，形容她是"穿裙子的士"，儒家对士的标准"威武不能屈，贫贱不能移，富贵不能淫"，迦陵都做到了。赵朴老作词酬和迦陵，赞誉她"是悲心参透词心，并世清芬无几"。白先勇亦评价迦陵有"佛家的心胸"，"唯有具备佛家的心胸才能如此悲悯"，也感受到她"非常入世，想要经世济民、兼济天下的宏愿"，更有儒家"知其不可为而为之"的精神。

迦陵先生出入儒佛的双重心态，体现在她提出的"弱德之美"这一概念。我曾著文，论迦陵先生"弱德之美"。首先，"弱德之美"，是一种敬畏、节制、内敛、隐忍的美感，是"感情上那种承受"，是"在承受的压抑之中自己的坚持"。再者，"弱德之美"是人格风骨的美感，是一种在承受压力时坚持理想、坚韧不拔、外圆内方、一以贯之的美，是代表儒家至大气象的美。这两个层次的"弱德之美"，也可以概括为"敬"和"诚"。雷江翰墨展的主题"诚敬"，在某种意义上与迦陵先生的"弱德之美"相契合。

三

印光大师和雷江的家乡陕西郃阳，在中国书学史上有着极其重要的地位。明代曾在邵阳发现了纪念东汉时期邵阳令曹全的隶书名碑《曹全碑》。近年来，钱念孙先生感慨"告老还乡"传统在当下的缺失，高声呼吁建立乡贤文化。雷江的翰墨展，将其故乡邵阳的书学传统和乡贤印光大师的思想史轨迹浑然一体，在某种意义上也是在一点一滴地践行乡贤文化。

雷江以"无我为大""自在即舟"之义，取字"大舟"。我想起论述迦陵先生"弱德之美"的第三层含义。词人追求理想境界而受挫，转为曲笔叙说"难言之处"，这背后的驱动源，是他们内心生发的理想情怀和美好情感，是"独立之精神、自由之思想"的境界。雷江的"无我为大""自在即舟"，不正是这个层次的"弱德之美"吗？

"无我为大""自在即舟"的"大舟"，在朱文公的诗句中是这样的意象："昨夜江边春水生，蒙冲巨舰一毛轻。向来枉费推移力，此日中流自在行。"我相信，在秉持"诚敬"信念的同道心中，都撑着一帆大舟，无论是在三千弱水，还是在激滟春江。"诚敬"不变，"弱德之美"不变，这帆大舟总有"中流自在行"的一天。

[刊于《人民日报》（海外版）2021年1月25日]

第二编

从丝绸之路到"一带一路"

从丝绸之路到"一带一路"

——对中国丝绸之路研究思想史意义的考察

一、引言

丝绸之路被视为古代中国与亚洲、欧洲等民族友好交往的见证和象征。丝绸之路所承载的各大古代文明相互影响、互学互鉴的历史可以上溯到更加远古的时期，公元前2世纪张骞出使西域被视为丝绸之路官方通道正式开辟的标志。

尽管这条道路上中外文明交通的历史源远流长，但将其命名为"丝绸之路"却在19世纪晚期。1877年，德国地理学家李希霍芬（Ferdinand von Richthofen）在其著作《中国》一书中，首次提出"Seidenstrassen"（丝绸之路）的概念。李希霍芬将丝绸之路定义为："从公元前114年到公元127年间，连接中国与河中（指中亚阿姆河与锡尔河之间）以及中国与印度，以丝

绸贸易为媒介的西域交通路线"。^①

李希霍芬的"丝绸之路"概念包括了时间、空间和载体三个维度。时间跨度上，以东西两汉王朝时期中原与西域相通的历史为界，起讫点从公元前114年（西汉武帝元鼎三年）到公元127年（东汉顺帝永建二年），即从张骞两次出使西域、凿空西域之后（公元前115年，张骞第二次出使西域，次年逝世）到东汉第三次打通中原与西域的联系。^②从地理空间考量，这是一条沟通中国与中亚各国以及阿富汗、印度之间的交通路线。就物质载体而言，承载的焦点定位在中国与中亚、印度之间的丝绸贸易活动。

张骞凿空西域之后，中国的丝绸制品很快经由叙利亚等地传播到罗马帝国腹地。基于这样的历史，1910年，德国史学家赫尔曼（Albert Herrmann）在其著作《中国和叙利亚之间的丝绸古道》一书中，将李希霍芬版本"丝绸之路"的空间概念西移到叙利亚，提出："我们应该把这个名称的涵义延伸到通往遥远西方的叙利亚的道路上。"^③20世纪初，斯坦因、伯希和、斯文·赫定等欧洲旅行家、学者在中亚腹地古丝绸之路上的探险发现，印证并丰富了李希霍芬、赫尔曼等关于"丝绸之

① Ferdinand von Richthofen, *China, Ergebnisse eigener Reisen und darauf gegründeter Studien*, Bd.1, Berlin, 1877, p.454.转引自林梅村：《丝绸之路考古十五讲》，北京：北京大学出版社，2006年，第2页。
② 《后汉书·列传·西域传》："自建武至于延光，西域三绝三通。顺帝永建二年，勇复击降焉耆。于是龟兹、疏勒、于阗、莎车等十七国皆来服从，而乌孙、葱岭已西遂绝。"
③ Albert Herrmann, *Die lten Seidenstrassenzwischen China und Syrien*, *Beitrag zur lten Geographie Asiens*, Bd.I, 1910, p.10.转引自林梅村：《丝绸之路考古十五讲》，北京：北京大学出版社，2006年，第2页。

路"的概念和内容。

海上丝绸之路的提法，始自法国汉学家沙畹。1903年，沙畹在其著作《西突厥史料》中提到："中国之丝绢贸易，昔为亚洲之一重要商业。其商道有二，其一最古，为出康居Sogdiane之一道；其一为通印度诸港之海道，而以婆庐羯泚为要港。当时之顾客，要为罗马人与波斯人。而居间贩卖者，乃中亚之游牧与印度洋之舟航也。"[①]中国学者关于海上丝绸之路的代表性研究最早出自饶宗颐，其著作《海道之丝路与昆仑舶》发表于1974年。1974年福建泉州湾后渚港南宋沉船、1986年瑞典"哥德堡号"沉船、1987年广东阳江南宋沉船"南海一号"、1998年印尼"黑石号"沉船等发现，客观上推动了中国学界对海上丝绸之路的研究。

联合国教科文组织（UNESCO）自1987年至1997年之间，实施"丝绸之路考察（Silk Road Expedition）十年规划"。中国学者刘迎胜曾参加该项目的多次科考活动。据刘迎胜的回忆，当时关于项目规划的命名也有"香料之路"或"瓷器之路"的建议。但更大多数人坚持："能够涵盖古代东西方之间物质、文化交流的丰富内容，而且又为世界各国学者所接受的，唯有'丝绸之路'的概念"。[②]也正因此，"丝绸之路"成为联合国教科文组织对该项目的正式名称。

2014年6月22日，中国、哈萨克斯坦、吉尔吉斯斯坦三国

---

① ［法］沙畹著，冯承钧译述：《西突厥史料》，上海：上海社会科学院出版社，2016年，第166页。
② 刘迎胜：《丝绸之路》，南京：江苏人民出版社，2014年，第320页。

联合申报的古丝绸之路的东段——"丝绸之路：长安—天山廊道的路网"在第38届世界遗产大会上成功申报世界文化遗产。

"丝绸之路：长安—天山廊道的路网"东起西安，西至中亚的七河地区。全项目包括33处遗产点，中国境内存有22处，分布在陕西、河南、甘肃和新疆等省区。近年来，中国泉州、广州、宁波、南京等二十多个城市组建海上丝绸之路保护和联合申遗城市联盟，积极筹备将海上丝绸之路申报联合国教科文组织世界文化遗产。

鉴于对丝绸之路研究的不断深入，李希霍芬、赫尔曼、沙畹等对丝绸之路概念的定义已无法涵盖其所承载的东西方文明交流的全部内涵，中外学者对丝绸之路提出了新的定义。中国学者林梅村认为丝绸之路是"古代和中世纪从黄河流域和长江流域，经印度、中亚、西亚连接北非和欧洲，以丝绸贸易为主要媒介的文化交流之路"。[①]美国学者米华健（James A. Millward）认为："'丝绸之路'一词所指的不仅仅是中国和罗马之间长达几个世纪的丝绸贸易。它是指通过贸易、外交、征战、迁徙和朝圣加强了非洲—欧亚大陆融合的各种物品和思想的交流，有时是有意为之，有时则是意外收获，在时间上始自新石器时期，一直延续到现代。"[②]

---

① 林梅村：《丝绸之路考古十五讲》，北京：北京大学出版社，2006年，第4页。
② ［美］米华健著，马睿译：《丝绸之路》，南京：译林出版社，2017年，第20页。

二、"丝绸之路观"视域下的中国丝绸之路研究

晚清道光咸丰以降，中国西北边疆危机严重，西北史地学兴起，为此后的丝绸之路研究埋下了草蛇灰线，但西北史地之学并非真正意义上的丝绸之路研究。20世纪以来，中国学者对丝绸之路主题的研究，散布于中西交通史、中国对外关系史、中外文化交流史等学科之中。中国学界完全接受"丝绸之路"的概念大概在20世纪80年代之后，并形成了"丝绸之路"研究的热潮。特别是"一带一路"倡议提出以来，丝绸之路研究成为时代显学。纵览李希霍芬"丝绸之路"概念提出以降的中国丝绸之路研究，并非传统的历史地理学、考古学、中外交通史、中外关系史等单一学科可以概括，而是需要以一种全新的"丝绸之路观"来审视的学术研究母题。

丝绸之路观，简而言之，即如何认识丝绸之路的古今中西及其未来，可以分成丝绸之路历史观、地理观、经济观、文化观等四个维度。

1.丝绸之路历史观

丝绸之路历史观，即如何认识丝绸之路开辟以来的中外民族友好交往、文明互学互鉴的历史，其重点在于史料的发现和运用———应该如何辨别新材料之真伪？如何将纷繁复杂的史料相互串联起来，互相论证并启发新知？

王国维针对此种问题提出了"二重证据法"。1925年，王

国维提倡："吾辈生于今日，幸于纸上之材料外，更得地下之新材料。由此种材料，我辈固得据以补正纸上之材料，亦得证明古书之某部分全为实录，即百家不雅训之言亦不无表示一面之事实。此二重证据法惟在今日始得为之。"王国维的治学路径是运用考古发现的"地下之新材料"与古文献记载的"纸上之材料"相互释证，"二重证据法"也因此成为中国现代史学的不二法门。中国丝绸之路研究在史料的发现、掌握和运用上，秉承了这一法则。

1925年，王国维受清华学生会的邀请，作了题为"最近二三十年中中国新发见之学问"的演讲。王国维在演讲中秉持"纸上之学问赖于地下之学问"的"二重证据法"，阐述了中国历代学术发现，"自汉以来，中国学问上之最大发现有三：一为孔子壁中书，二为汲冢书，三则今之殷虚甲骨文字、敦煌塞上及西域各处之汉晋木简、敦煌千佛洞之六朝及唐人写本书卷、内阁大库之元明以来书籍档册，此四者之一已足当孔壁、汲冢所出……"[①]后世坊间有中国近代学术"四大发现"的提法，安阳殷墟甲骨文、敦煌莫高窟藏经洞遗书、居延汉简、故宫内阁大库档案位列其中。中国近代学术"四大发现"的概念最早可以追溯至王国维的这篇演讲。敦煌遗书于1900年被王道士于敦煌莫高窟发现，其中珍品被斯坦因、伯希和等攫取，至今仍藏于海外。居延汉简为1927年中国学术团体协会和瑞典学者斯文·赫定等联合组建的中国瑞典西北科学考察团在额济纳

---

① 姚淦铭、王燕编：《王国维文集》第四卷，北京：中国文史出版社，1997年，第33页。

河流域居延烽燧遗址科考发现的汉代简牍。中国近代学术"四大发现"当中，敦煌遗书和居延汉简可归为丝绸之路研究的史料发现。丝绸之路研究在"四大发现"中占据半壁江山，其在中国现代学术史上的分量可见一斑。

当下中国丝绸之路研究的新潮流也秉承了丝绸之路历史观的优良传统。汉武帝派遣张骞出使西域的原初动力，乃是联合大月氏攻打匈奴。大月氏承平日久早已忘却国仇家恨，张骞未能说服大月氏组成攻打匈奴的联合战线，但却意外取得"凿空西域"的历史功绩。但在之后的历史典籍当中，大月氏的文献付之阙如。发现大月氏，成为丝绸之路研究的重要课题。

长期以来，学术界普遍认为贵霜帝国是由西迁中亚的大月氏所建立。但据2016年中国西北大学与乌兹别克斯坦科学院考古所的联合考古发现，在乌兹别克斯坦的苏尔汗河流域保留了大量的游牧文化遗存。按照"二重证据法"的分析，这在很大程度上被认为是西迁中亚的大月氏文化遗存。而在此之前的考古研究表明，公元前1世纪苏尔汗河流域的农耕文化遗存属于早期贵霜文化，属于农耕文明性质，此后的贵霜帝国亦是如此。中乌联合考古发现的古代游牧文化遗存很大程度上与大月氏相关，"属农耕文明的贵霜帝国是由属游牧文明的大月氏所建立"的传统观点在考古学上受到强有力的挑战。

2.丝绸之路地理观

丝绸之路地理观，即如何认识陆上和海上文明交通所构筑的丝绸之路全球空间网络，亦可称为丝绸之路空间观。李希霍芬、赫尔曼提出和发展了<u>丝绸之路</u>的概念，沙畹继而提出陆地<u>丝路</u>和海上丝路的概念。后世学者在此基础上深入研究，得出<u>丝绸之路</u>四条主要路线的空间认知。

其一为沙漠绿洲<u>丝绸之路</u>，从中国汉唐时代的首都长安、洛阳经河西走廊、西亚、巴尔干半岛到达罗马，或经东欧、中欧到达罗马，这条丝路是古代陆上<u>丝路</u>的主道，张骞凿空西域开辟的<u>丝绸之路</u>就是这条。其二为草原<u>丝绸之路</u>，也叫北方丝路，从中原地区北上出关，进入北方草原，一路向西，过东欧平原，直抵欧洲。朝鲜和日本发现的公元4世纪以来的西方金银器和玻璃器，有一部分可能是从草原<u>丝绸之路</u>输入的。其三为西南<u>丝绸之路</u>，从关中及中原地区过川藏，到达印度半岛和东南亚，甚至更远的欧洲、北非，汉代张骞出使西域时在阿富汗见到的蜀布和邛竹杖，很大可能就是出自这条丝路。其四为<u>海上</u>丝绸之路，可以分为东海航线和南海航线，是中国唐宋以后最重要的对外贸易通道。东海航线，是春秋战国时期齐国在胶东半岛开辟的"循海岸水行"直通辽东半岛、朝鲜半岛、日本列岛直至东南亚的黄金通道；南海航线，是西汉时始发于广东徐闻港、广西合浦港到东南亚各国后延续到西亚直至欧洲的海上贸易黄金通道。[①]

唐朝僧人玄奘赴印度求法，后将此间经历写成《大唐西域记》。《大唐西域记》的详细记载，成为还原印度中古时期历史的重要资料。蓝毗尼、那烂陀等遗址的考古挖掘，就是依

---

① 参见徐苹芳：《丝绸之路考古论集》，上海：上海古籍出版社，2017年，第3—7页。

据《大唐西域记》的文献。19世纪中晚期，该著作的影响还从历史地理领域辐射到军事政治领域。它对帕米尔高原有较为详实的路线记录，也因此成为彼时英俄两国在中亚博弈和探险考察的重要参考。复原玄奘取经路线，成为欧洲东方学界关注的焦点。

在全球地理定位（GPS）与地理信息系统（GIS）技术高度发达的今天，深入解读中外文献，将文献和技术视作新的"二重证据""互相释证"，对玄奘帕米尔段路线精准复原成为可能。2014年5月，中国复旦大学教授侯杨方团队研制的《丝绸之路地理信息系统》上线，精准复原了丝绸之路帕米尔段的主要路线，以及重要地标的影像与GPS数据。[1]建立《丝绸之路地理信息系统》，实现精准复原，首先要在考察之前，利用文献确定路线，厘清文献中的问题；其次在实地考察中确认路线，利用GPS等手段记录相关地点的地理信息，最终通过GIS呈现出一个精准复原路线的网站以供浏览和数据下载。[2]

3.丝绸之路经济观

丝绸之路经济观，即科学认识构建和推动丝绸之路良好运行的经济基础和物质载体。以一国为中心的天下史观、单一国家中心史观或欧洲中心史观都不能承担丝绸之路经济交流研究的重任。以交往为核心概念的全球史观有助于树立科学的丝绸

---

① 参见丝绸之路地理信息系统：http://silkroad.fudan.edu.cn.
② 参见侯杨方：《玄奘帕米尔东归路线的复原——基于GPS和实地考察的研究》，《历史地理》2018年第1期。

之路经济观。

　　全球史研究的奠基人威廉·麦克尼尔（William H. McNeill）在《西方的兴起：人类共同体史》中提出："世界历史的发展主要应归功于各文明、文化之间的相互交流，相互作用，而高技术、高文明地区向低技术地区的传播即其表现。"[①]麦克尼尔在《麦克尼尔全球史：从史前到21世纪的人类网络》中继续阐述其核心理论：在人类历史上处于中心位置的，是各种相互交往的网络，所有网络都包涵合作与竞争两方面的内容；包括国家在内的各种人类群体都在各自所处的层面之上，进行非常有效的交往与合作，从而确保自己的竞争地位和生存机遇得以改善；各种网络将合作与竞争都包容在自身的体系之中，并且规模也随之扩展；人类交往、合作与竞争所生发出来的力量，在塑造人类历史的同时也在塑造着地球的历史。[②]

　　经济互惠合作与经济全球化的发展是夯实丝绸之路的基础，对异域商品的市场需求是开辟丝绸之路最为直接的动力。风靡丝绸之路的中国商品，远远不止丝绸一种。丝绸之路，在某种程度上同时也是茶叶之路、瓷器之路，是生物物种、经济产品、科技发明广泛传播之路。对"哥德堡号""南海一号""黑石号"等沉船的科学考察，发现了大量的茶叶、瓷器。丝绸贸易、茶叶贸易、瓷器贸易等见证了陆地和海洋丝绸之路开辟、发展、壮大的历史。经济全球化成为推动丝绸之路

---

① 　［美］约翰·R. 麦克尼尔、威廉·H. 麦克尼尔著，王晋新等译：《麦克尼尔全球史：从史前到21世纪的人类网络》，北京：北京大学出版社，2017年，译者序第25页。

② 　同上，第4—8页。

四通八达、发展壮大的不竭动力。生产力的发展，科学技术的进步，经贸交流合作的不断深入，促进了丝绸之路的繁荣。

4.丝绸之路文化观

丝绸之路文化观，即从文化交流融合的角度，认识丝绸之路的历史和当下。哲学家罗素曾经这样感慨人类文明互学互鉴的历史："在往昔，不同文化的接触曾是人类进步的路标。希腊曾经向埃及学习，罗马曾经向希腊学习，阿拉伯人曾经向罗马帝国学习，中世纪的欧洲曾经向阿拉伯人学习，文艺复兴时期的欧洲曾向拜占庭学习。在那些情形之下，常常是青出于蓝而胜于蓝的。"[1]

敦煌吐鲁番学和泉州学是中国丝绸之路文化研究的集大成者。按照季羡林的观点，第一个使用"敦煌学"名词的学者是陈寅恪。陈寅恪在《陈垣敦煌劫余录序》中写道："敦煌学者，今日世界学术之新潮流也。自发现以来，二十余年间，东起日本，西迄法英，诸国学人，各就其治学范围，先后咸有所贡献……"[2]季羡林沿用陈寅恪的概念，认为："凡与敦煌石室所发现的文献以及敦煌石窟壁画、雕塑等有关的问题，都是敦煌学研究的对象，这是一门综合性的学科。"[3]

与敦煌相仿，吐鲁番也是丝绸之路上的重镇，20世纪初以

---

① ［英］罗素，胡品清译：《一个自由人的崇拜》，长春：时代文艺出版社，1988年，第8页。

② 陈寅恪：《金明馆丛稿二编》，北京：生活·读书·新知三联书店，2015年，第266页。

③ 季羡林著，《季羡林全集》编辑出版委员会编：《季羡林全集》第十四卷，北京：外语教学与研究出版社，2010年，第211页。

降曾发现大量与丝绸之路相关的文物文献，关于吐鲁番丝绸之路主题的学术亦被称为吐鲁番学。1983年，中国敦煌吐鲁番学会成立，季羡林担任首任会长。季羡林从世界文明交汇的角度认识其意义，"世界上历史悠久、地域广阔、自成体系、影响深远的文化体系只有四个：中国、印度、希腊、伊斯兰，再没有第五个；而这四个文化体系汇流的地方只有一个，就是中国的敦煌和新疆地区，再没有第二个。"[1]中国敦煌吐鲁番学会成立以来取得了丰硕的学术成果，林梅村、荣新江、郝春文等学者在敦煌吐鲁番学上的研究在海内外学界有着广泛的影响。

中世纪的几位著名旅行家，如马可·波罗、鄂多立克和伊本·白图泰等都曾到访过中国泉州，并将刺桐港（泉州旧称Zayton）描述为是世界上最大港口之一。泉州因其具有的多元文明融汇的特点，被各国学者所珍视。联合国教科文组织以"1987—1997年丝绸之路、对话之路综合研究"为主题的海上丝绸之路考察队将泉州作为重要考察城市。1991年2月，恰值马可·波罗从泉州（刺桐港）返国七百周年之际，联合国教科文组织海上丝绸之路考察活动干事杜杜·迪安博士率队来到泉州进行实地调查。杜杜·迪安博士盛赞泉州是"海上丝绸之路象征性的起点"，是"欧亚大陆海上贸易路线的出发点和目的地"。

泉州籍文化人类学学者李亦园从中外交通的视角剖析泉州："从纵的历史时间看，它曾是汉族接触南方少数民族的桥

---

[1]　季羡林著，《季羡林全集》编辑出版委员会编：《季羡林全集》第十四卷，北京：外语教学与研究出版社，2010年，第217页。

头堡，成为一个文化融合涵化的烘炉，它更曾是中国对外接触交流的最大港口，扮演了吸收外来文化以及传播中国文化的重要角色，因此形成了较独特的文化特性。从横的地理空间而论，泉州的文化特色却因其拓展海外的传统而得以延伸至更宽广的境域而包括东南亚等地。"[1]李亦园倡导新视野下的"泉州学"，将其定义为"一种以泉州地区历史文化、人文活动、生态环境为研究对象的科际综合学问"。[2]张星烺、顾颉刚、陈万里这代学者在"泉州学"上作出了拓荒性的贡献。

三、"一带一路"倡议与丝绸之路研究

2013年，中国国家主席习近平提出共建"丝绸之路经济带"和"21世纪海上丝绸之路"（简称"一带一路"）的倡议，得到国际社会广泛关注和积极响应。"一带一路"建设坚持共商、共建、共享的原则，其主要内容即"五通"：政策沟通、设施联通、贸易畅通、资金融通、民心相通。

多年来，"一带一路"建设在"五通"领域取得了丰硕的合作成果，"一带一路"倡议在世界范围内亦得到广泛认可。2016年11月，联合国大会首次在决议中写入"一带一路"倡议。2017年5月，中国举办首届"一带一路"国际合作高峰论坛，各国政府、企业和地方政府在诸多领域达成重要共识和务

---

[1] 泉州泉台民间交流协会、泉州学研究所编：《李亦园与泉州学》，北京：九州出版社，2012年，第24页。
[2] 同上，第4页。

实成果。高峰论坛期间，联合国秘书长古特雷斯表示："一带一路"倡议与2030年可持续发展议程都以可持续发展为目标，都试图提供机会、全球公共产品和双赢合作，都致力于深化国家和区域间的联系；为了让沿线国家能够充分从增加联系产生的潜力中获益，加强"一带一路"倡议与2030年可持续发展议程的联系至关重要。[①]2019年3月，分处丝绸之路两端的中国与意大利两国政府签署关于共同推进"一带一路"建设的谅解备忘录，意大利成为首个签署这一协议的"七国集团"（G7）国家。2019年4月，中国将举办第二届"一带一路"国际合作高峰论坛，主题为"共建'一带一路'、开创美好未来"，旨在推动"一带一路"国际合作实现高质量发展。

　　"一带一路"倡议的提出和所取得的成果，与中国丝绸之路研究的成果密不可分，是晚清西北史地学到近代中西交通史研究再到当代丝绸之路研究的自然延续。从丝绸之路到"一带一路"，不单单是从历史地理概念化用至政策规划蓝图，更从中汲取精神营养，衍变为人类历史上超大规模的经济合作方案。这在某种意义上，是丝绸之路研究多重意义的成功。

　　"一带一路"倡议方兴未艾，反过来又促进丝绸之路研究的再度繁荣，并推动产生新的学术研究热点。随着"一带一路"建设的不断推进，"一带一路"经贸与人文交流合作不断加深，需要对世界各地区进行深入系统的研究。

---

① 《"一带一路"高峰论坛：古特雷斯称赞中国为多边主义的一大中心支柱》，联合国官网：https://www.un.org/sustain－abledevelopment/zh/2017/05/at－chinas－belt－and－road－fo－rum－un－chief－guterres－stresses－shared－development－goals/.

区域国别研究在中国学界成为显学，是针对特定国家或者区域的人文、地理、政治、经济、社会、军事等进行的全面深入研究。区域国别研究的发展，必须植根于外国语言文学、文化人类学、比较政治学等各个基础学科的发展。对中国学界而言，区域国别研究不啻以全球网络为场域、赋有全新意义的丝绸之路研究。

回溯中国一个多世纪以来的丝绸之路研究，希望伴随"一带一路"建设而方兴未艾的区域国别研究，能够探寻新材料，丰富新方法，研究新问题，引领新思潮，成为以全球网络为场域、赋有全新意义的丝绸之路研究。这也是考察从丝绸之路到"一带一路"的思想史意义所在。

（刊于《学术界》2019年第3期，《新华文摘》2019年第13期论点摘编）

"新四大发明"的思想史意义

一、高铁、支付宝、共享单车、网购，并非中国首创，却被称为中国"新四大发明"

2017年5月，北京外国语大学丝绸之路研究院就"一带一路"倡议主要内容"五通"中的"民心相通"主题发起调研，并制作专题视频。针对"最希望把中国哪种生活方式带回所在国家"这一问题，来自"一带一路"沿线20个国家的青年留学生各抒己见，投票选出了他们最想带回母国的四种生活方式：高铁、支付宝、共享单车、网购，并将其总结为中国"新四大发明"。在社交媒体作用下，"新四大发明"的概念得以广泛传播，并引起国内外舆论的关注和讨论。此间讨论的焦点在于："新四大发明"是否由中国最早发明或创造？

各国普遍认为世界上第一条高铁是1964年正式运营的日本东京到大阪的东海道新干线。相对于新干线，中国的高铁是后来者。2008年8月1日，中国首条高铁——京津城际高铁正式运营，速度达到每小时350公里。2017年6月，具备世界先进水平的中国标准动车组"复兴号"在京沪高铁正式运行，其整体设计和车体、牵引、制动、网络等关键技术都具有完全自主知识产权。截至2018年3月，中国已投入运营的高速铁路营业里程从9000多公里增加至2.5万公里，占世界三分之二。

世界首个第三方移动支付平台于1998年在美国正式出现，ApplePay等大量同类型第三方支付平台继之而起。但因民众偏好更倾向于信用卡消费，移动支付并没有在国外真正得到广泛应用。相反，支付宝在担保交易平台的基础上，不断更新移动支付技术，打造更为便捷、安全的支付体系和交易环境，在促进生活便利化的同时，也推动了电子商务的发展，得到海内外消费者的广泛认可。支付宝已经超越了支付本身，成为移动互联网时代生活方式的代表。

1965年荷兰阿姆斯特丹出现了无押金、无租金、无固定还车点的全球第一代公共自行车系统，但这只是说明了"共享"的理念在20世纪60年代的公共自行车系统建设当中得以体现。而在"互联网+"技术体系支持下，中国共享单车的出现赋予了共享经济全新的内容。随着移动互联网的快速发展和商业模式的创新，以摩拜单车等为代表的中国互联网共享单车企业应运而生，更加便捷的无桩单车全面取代有桩单车，使得单车经济从公共单车飞跃为共享单车。

中国电子商务发展晚于美国，但并没有落伍，仍然在同一时代起舞，甚至具备一定程度的"后发优势"。互联网技术在中国电子商务行业的广泛应用，促成了网络购物的自主创新发展模式。高效、便捷、智能化的物流体系及物联网的发展，更为中国电商行业发展提供了重要平台。近年来，中国已跃升成为全球第一大网络零售国，快递业务规模连续四年位居世界第一。在庞大的订单业务量和电子商务运行规模的背后，是整合式物流体系与智能物联网平台的高效运转。作为流通的支撑性产业——物流，依靠云计算、大数据等技术逐渐变得更为智能。

"世界是平的"，"没有人是一座孤岛"，经济全球化的车轮推动历史洪流滚滚向前。纵览全球范围的科技革命和创新经济，中国"新四大发明"的形式或雏形，在其他技术发达国家也或多或少、或先或后地出现，但就整体性而言，中国充分发育的市场、激励创新的土壤、创业者的聪明才智、劳动者的工匠精神和超一流的整合能力等元素聚合激荡，起到了"历史合力"的作用，完成了将"新四大发明"更新迭代、转型升级的工作。

二、"四大发明"的提法源自西方学者，着眼点在于这四项发明对于近代西方文明乃至人类历史进程的影响

造纸术、印刷术、指南针和火药被称作中国"四大发明"。从思想史的角度，我们有必要回溯"四大发明"这一概念的源起和流布。

1620年，英国学者培根指出印刷术、火药和指南针这三种发明"在世界范围内把事物的全部面貌和情况都改变了：第一种是在学术方面，第二种是在战事方面，第三种是在航行

方面；并由此又引起难以数计的变化来；竟至任何帝国、任何教派、任何星辰对人类事务的力量和影响都仿佛无过于这些机械性的发现了。"[1]马克思也对此给予高度肯定："火药、指南针、印刷术——这是预告资产阶级社会到来的三大发明。火药把骑士阶层炸得粉碎，指南针打开了世界市场并建立了殖民地，而印刷术则变成了新教的工具，总的来说变成了科学复兴的手段，变成对精神发展创造必要前提的最强大的杠杆。"[2]

研究中国科学技术史的权威学者李约瑟博士1946年10月在巴黎联合国教科文组织的演讲中延续了培根、马克思"三大发明"的提法，他说"中国人最伟大的三项发明无疑是造纸和印刷术、磁罗盘和黑火药"。[3]或许因为同属纸质载体的缘故，李约瑟将造纸和印刷术合称一项发明，在内涵上突破了培根、马克思范式"三大发明"的范畴，第一次在国际学术界提出"四大发明"的概念。李约瑟认识到造纸术、印刷术、指南针、火药在中国科学技术史中的卓越地位，更看重"四大发明"在西传之后对世界历史的重大影响："如果没有火药、纸、印刷术和磁针，欧洲封建主义的消失就是一件难以想象的事。"[4]

"四大发明"的概念提出之后被国际学术界所接受，但也

① ［英］培根著、许宝骙译：《新工具》，北京：商务印书馆，1984年，第103页。
② 《马克思恩格斯全集》第47卷，北京：人民出版社，1979年，第427页。
③ 潘吉星主编：《李约瑟文集——李约瑟博士有关中国科学技术史的论文和演讲集》（一九四四——一九八四），沈阳：辽宁科学技术出版社，1986年，第118页。
④ 同上，第123页。

引起一些批评和质疑。这些批评和质疑主要集中在两个方面：其一，中国古代科学技术成就汗牛充栋，"四大发明"未必是中国最重要、排序也最靠前的发明；其二，就造纸术、印刷术、指南针、火药这四项大发明本身，世界其他国家和地区也或多或少先后出现，也在争夺对这四项发明的"发明权"。

对"四大发明"的"发明权"或"优先权"不属于中国的质疑，科技史学者给出了明确的答案。公元前三千年左右，古埃及人即发明使用莎草纸，并将其传播到地中海沿岸，但莎草纸并非真正意义上的纸："在造纸工艺中，重要的步骤是将原料在水中浸软（将原料的纤维打碎并在水中浸泡），而不是莎草那样只是经过缠结和捶打便可加工成莎草纸。"[①]莎草纸脆弱易碎，无法折叠装订，无法制作读写便宜、存储便利的大篇幅图书，在传播上终将让位于真正的纸。李约瑟明确指出："磁针的吸铁特性既是罗马人也是汉代中国人发现的，但能够指向的磁针却出现在宋朝的中国"。江晓原的考察证明：对于黑火药（"四大发明"中的火药即黑火药）的发明权归于中国人，证据充足；"中国人在雕版印刷术和活字印刷术上的发明权都是不可动摇的，韩国充其量只能夺得'铜活字印刷术'的发明权"。[②]

抛却对这些批评和质疑的辩驳不论，为什么"四大发明"的概念被国际学术界所接受并广为传播？在中国科技史学者看

---

① ［英］亚历山大·门罗著，史先涛译：《纸影寻踪：旷世发明的传奇之旅》，北京：生活·读书·新知三联书店：2018年，第22页。
② 江晓原：《中国古代技术文化》，北京：中华书局，2017年，第23—27页，第46页。

来，认为"四大发明"是中国历史上最重要、排序也最靠前的发明，那是未必妥当的。但"四大发明"的提法源自西方学者，着眼点也是考察这四项大发明对于近代西方文明乃至人类历史进程的影响。从这个意义来看，"四大发明"的提法当之无愧。

三、"新四大发明"扩展了整个人类的可能性和边界

我们考察"新四大发明"的概念，并非全然从科技史层面，而需要从思想史角度迂回，从"思想是生活的一种方式"来理解。

"新四大发明"的概念因"把中国哪种生活方式带回'一带一路'国家"的问题而生。诚如前述，"四大发明"得以判定的标准，并非在于衡量其历史重要性和发明排序性，而是侧重在对西方近代文明的影响。甚至，科技史学者评定此前上古、中古时期发明的级别，更秉持影响力原则，"以其重要性和对本国及周边地区所产生的影响来衡量"。发明的时间也服从于影响力的原则——"在条件具备的情况下，发明可或早或迟，或同时在某些地区出现，科技史上从古代到当代都不乏这样的事例"。[①]

中国科技部部长王志刚在总结十八大以来我国科技创新领域的重点成就时，从面向世界科技前沿、面向经济主战场、面

---

① 华觉明：《中国三十大发明之分说》，引自华觉明、冯立昇主编《中国三十大发明》，郑州：大象出版社，2017年，第2页。

向国家重大需求等"三个面向"角度，历数科技创新成就，包括量子通信与计算机、高温超导、中微子振荡等基础研究和应用基础研究领域的重大原创成果，移动通信领域实现"5G引领"，C919大型客机首飞成功，载人航天和探月工程、载人深潜、深地钻探、超级计算，等等。①"新四大发明"在其中付之阙如。从这个角度而言，"新四大发明"并非排序最为优先的科技成就。那么，"新四大发明"的魅力究竟何在？

学者高宇宁从生活方式的角度作了这样的回答："新四大发明"扩展了整个人类的可能性和边界。共享单车和高铁，正如当年的火药和司南一样，是对于人类能力的扩展，高铁就像我们交通的主动脉，共享单车就像我们交通的毛细血管，它带来的是我们整个交通能力的扩展；淘宝和支付宝，就像当年的纸和印刷术一样，当年纸张的发明扩展了文明的边界，今天淘宝的发明扩展了我们的消费，扩展了我们和世界连接的边界，而支付平台扩展了我们去体验这个世界的能力。②

再者，"新四大发明"业已走出国门，在"一带一路"沿线国家和地区发挥愈加重要的影响。高铁成为中国产品"走出去"的一张最靓丽的名片。安伊高铁（土耳其安卡拉至伊斯坦布尔）、亚吉铁路（埃塞俄比亚至吉布提）、蒙内铁路（肯尼亚蒙巴萨至内罗毕）已开通运营，麦麦高铁（沙特麦地那至麦加）、匈塞铁路（匈牙利至塞尔维亚）、中老铁路（中国至老

---

① 王志刚：《加快建设创新型国家》，《人民日报》，2017年12月7日。
② 据中央电视台财经频道"对话"栏目2017年7月30日期"当外国人遇到中国创新"视频整理而得，具体可参见：http://tv.cctv.com/2017/07/31/VIDEILJCdOlOEzXdyFQu0m2U170731.shtml.

拶）已开工建设，雅万高铁（印尼雅加达至万隆）、中泰铁路（中国至泰国）、莫斯科—喀山高铁等一批按照"中国标准"设计、施工、监理、运营的铁路项目也在加快推进。截至2018年3月，支付宝在40个国家和地区接入数十万家海外线下商户门店，几乎涵盖所有生活消费场景。支付宝还采用对外技术输出的方式，帮助国外企业在当地建立安全可靠的移动支付系统，打造各国"本地版支付宝"。虽然共享单车明星企业ofo在商业模式、资本运营等方面遭遇重大挫折，但共享单车这一创新产品并未走入寒冬，共享单车仍然在中国各地普惠民生，共享单车理念被全球许多企业广泛借鉴和运用。网购方面，手机淘宝在全球各个国家和地区均为适用，近年来在东南亚、澳大利亚、美国、加拿大等地业务量增长迅猛。

思想是生活的一种方式。"新四大发明"在生活方式上既基于现实，又憧憬未来，是当下"一带一路"建设中具有品牌意义的公共产品。"新四大发明"以生活方式的维度，凝聚了中国倡导的创新、协调、绿色、开放、共享的五大发展理念，在"一带一路"沿线国家和地区发挥愈加重要的影响，真正体现了"一带一路"倡议中民心相通的意义。

（刊于《人民论坛》2019年第7期）

第三方市场合作："一带一路"建设的新动能

　　"第三方市场合作"作为一个明确的概念首次提出并写入双边法律文件，始自2015年6月中国与法国政府发布的《关于第三方市场合作的联合声明》。该联合声明明确了中法第三方市场合作应当遵循的"企业主导，政府推动""平等协商，互利共赢""互补、互利、开放、包容"等原则，拟在基础设施和能源、民用航空器、交通、农业、卫生、应对气候变化、工业园区、金融和保险行业等方面开展重点合作。[①]此后，我国与英国、荷兰、新加坡、德国等近20个发达国家签署联合声明或谅解备忘录，开展第三方市场合作。2018年10月，李克强总理与日本首相安倍晋三出席在京举行的首届中日第三方市场合作论坛，共同见证了52项中日第三方市场合作协议的签署。作为世界第二大和第三大经济体，中日两国在短时间内就"第三方市场合作"达成的发展共识和初步成果，深受世界瞩目。

　　党的十九大报告指出，中国积极参与全球治理体系改革

[①]　《中法政府关于第三方市场合作的联合声明》，人民网，2018年12月17日：http://world.people.com.cn/n/2015/0702/c1002-27244657.html。

和建设，不断贡献中国智慧和力量。第三方市场合作是中国首创的建立在资源优势互补与发展需求对接基础上的国际合作新模式，对于推动我国产业迈向高端水平、促进发展中国家工业化和经济发展、助力发达国家开辟互利共赢新空间具有重大意义。"一带一路"建设是推动构建人类命运共同体的重要实践平台。[①]第三方市场合作深刻地诠释了"一带一路"倡议所秉持的"共商、共建、共享"的治理理念，有助于在双边和多边机制层面突破制约"一带一路"建设的结构性瓶颈，成为"一带一路"建设的新动能。

一、第三方市场合作对化解"一带一路"经贸合作风险起到重要作用

五年来，"一带一路"经贸合作在贸易往来、投资合作、重大项目、境外合作区建设、自贸区建设等方面取得显著成果，合作领域不断扩大，合作层次不断提升。同时，在全球经济遭遇发展困境和各区域产业发展供需不一致的前提下，"一带一路"经贸合作仍面临一定的系统性风险与具体问题的挑战。

在系统性风险方面，世界经济发展进入后金融危机时代的深度调整期，经济复苏面临诸多挑战。逆全球化思潮在全球化发展之大背景下暗流涌动，单边主义和贸易保护主义抬头，

---

① 习近平：《习近平谈"一带一路"》，北京：中央文献出版社，2018年，第216页。

个别发达国家将本国利益最大化作为参与国际合作的宗旨和目标，试图通过再工业化的方式振兴本国经济，推动大量资本回流。世界经济发展出现"封闭化""内向化"趋势，增长乏力，甚至引发贸易战、汇率战，阻碍全球化发展进程，严重违背了2015年后联合国发展议程，从宏观层面对"一带一路"经贸合作造成系统性、结构性风险。

就具体问题而言，主要涉及资金、技术以及产业发展的竞争性与互补性等。"一带一路"沿线国家大多是发展中国家，经济总体发展水平较低，工业化、城市化程度不高，基础设施"互联互通"的需求、产业发展升级的要求与资金、技术等的供应能力形成强烈反差。因各自内部发展环境和参与全球化程度存在差异，经济社会发展也处于不同的细分阶段，"一带一路"沿线发展中国家中也存在经济社会发展诉求不一致以及利益分化、恶性竞争的现象，深受"逆全球化"的贸易保护、孤立主义行为等的严峻挑战。就发达国家而言，产业结构呈现空心化的僵局，严重制约总体经济的均衡发展，经济增长缺乏内生动力。自上世纪80年代以来，中国经历产业链的升级换代和产业结构的加速转换，业已成为全球产业链中工业化中端制造的重要一环，但与工业化高端制造水平相比还存在一定的差距。

在推进"一带一路"建设的进程中，在与相关国家的竞争性与互补性中寻求平衡，实现有效合作与互利共赢，是亟须解决的重点与难点。此前，在"一带一路"沿线国家的重大基础设施项目的招投标过程中，中国和日本等国企业之间恶性竞争的现象并不鲜见。

第三方市场合作这样的机制创新，可以将中国在中端制造产业的优势同发达国家的先进理念与高端技术相结合，为双方在第三方市场开展产业投资等国际合作提供融资支持，为第三方提供高水平、高性价比、更具竞争力的产品和服务，同时避免招投标过程中的恶性竞争，实现"三方共赢"。第三方市场合作秉持和贯彻"共商、共建、共享"的原则，为"一带一路"经贸合作提供了崭新的发展思路。

"一带一路"第三方市场合作将成为衔接三方市场需求、对接三方优势资源的有效合作平台，在推动发展中国家工业化、城市化发展进程的同时，促进产业分工的合理和有效布局，在优势资源合作中发挥各个主体在产业链上中游的比较优势，打造全产业链合作。从这个意义上说，第三方市场合作是建立在全球范围内不同发展阶段国家间存在有效供需链的基础之上的，是促进全球产业链升级、实现全产业链合作的有效途径。

二、第三方市场合作对破除"一带一路"地缘政治忧虑起到重要作用

"一带一路"建设以"共商、共建、共享"为原则，坚持开放包容、互利共赢。五年来，中国政府积极推动"一带一路"倡议与"欧亚经济联盟""欧亚倡议""容克计划"等"一带一路"沿线国家发展规划的具体对接与实质合作。但仍有少

数国家出于地缘政治的考量，对"一带一路"倡议心存忧虑，设置障碍，影响中国与"一带一路"沿线国家政治互信与经贸合作的深入发展。

作为世界上两个最大的发展中国家，中国与印度两国间的政治互信与经贸合作对于维护地区和平稳定，推动全球经济复苏至关重要。印度是南亚地区开放型经济体系建设与发展的最主要力量，也是中国"一带一路"建设在南亚地区取得突破的关键。基于传统地缘政治的忧虑，印度对"一带一路"保持警惕立场和纠结心态，尚未从官方层面表示对"一带一路"的支持。

日本企业深耕经营东南亚、中亚和南亚等地区多年，在产业投资和经贸合作上都具备相当的竞争力，同时又因其在当地很好地履行企业社会责任，在这些地区具备深厚的民意基础。中国在这些地区的"一带一路"建设项目，面临日本企业的激烈竞争。美国、印度、日本、澳大利亚等国为抗衡"一带一路"，联手推出了"印太战略"。日本效仿与中国的第三方市场合作模式，为提高在印度-太平洋地区的经济活动协调性，与印度携手在东南亚及非洲等第三地推进"高质量基础设施"开发。

欧盟对"一带一路"倡议、中国与中东欧国家"16+1"合作的心态复杂，担忧中国借助"一带一路"经贸合作提升对中东欧国家的影响力。

这些都突出反映了在推进"一带一路"经贸合作过程中所面临的来自他国的地缘政治忧虑。第三方市场合作为破解这一忧虑，深化中国与相关国家的政治互信与经贸合作提供了全新的路径和方案。

三、第三方市场合作中可能面临的具体问题

1.缺乏政策沟通与协调机制，影响企业合作的有效性和针对性

第三方市场合作是一项创新之举，也意味着中国与其他国家企业开展第三方合作缺少值得借鉴的可复制经验和具体办法。前期有效协调与沟通机制的缺失，将在一定程度上影响双方在第三方的合作。

以日本为例，日本一直以来把俄罗斯、中亚国家视为重要市场，在工程承包上积极给予各类贷款，加强其市场竞争力。在土库曼斯坦钾肥、乌兹别克斯坦石化、俄罗斯石化等领域，日本三菱、日挥等企业一直是中国的强劲对手。在资金方面，日本建立了反哺机制，其承包商利润可以合理补偿银行利息；在技术层面，日本在很多方面领先中国；在价格层面，日本企业合纵连横，竞相降低造价，牢牢把握设计和采购的高附加部分，给中国企业造成很大压力。

中日双方开展第三方市场合作如果未能确保建立长期稳定的协调机制，未能就双方合作以及三方合作的项目设计、项目分配、项目管理等问题进行合理的制度规范和阶段性的政策沟通，第三方市场合作的机制红利将很难实现。

2.第三方市场合作中关于市场份额、供应链、利润分配等竞争问题

法国、德国、日本等国对在第三方市场开展合作的倡议颇感兴趣,但仍期待中方提出更具体的建议,持有与中国在"一带一路"第三方市场上的恶性竞争不可避免这样错误观念的大有人在。

以中德合作为例。中国与德国在中东欧地区也存在市场竞争关系:德国是中东欧国家最大的投资者,也是波兰、匈牙利、捷克、斯洛伐克、斯洛文尼亚等国最大的单一贸易伙伴。中东欧国家与德国贸易的三分之一是中间产品,这表明中东欧国家在德国供应链中占据着重要地位。中国在中东欧国家推进的匈塞铁路、中欧陆海快线等重大基础设施建设,在一定程度上面临欧盟和德国的竞争压力。中国在中东欧国家与欧盟或德国的第三方市场合作要行稳致远,就一定要在市场份额、供应链和利润分配等方面与对方达成共识,并形成妥善的安排。

四、进一步完善第三方市场合作的政策建议

1.确保长期有效的政策沟通和项目协调,完善对接合作的信息服务平台

对于在"一带一路"沿线国家进行贸易合作和投资的中国企业而言,只有通过长期有效的协调机制和政策沟通渠道,正确认识发达国家企业在贸易和投资对象国的产业布局与投资优

势，明晰双方的关键合作领域和比较优势，明确第三方市场合作的具体目标，才能有的放矢地于第三方市场与法国、德国、日本等企业进行项目合作，避免产生不必要的猜疑和竞争。同时，应建立和完善对接三方合作的信息服务平台，在项目合作的前、中、后期保证信息的及时更新和互通有无，并通过移动互联网及时对接项目合作需求，也使得合作主体能够在合作过程中围绕可能产生的关于市场份额、供应链、利润分配等竞争问题进行及时的沟通和磋商，管控投资合作争议，及时调整第三方市场合作中的经济贸易政策。

2.围绕重点区域开展第三方市场合作的市场开发与维护

积极开展非洲、拉美、东南亚、中东欧、中亚、南亚等重点区域的第三方市场开发与维护工作。法国、德国等国多数企业希望借助中国在非洲的影响力与前期合作基础，与中方企业一道在非洲地区围绕基础设施建设、能源、农业等领域展开第三方市场合作。中国与法国、德国在非洲地区的第三方市场合作，应当根据当地的客观条件和实际需求，充分尊重非洲国家的发展意愿，发挥法国的语言、文化优势和德国资金、技术资源优势，巩固中国与非洲国家的传统友谊，开展务实高效、互利共赢的第三方市场合作。

积极推进与西班牙展开在拉美地区的第三方市场合作。2018年11月，习近平主席应邀访问西班牙，中西双方就在拉美、非洲、中东欧等地区开展第三方市场合作达成重要共识。西班牙政府内部对"一带一路"倡议保持积极参与的一致态度。中国与西班牙在拉美地区开展第三方市场合作优势明显。作为传统贸易伙伴，西班牙在投资合作、商贸往来方面与拉美国家有着深厚基础。在民心相通层面，西班牙与拉美国家关系发展由来已久，语言与文化传统相近，人文交流频繁，为第三方市场合作奠定了民心基础。中国也能根据拉美市场的客观需求，提供优质产能和资金、技术、人才等方面的资源支持，与西班牙一道在基础设施建设、能源、医疗等领域展开第三方市场合作。

积极落实和推进首届中日第三方市场合作论坛的会议成果，在微观层面加强中日两国企业在具体项目合作上的沟通与协调，改变以往与日本在东南亚市场上的恶性竞争局面，化敌为友，变竞争为合作，将中国和日本在东南亚的合作建设成为"一带一路"第三方市场合作的典范。

与欧盟、德国等在中东欧地区开展第三方市场合作，为中国与中东欧"16+1"合作注入新的理念和内容。

通过俄罗斯与中亚的传统关系，积极推进"一带一路"倡议与"欧亚经济联盟"的规划对接，共同开拓中亚第三方市场合作的重点项目。

加强与印度的政策沟通，借鉴与日本合作的经验，尝试开拓与印度在斯里兰卡、马尔代夫等南亚国家的第三方市场合作，以增量创新扭转印度对"一带一路"建设的负面态度。印度的第二大汽车生产商mahinda，也是印度最主要的电动车生产商，目前已经与斯里兰卡著名汽车企业成立合资公司且已在斯里兰卡投入生产线。这家斯里兰卡车企对中国的电动车制造产业十分了解，认可中国在电动车制造方面的先进技术，希望与中国电动车企业合作，实现印度—斯里兰卡—中国模式，在斯里兰卡生产电动汽车，并在斯里兰卡、印度等南亚地区销售。这样既结合中国在电动制造方面的技术优势，确保在南亚国家间免税协议基础上的低销售成本，又可为中印斯三国企业在其他领域开展合作奠定基础。

3.围绕重点专业领域开展第三方市场合作，加强全产业链合作

第三方市场合作的重点领域应当坚持"优势互补、互利共赢"的原则，积极拓宽合作领域，加强全产业链合作，并逐步推动产业链合作向中高端迈进。中国企业拥有强大的市场能力、全球战略经营能力及应用型创新能力，而诸多发达国家企业在基础型创新领域具有较强实力，双方在科技环保、航空航天、医疗健康等领域有很大的合作空间，可取长补短。

以中日第三方市场合作为例。据东京三菱UFJ银行（北京）调查室资料，日方将与我开展第三方市场合作的重点主要集中于基础设施建设、贸易投资服务、金融服务、人文交流等四个领域（如右表所示）。

中日企业第三方市场合作重点领域、政策对象等

重点领域	政策对象	具体项目	相关领域
基础设施建设	交通	道路、桥梁	国道、桥梁建设、工程机械、铺路建材、车辆陆路运输服务
		港口	港口用地填埋、堤坝保护、水道疏通工程、港口装卸货物用机械、造船、海运、物流服务
		机场	机场建设、扩建、飞机、空运、飞机租借服务
		铁路	铁路建设、隔断设施、列车调配系统、信号系统、铁路车辆
	能源（电力）	工程总承包	工程建设项目的设计、采购、施工、试运行等实行全过程或若干阶段的承包
		电力设备	变压器、开关断续器、电缆
		发电设备	锅炉、发电机、涡轮、原子炉相关设备
	能源（石油天然气）	石油天然气	液化天然气输入输出基地、石油精炼工厂、石油输送管线
	通信网络	卫星通信	海底光缆、通信基础设施、卫星通信服务
	其他	城市开发	污水处理、焚烧垃圾发电站、智能电网
贸易投资服务	贸易投资便利化	贸易投资	商社、电子商务相关企业
	扩大互相投资领域	农林水产业	农业、渔业、海水淡化设施
		传统能源	原子能、火力发电
		可再生清洁能源产业	太阳能、风力、水力发电

（续上表）

重点领域	政策对象	具体项目	相关领域
	助力新兴产业发展	IT产业、新能源、新材料等	IT产业、新能源、新材料等研发部门
金融服务	间接金融	贸易金融、项目金融	银行
	直接金融	发行债券（人民币债券、外货债券）	证券
人文交流	观光	观光业	旅行社、车辆（主要是大巴）

资料来源：笔者根据东京三菱UFJ银行（北京）调查室演讲资料整理而得。

4.将第三方市场合作打造成为新时代全面深化改革与扩大开放的新高地，建立健全工作学习机制，借鉴发达国家在项目投资与管理上的先进经验

第三方市场合作机制的建立和完善将成为中国改革开放的新平台，应努力将第三方市场合作打造成中国新时代全面深化改革和扩大开放的新高地。在开展第三方市场合作过程中，发达国家往往在技术、品牌、战略管理及项目投资等方面拥有丰富的经验和前期成果，中国应当在发挥自身优势的基础上，建立健全学习交流机制和对话渠道，学习借鉴相关合作方的项目投资和协调管理经验，尽早从制度、人员、机制等多层面进行完善。

例如，日本政府与民间的协调机制、经贸投资与文化交流的结合、垂直投资与水平投资兼顾等综合性战略以及投融资经

验等都值得我国参考。日本基础设施投资建设在质量保障、技术水平和运营管理等方面树立了国际口碑，项目生命周期成本管理、安全性、抗灾性、环保性等诸多指标成为国际标准，提升了竞争门槛。这些都值得我们在与日本的第三方市场合作中认真学习和借鉴。

5.发挥金融支撑引领作用，强化金融服务实体经济能力

充分发挥金融支撑引领作用，降低第三方市场合作中的投资风险，实现互惠互利。加强国家开发银行、丝路基金与"一带一路"沿线国家的金融机构间合作，推动建立第三方投资基金，创新第三方市场合作的投融资模式，开拓资金来源渠道，积极发展公共资金与私人资金相结合的创新融资方式，平行贷款、股权投资、风险参与以及技术援助等合作方式，为参与第三方市场合作的企业主体提供长期、可持续的资金支持和投融资保障。习近平总书记强调："金融是实体经济的血脉，为实体经济服务是金融的天职，是金融的宗旨，也是防范金融风险的根本举措。"[1]在第三方市场合作中也应当要使金融体系真正依靠、服务、推动实体经济发展，实现金融业与实体经济比翼齐飞。

6.建立健全第三方市场的产业需求数据库

第三方市场覆盖各个重点区域、诸多重点专业领域，随着

---

① 习近平：《习近平谈治国理政》第二卷，北京：外文出版社，2017年，第279页。

第三方市场合作的不断推进，对第三方市场产业需求的前期调研与后期研究、评估成为合作深入开展的关键基础，合作方对语言、区域与国别研究的需求日益增强。北京外国语大学目前共开设98个语种，到2020年将开设超过一百个语种，实现与中国建交国家官方语言和区域与国别研究的全覆盖。北外近年来也成立了丝绸之路研究院等一批服务"一带一路"建设的高校新型智库，立足北外"多语种特色""跨文化优势""产学研平台"和"走出去桥梁"的要素禀赋和功能定位，为政府部门、企事业单位提供数据调研和政策咨询。在第三方市场合作的推进和不断完善过程中，北外能够发挥自身语言、区域与国别研究、高校新型智库的学术优势，针对第三方产业市场需求进行区域与国别调研，建立有针对性的需求数据库和项目信息库，并在此基础上为相关决策部门和企业提供信息支持和学术咨询服务。

（刊于《人民论坛·学术前沿》2019年第2期）

"经济新引擎"理论评析与实践探索

陈贤云教授以《经济新引擎——兼论有为政府与有效市场》《中观经济学》《中国特色社会主义市场经济：有为政府+有效市场》等著述为代表，从经济学经典概念"资源配置"入手，创造性地提出"资源生成"的新概念，并沿此路径作了深入的理论探索，提出并初步形成了其"经济新引擎"理论。

在"经济新引擎"理论范式中，从全球经济的视角看来，以基础设施投资建设为主体的新生成性资源，既是全球性准公共物品，又是世界各国乃至全球经济发展的新引擎。这种新引擎对世界各国而言是新的经济增长极，应全力推动以基础设施投资开发建设为主体的投资新引擎、创新新引擎和规则新引擎。它有别于"贸易引擎"，将促进世界各国经济可持续发展。

"经济新引擎"理论产生于中国经济改革的伟大实践，系统提出了区域政府"双重属性"和现代市场经济竞争"双重主体"、中观经济学、"政府超前引领"等理论构建。"经济新引擎"理论又为中国经济的深化改革提供新的理论支持,前瞻性地擘画智慧经济、太空经济等未来产业链的创新布局,对后疫情时代"健康丝绸之路""数字丝绸之路"和新型基础设施建设等提出富有建设性的构想。

一、市场理论框架的新探索:有为政府与有效市场

政府与市场的关系,是经济学研究的经典范式,被形象地比喻为经济学界的"哥德巴赫猜想"。对政府与市场关系的深邃理论思考,指导了中国经济改革的实践。中国经济改革的实践反过来又丰富和更新对政府与市场关系的理论认识。[①]

"经济新引擎"理论在深刻分析西方主流经济学理论逻辑的基础上,突破其框架体系,提出"有为政府"与"有效市场"的核心概念,在全新的理论范式下对政府与市场二者的辩证关系进行研究。无独有偶,在林毅夫教授创建的新结构经济学理论体系中,"有为政府"与"有效市场"也是其中的核心概念和重要内容。林毅夫范式、陈云贤范式中的"有为政府+有效市场"有何区别?笔者认为,二者虽然都同样提倡褒扬"有为政府+有效市场",但却是不同的论证逻辑与理论路径。一言以蔽之:林毅夫范式、陈云贤范式中的"有为政府+有效市场",殊途同归,异曲同工。

---

① 李秋风:《推进国家治理体系和治理能力现代化的逻辑理路》,《理论建设》,2019年第1期,第75—81页。

林毅夫范式认为：一个国家的经济结构内生决定于其要素禀赋结构，国家实现快速包容可持续发展的最佳方式，是按照其特定时点的要素禀赋结构所决定的比较优势来选择所要发展的产业和所要采用的技术。要素相对价格必须反映要素的相对稀缺性，是企业在经济发展中按照要素禀赋结构所决定的比较优势来选择产业和技术的前提，这只能存在于充分竞争的"有效市场"当中。与此同时，经济发展是一个技术创新、产业升级与基础设施、制度环境不断完善的结构变迁过程，必须依赖"有为政府"对技术创新和产业升级的先行者给予外部性补偿，以及对完善相应软硬基础设施的协调。[1]林毅夫在新结构经济学理论中设计"增长甄别与因势利导框架"（GIFF），整理出可用于具体指导产业政策设计的六步骤过程[2]。林毅夫范式还根据产业发展与国际前沿的差距，将中国产业分成追赶型、领先型、转移型、弯道超车型、战略型五种，政府可以针对不同类型的产业发挥相应的因势利导作用[3]。

陈云贤在建构"经济新引擎"理论时，首先对现代经济学的凯恩斯范式进行辩证的理论分析。在陈云贤看来，主张在基础设施投资领域施以积极财政政策推动经济发展的凯恩斯主义，使经济学的发展跳出商品、价格分析的限制，在理论和实

①　林毅夫：《我在经济学研究道路上的山下求索》，《经济学》（季刊），2018年第2期，第733—734页。
②　林毅夫：《新结构经济学》（典藏版），北京：北京大学出版社，2019年，第203—205页。
③　林毅夫：《新常态下政府如何推动转型升级——从新结构经济学视角看》，《人民日报》，2015年5月7日07版。

践上都取得了成功，但在基础性理论的构建上存在"模糊区域"：没有严格区分公共工程、公共物品与物质商品的本质区别，对基础设施、城市经济与物质生产、产业经济之间的区别没有进行严格的界定，模糊了基础设施投资领域城市经济和产业经济在参与主体方面的不同。

"经济新引擎"理论的构建从经济学经典概念"资源配置"入手，创造性地提出"资源生成"的新概念，认为资源配置中不仅仅是"资源稀缺"状态，还存在"资源生成"。"经济新引擎"理论进而由"资源生成"提出"生成性资源"的概念，包含硬件、软件和智慧城市等在内的城市基础设施建设，符合资源生成的范畴特性，属于生成性资源。[1]

如何科学划分政府与市场的边界，进而建构市场经济体制下政府与市场的角色？"经济新引擎"理论追根溯源，从资源要素属性的角度考察市场经济体系中的城市资源：与产业发展相对应的资源，属于"可经营性资源"；与社会民生相对应的资源，属于"非经营性资源"；与城市基础建设相对应的资源，属于"准经营性资源"，包括硬件公共设施、软件公共设施、城乡一体化进程中的城乡基础设施和逐步开发建设的智能城市系列工程等。这三种资源在市场经济体系的运行当中，要根据不同的属性作相应的原则和政策配套：对第一类可经营性资源，即产业经济，区域政府应按照"引导、调节、监督"

---

[1] 陈云贤著，［澳］钟礼贤（Ethan F. Chung）译：《经济新引擎——兼论有为政府与有效市场》（汉英对照），北京：外语教学与研究出版社，2019年，第55页。

的原则去配套政策；对第二类非经营性资源，即公共物品或社会公益事业，区域政府应按照"基本托底、公平公正、有效提升"的原则去配套政策；对第三类准经营性资源，即城市基础设施，在传统市场理论中属于"模糊板块"和"交叉领域"，亟待理论突破、填补空白。[1]

基于"资源生成"的概念、对城市资源三种类型的划分和市场经济体系下区域政府的三大经济职能，"经济新引擎"理论提出区域政府的"双重属性"：区域政府兼具"准企业""准微观"和"准国家""准宏观"双重属性。区域政府对准经营性资源即城市基础设施投资运营的参与和竞争，以及对可经营性资源即产业经济的"规划、引导和扶持"，使其成为区域内非政府主体的集中代理，通过理念、制度、组织和技术等多种创新方式与其他区域进行竞争——这是区域政府的"准企业""准微观"属性。另一方面，作为本区域国家政府的集中代理，区域政府履行经济社会全面发展的各项职能，具有公共性和强制力，对可经营性资源即产业经济实行调节、监督和管理，对非经营性资源即公共物品或公益事业实行有效调配——这是区域政府的"准国家""准宏观"属性。[2]

在区域政府"双重属性"论的路径下，"经济新引擎"理论同时提出现代市场经济竞争"双重主体"论——产业经济的

---

① 董强、田喜洲：《区域创新系统中的政府角色研究综述》，《重庆工商大学学报》（社会科学版），2018年3月，第29—42页。

② 陈云贤著，［澳］钟礼贤（Ethan F. Chung）译：《经济新引擎——兼论有为政府与有效市场》（汉英对照），北京：外语教学与研究出版社，2019年，第83—87页。

竞争，以企业作为主体；城市经济的竞争，以区域政府作为主体。①这就在市场经济竞争主体论方面突破了传统经济学理论的既有范式。在市场经济下，区域政府应当如何开展竞争？"经济新引擎"理论将区域政府竞争的外延界定在城市基础设施投资、开发、运营和管理领域，本质在于对城市经济生成性资源的竞争，旨在对区域城市资源进行优化配置，提高城市经济的效率和回报率。企业与政府在产业经济中基本不存在竞争关系。②

传统经济学理论持有这样被视为"题中应有之义"的理论设定：市场经济体系只存在企业竞争，只有企业这样一个竞争主体，政府只是在市场的外围发挥作用，等等。"经济新引擎"理论中的区域政府"双重属性"论和市场竞争"双重主体"论，对既有传统经济学理论提出了颠覆性的修订和挑战，是"经济新引擎"理论关于成熟市场经济构建的基石。③

二、中观经济学理论分析的新视角：以区域政府为研究主体

诚如前述，"经济新引擎"理论创造性地提出"资源生

---

① 佟孟华、张国建、李慧：《地方政府规模影响产业结构的非线性特征——基于中国地级市数据的经验研究》，《山西财经大学学报》，2018年第5期，第57—69页。
② 李松龄：《新时代经济体制改革重点的理论认识与制度安排》，《现代经济探讨》，2018年第7期，第1—8页。
③ 冯梅、陈鹏：《我国地方政府经济行为的研究述评》，《经济问题》，2018年第2期，第17—22页。

成"和"生成性资源"的概念，并进而提出区域政府"双重属性"论和市场竞争"双重主体"论。基于这样的理论建构，以区域政府为研究主体的中观经济学水到渠成，突破了微观经济学和宏观经济学的传统理论框架——此二者分别是以"企业"和"国家"为研究主体的。"经济新引擎"理论对中观经济学的拓展得到学界的认可：从中国经济的视角丰富和拓展了德国汉斯·鲁道夫·彼得斯教授提出的"中观经济"的概念、体系和内容，进一步延展了区域经济学、产业经济学的研究领域[①]。

在"经济新引擎"理论中观经济学框架下，广义的区域资源涵盖产业资源、民生资源和基础设施资源三类。区域政府的竞争也相应分为民生经济竞争（主要涉及与社会民生相对应的资源，即非经营性资源）、产业经济竞争（主要涉及与经济增长相对应的资源，即可经营性资源）和城市经济竞争（主要涉及与城市建设相对应的资源，即准经营性资源）三类。各国区域政府的竞争，既表现在民生经济、产业经济、城市经济及其配套政策措施上的广义竞争，又表现为在城市基础设施投资建设、现代化智能城市开放建设项目及其配套措施上的狭义竞争。[②]

企业竞争和区域政府竞争构成了市场竞争的"双重主体"。企业竞争是产业经济中对产业资源配置的竞争，即商品

[①] 孙祁祥：《被忽视的中观经济学》，《光明日报》，2016年10月25日10版。
[②] 张在冉：《基于城市基础设施的劳动力流入空间溢出效应研究》，《广东财经大学学报》，2018年第2期，第42—53页。

市场中的竞争。区域政府竞争则是在城市经济中对城市资源配置的竞争，即以基础设施投资资源为主的要素市场上的竞争。区域政府竞争体系只存在于区域政府之间，需遵循市场经济规律，在城市资源配置、经济发展、城市建设、社会民生等方面展开竞争。何为区域政府竞争的终极目标？"经济新引擎"理论基于区域政府的"双重属性"，分别对可经营性资源、非经营性资源、准经营性资源在参与方式、遵循规则、配套政策等方面所应采取的举措进行了界定，以实现在产业经济方面增强企业活力，在民生经济方面创造良好环境，在城市经济方面助力区域可持续增长。"经济新引擎"理论进一步提出强式有为政府、政府超前引领和政府创新的蓝图。

区域政府之间的激烈竞争可以形成城市经济发展的规模效应、集聚效应和邻里效应等，在开放型的社会经济体系中，投资者在生产要素流向上可以选择，产生了"用脚投票"的现象。2008年，时任上海和广东的领导人感慨"上海为什么留不住马云""广东为什么没有阿里巴巴"，成为媒体关注热点。以中观经济学的理论思考，这一现象背后潜藏着区域政府竞争的深层逻辑。

中国改革开放40多年的辉煌成就，在某种意义上是由地方实验和顶层设计相互作用、正向激励的产物。中国改革的很多重要成果和制度创新，发端于地方，在"摸着石头过河"的原则下实验取得良好成效，其成功经验被提炼总结并纳入新一轮的顶层设计。

中国农村改革始自安徽，时任安徽省委第一书记万里同志冒着政治风险，支持凤阳小岗村18户农民的"大包干"改革。中国经济特区的创立始自广东，时任广东省委第一书记习仲勋同志建言中央并主创深圳、珠海、汕头三个经济特区。家庭联产承包责任制和经济特区，是农村改革和城市改革在制度创新方面的典范，其创建和推行莫不符合地方实验和顶层设计交互作用的轨道。地方政府的有为与担当，保护、支持和激励这样的制度创新和制度性的地方实验，在历史的关键节点立下不朽的功勋。很多学者也将普遍意义上的"有为政府"视作区域经济发展和引领制度创新的驱动力。如周黎安教授从经济学的激励与治理理论入手，在中国特色的政治经济互动背景下，提出"行政发包制""政治锦标赛"的概念及"官场+市场"的分析框架，肯定在民间企业家创新精神之外，地方官员的政治企业家精神亦对中国经济改革和转型发展起到重要作用。[①]

社会学家费孝通先生在上世纪80年代进行小城镇研究，总结出苏南模式、温州模式和珠江模式三类成功经验。苏南模式以发端于社队企业的乡镇企业为代表，温州模式以私营企业、股份合作制企业为代表，珠江模式以"三来一补"外向型企业为代表。[②]按照经济学理论的分析，苏南模式、温州模式、珠江模式的创建符合彼时彼地的要素禀赋，并发挥其比较优势。在"有效市场"之外，区域"有为政府"也对三种模式的成功起到重要作用。

---

① 周黎安：《转型中的地方政府：官员激励与治理》（第二版），上海：格致出版社、上海三联书店、上海人民出版社，2017年，第200页。
② 马永伟、黄茂兴：《中国对外开放战略演进与新时代实践创新》，《亚太经济》，2018年第4期，第74—83页。

2018年12月，党中央、国务院在庆祝改革开放40周年大会上隆重表彰100名改革先锋，颁授改革先锋奖章。在百名改革先锋名单当中，小岗村"大包干"带头人和江阴华西村党委原书记吴仁宝赫然在列，按照经济学体系的框架，"大包干"带头人和吴仁宝是作为微观经济学层面产业经济代表的身份入选。此外，原张家港市委书记秦振华、原义乌县委书记谢高华、原蛇口工业区管委会主任袁庚也入选改革先锋名单。秦振华是"张家港精神"的创造者，为推动张家港经济社会跨越式发展作出重要贡献。谢高华在主政义乌期间，首创"兴商建县"的区域发展战略，他精心孵化培育的义乌小商品市场，今日已成为全球规模最大、最具影响力的小商品市场。袁庚创办培育了我国第一个外向型工业园区——"蛇口工业区"，并由此催生出招商银行、平安保险等一批优秀企业，他提出的"时间就是金钱，效率就是生命"的口号成为改革的标志。秦振华、谢高华和袁庚，在费孝通范式下的苏南模式、温州模式和珠江模式中以区域政府领导人的角色出现，他们被授予改革先锋荣誉，是历史对苏南模式、温州模式和珠江模式的高度认可，也是中观经济学层面"政府超前引领"理论的验证。[①]

当然，在区域经济和社会治理中，某些地方政府剑走偏锋，偏离了"经营城市"理念下增加土地价值和盘活城市资产的主线，对"土地财政"和"土地炼金术"甘之如饴。我们要以这些"政府失灵"的负面典型作为镜鉴。

---

① 楠玉、袁富华、张平：《新时代中国区域协调发展与迈向中高端研究》，《经济体制改革》，2018年第2期，第36—41页。

三、"一带一路"建设的新资源与新引擎

从"生成性资源"的概念出发,"经济新引擎"理论提出:旧的以贸易拉动增长的需求侧"贸易引擎"作用已发挥到极致并呈现出不可持续性。全球经济发展要遵循从要素驱动上升到投资驱动、创新驱动的路径。以基础设施投资建设为主体的新生成性资源领域,既是全球性准公共物品,又是世界各国乃至全球经济发展的新引擎。"由'有为政府+有效市场'构成的现代市场体系中,发动供给侧结构性新引擎,将在竞争中充分发挥企业对产业资源、政府对城市资源的配置作用。这类供给侧结构新引擎包括结合了有形与无形要素的投资引擎、创新引擎和规则引擎,将对全球经济治理与发展起到作用。"①

理论的作用在于总结实践、认识世界,理论更新在于不断增强对真实世界的解释力。另一方面,理论的作用又在于指导实践、改造世界,理论更新亦在指导改造真实世界的实践中臻于帕累托最优状态。

"经济新引擎"理论对中国特色社会主义市场经济的解读——"有为政府"+"有效市场"论,以及中观经济学视域下区域政府"双重属性"论与市场竞争"双重主体"论,可以很好地解释中国改革开放40多年的成功,是其经济学理论构建的

---

① 陈云贤著,[澳]钟礼贤(Ethan F. Chung)译:《经济新引擎——兼论有为政府与有效市场》(汉英对照),北京:外语教学与研究出版社,2019年,第235页。

意义所在。对引领当下及未来中国和世界经济发展的"一带一路"建设，"经济新引擎"理论也能给出富有解释力的逻辑论证，并提出被实践检验的政策构想。

"一带一路"是推动构建人类命运共同体的重要实践平台。6年多来，"一带一路"从倡议转化为广受欢迎的全球公共产品，从总体布局的"大写意"阶段转向精雕细琢的"工笔画"阶段，迈向高质量发展。习近平主席指出："共建'一带一路'，关键是互联互通。基础设施是互联互通的基石，也是许多国家发展面临的瓶颈。建设高质量、可持续、抗风险、价格合理、包容可及的基础设施，有利于各国充分发挥资源禀赋，更好融入全球供应链、产业链、价值链，实现联动发展。"①

为什么互联互通是共建"一带一路"的关键？为什么基础设施是互联互通的基石？"经济新引擎"理论提出构建全球经济发展新引擎，从学理上对这两个问题进行回答。

针对"一带一路"建设的具体实施路径，"经济新引擎"理论提出"基础设施建设+产业园区配套"的国际经济合作新模式：除了传统的基础设施建设之外，产业园区配套构想是PPC（港口公园式城市）开发模式，将以"丝路驿站"为代表的产业园区（以海港、空港、内陆无水港等核心交通节点建设为切入点，以临港的产业园区为核心和主要载体，系统解决制

---

① 习近平：《齐心开创共建"一带一路"美好未来——在第二届"一带一路"国际合作高峰论坛开幕式上的主旨演讲》，北京：人民出版社，2019年4月。

约东道国产业转移的软硬件短板问题）打造成支持经贸互联互通和产业发展的大平台。通过港口的开发、建设和经营，施以管理先行、产业园区跟进、配套城市功能开发等举措，东道国区域将实现联动发展，进而形成较为完善的港口、物流、金融园区生态圈。①从实践来看，"基础设施建设+产业园区配套"的国际经济合作新模式已经成为"一带一路"建设的新引擎。6年多来，中国按照"一带一路"合作重点和空间布局提出的"六廊六路多国多港"互联互通架构已基本形成，基础设施"硬联通"与政策规则标准"软联通"实现相互促进。

当前，百年未遇的新冠肺炎疫情在全球蔓延，引发全球政治经济的剧烈变动，全球产业链、价值链、供应链及国际经贸合作等都遭受严重破坏。面对疫情冲击，"一带一路"框架下"健康丝绸之路"与"数字丝绸之路"建设的必要性与有效性日益凸显。以基础设施投资建设为主体的新生成性资源，对后疫情时代全球经济发展的新引擎作用更为重要。共建"一带一路"是新型全球化建设的重要路径和实现方式，也是应对疫情严峻冲击的有效措施。以基础设施建设为核心、以投资驱动和创新驱动为引领的"健康丝绸之路""数字丝绸之路"同样依赖于新生成性资源的开发、建设和经营。

后疫情时代，中国与"一带一路"国家携手共建"健康丝绸之路"，也将从以基础设施建设为主体的全球性准公共物品

---

① 陈云贤著，[澳]钟礼贤（Ethan F. Chung）译：《经济新引擎——兼论有为政府与有效市场》（汉英对照），北京：外语教学与研究出版社，2019年，第229页。

的开发和建设着手，依靠医疗卫生技术创新，推动公共卫生基础设施数据库建设，构建综合管理网络体系，使"健康丝绸之路"在"一带一路"国际合作的框架下，以新生成性资源互联互通为基础，造福各国民众。

"数字丝绸之路"是"一带一路"框架下数字经济合作的有效实践和成功典范。它以互联网技术为核心，依托中国与"一带一路"各个国家在基础设施建设、支付系统、物流体系等方面的比较优势，在"共商、共建、共享"原则基础上推动形成有效的国际合作机制。

全球抗疫期间，中国与"一带一路"国家依托"有为政府+有效市场"构成的现代市场体系，推进新生成性资源互联互通，加强大数据、云计算与人工智能等领域的及时沟通、数据分享和数字技术合作，在实时监测、追踪防控、流行病学调查、防控资源调配、复工复产等方面，发掘"一带一路"国家数字经济发展潜力，发挥生成性资源在"一带一路"国际合作中的新动能，助力全球合作抗疫和构建人类命运共同体。

后疫情时代的"数字丝绸之路"建设，同样遵循从要素驱动上升到投资驱动、创新驱动的路径，推动跨境电子商务等产业发展，积极培育国际贸易新业态新模式，释放以5G、人工智能等技术为依托的"新基建"潜力，围绕数字基础设施建设，推动区域跨境电商合作与贸易便利化，加大数字化人才培养合作力度，构建"数字共同体"，以数字化方式创新区域与全球治理，弥合"数字鸿沟"。

四、"政府超前引领"理论与新型基础设施建设

"经济新引擎"理论认为，成熟市场经济一定是"有为政府"与"有效市场"有机结合、有序运行的经济。"有为政府"按照国家三类资源配置中对民生经济、产业经济和城市经济配套政策措施的程度可以分为"弱式""半强式""强式"有为政府三个层面。[①] "经济新引擎"理论对强式有为政府提出了"超前引领"的要求，即"政府超前引领"理论，包括"政府超前引领"的前提、原则、手段、目的等方面。"政府超前引领"的前提是依靠市场规则和市场机制；其原则是市场决定资源配置，同时政府对产业经济发挥导向、调节、预警作用，对城市经济发挥调配、参与、维序作用和对民生经济发挥保障、托底、提升作用；其手段是运用规划、投资、消费、价格、税收、利率、汇率、法律等政策，开展理念、制度、组织、技术创新；其目的是推动供给侧或需求侧结构性改革，形成经济增长的领先优势和可持续发展[②]。

"经济新引擎"理论还从行为节点、调节侧重点、政府职能角色、运行模式等方面比较"政府超前引领"理论与凯恩斯主义政府干预理论的本质区别：在行为节点方面，前者强调事前的顶层设计、规划和布局，后者侧重事中和事后干预；在

---

① 朱富强：《如何认识有为政府的经济功能：理论基础和实践成效的检视》，《学术研究》，2018年第7期，第87—96页。
② 陈云贤：《中国特色社会主义市场经济：有为政府+有效市场》，《经济研究》，2019年第1期，第18页。

调节侧重点方面，前者侧重政府对产业资源、城市资源、民生资源的引导、调节和监督，后者强调从需求侧即投资、消费、出口等进行调节；在政府职能角色方面，前者强调政府在市场经济中的竞争作用，认为成熟的市场经济是"强式有为政府+强式有效市场"，而后者在理论框架中仍然将政府置于市场之外；在运行模式方面，前者与后者既有联系也有区别，后者强调政府干预和侧重需求，而前者突出政府引领与侧重供给相结合，暨秉持市场决定资源配置的经济原则，又强调政府在市场经济中发挥引导、调节和监督的作用①。

"政府超前引领"理论诉诸区域政府的经济改革，经实践检验可以有效引领产业转型和城市升级，进而对经济转轨、社会转型和跨越"中等收入陷阱"的改革探索，都提供了有益参考。

改革开放40多年来的深圳奇迹，在某种程度上就是对"政府超前引领"理论的印证和诠释。深圳"有为政府"与"有效市场"有机融合的鲜明特征，不仅体现在产业经济的飞跃发展上，还体现在城市经济的资源优化配置、区域竞争力提升和可持续发展上。深圳的改革从1979年起步，到20世纪90年代初，一举成为中国最大的劳动密集型制造业中心。在当下，深圳继续引领第一流的国家制造业创新中心和科技产业创新中心的建设。"经济新引擎"理论深刻诠释深圳改革开放40多年来在产

---

① 陈云贤著，[澳]钟礼贤（Ethan F. Chung）译：《经济新引擎——兼论有为政府与有效市场》（汉英对照），北京：外语教学与研究出版社，2019年，第163—165页。

业经济、社会民生、城市建设等方面的成就，其内在推动力是"市场+政府"——一个创新型市场经济思路的价值重构，并沿着这样的理论逻辑，擘画粤港澳大湾区世界级城市群的蓝图。①

无独有偶，2008年，面对全球金融危机的严峻冲击，佛山市政府以"政府超前引领"理论为指引，探索佛山改革之路。无论是产业、劳动力"双转移"的"腾笼换鸟"战略，还是信息化、工业化、城镇化、国际化"四化融合"构建的"智慧佛山"，佛山产业转型和城市升级的成功实践有效验证了"政府超前引领"理论的科学性。

2018年，中央经济工作会议首次提及"新型基础设施建设"的概念，将人工智能、工业互联网与物联网建设等界定为新型基础设施建设。2020年4月，国家发改委将"新型基础设施建设"界定为：以新发展理念为引领，以技术创新为驱动，以信息网络为基础，面向高质量发展需要，提供数字转型、智能升级、融合创新等服务的基础设施体系。②同年5月，李克强总理在政府工作报告中提出要加强新型基础设施建设，发展新一代信息网络，拓展5G应用等，激发新消费需求、助力产业升级。③

---

① 陈云贤：《中国特色社会主义市场经济：有为政府+有效市场》，《经济研究》，2019年第1期，第16—17页。

② 中华人民共和国国家发展和改革委员会：《国家发改委举行4月份新闻发布会介绍宏观经济运行情况并回应热点问题》，中华人民共和国国家发展和改革委员会官方网站：https://www.ndrc.gov.cn/xwdt/xwfb/202004/t20200420_1226031.html.

③ 《政府工作报告（2020）》，北京：人民出版社，2020年。

新型基础设施建设是信息、互联网、新能源、人工智能等领域的创新应用和有效集成，与传统基础设施可以实现融合发展、共建共享。加快"新型基础设施建设"，将使传统基础设施建设"如虎添翼"。"新型基础设施建设"在短期是扩大有效投资、对冲经济下行的重要抓手，在长期是促进产业升级、促进经济高质量发展、提高国家竞争力的战略举措。"新型基础设施建设"与传统基础设施建设相比，在技术、业态、产业链等方面都存在较大差别，不能墨守政府直接投资等陈规，要按照"政府超前引领"理论的框架，从前提、原则、手段、目的等多个方面科学规划和积极实施。在"有为政府"与"有效市场"的有机结合、有序运行下，"新型基础设施建设"成果可期，大有可为。

"政府超前引领"理论对于后疫情时代借助传统基础设施建设的支撑作用，发挥"新型基础设施建设"的溢出效应，助力"一带一路"建设亦有着重要的指导意义。

新冠疫情使全球产业链、价值链、供应链遭受严重冲击。在后疫情时代，"新型基础设施建设"的概念和规划方兴未艾。"一带一路"建设以实现互联互通为基础，基础设施是互联互通的基石。运用"政府超前引领"理论，厘清"新型基础设施建设"的目标、方向、原则和路径，发挥中国比较优势，在高质量推进传统基础设施建设的基础上，发挥"新型基础设施建设"的溢出效应，有利于"一带一路"各国充分发挥资源禀赋，在短期内扩大有效投资、对冲经济下行，在长时段内推动经济产业升级、促进经济高质量发展。

五、结语

"经济新引擎"理论从经济学经典概念"资源配置"入手，创造性地提出"资源生成"的新概念，进而在区域政府"双重属性"论和市场竞争"双重主体"论的基础上，建构有为政府与有效市场相结合的成熟市场经济蓝图，创建以区域政府为研究主体的中观经济学理论架构，进而提出"政府超前引领"的理论框架与实践路径。"经济新引擎"理论对中国经济改革、产业升级和"一带一路"建设等提出了富有解释力的逻辑论证，对后疫情时代"健康丝绸之路"、"数字丝绸之路"与新型基础设施建设等提出了极具前瞻性的政策构想。

"任何理论都是刻舟求剑……以初生婴儿的双眼那样不带任何过去理论和经验的'常无'心态来观察世界，这样中国的经济发展与转型中许多用现有的主流理论难以解释的现象将会是经济理论创新的金矿。"[1]林毅夫教授曾经这样诠释中国经济发展实践与经济理论创新之间的关系。

"经济新引擎"理论的产生、锤炼和发展，也来自中国经济改革的丰沃土壤——"创建新经济学体系和市场理论没用'中国'这个定语，但中国改革开放40多年来的成功经验为这一理论发展提供了广阔素材。[2]"从改革开放到"一带一

---

[1] 林毅夫：《我在经济学研究道路上的上下求索》，《经济学》，2018年第2期，第744页。

[2] 陈云贤：《中国特色社会主义市场经济：有为政府+有效市场》，《经济研究》，2019年第1期，第17页。

路"，从粤港澳大湾区到新型基础设施建设，在"经济新引擎"理论的字里行间，我们读到一代中国经济学人的学术志业和理论雄心。①

（刊于《江淮论坛》2020年第4期，《中国社会科学文摘》2020年第12期、《中国人民大学报刊复印资料》2020年第12期全文转载，《新华文摘》2021年第2期观点摘编）

---

① 郭晴、陈伟光：《中国参与全球经济治理机制与战略选择的探讨》，《国际经贸探索》，2018年第3期，第4—11页。

隔山对话（上）：从白塔寺建造750周年谈起

吴浩：今年6月，北京地区唯一保存完整的元代文物遗存——北京白塔寺经过修缮重新对公众开放。今年也是白塔寺建造750周年，是一个很有意义的年份。这座白塔是尼泊尔工艺家阿尼哥设计建造的。他为元朝工作了四十余年，在中国的大地上留下了多件优美的建筑，为中尼友谊作出了卓越贡献。请二位谈谈阿尼哥对白塔寺、元代中国佛寺建筑以及中尼友好交往历史的贡献。

查宾德拉（尼泊尔驻华公使）：中国跟尼泊尔自古以来就是好朋友，有相当多的文化交流以及宗教往来，在建筑设计方面也是如此。阿尼哥建了很多的塔，通过精美的建筑为中尼的文化交流作出了很多贡献。白塔寺建成750年是一个非常有意义的年份，实际上我们也一直在想，希望通过庆祝750周年促进双方的文化往来，但是现在我们只能等到疫情之后再来做一些双边的庆祝活动。白塔寺是见证中尼文化交流的一个重要符号，而且作为一个建筑，它将一直存续下去，一直见证中尼的友好交往。

吉狄马加（著名诗人）：今年是白塔寺建成750年，这是一个很了不起的文化事件。中国和尼泊尔文化交流源远流长，可以说是真正的老朋友。在尼泊尔和中国漫长的历史交往过程中，很多很动人的人和事，构成了两国、两个民族的文化交流史。

元朝的时候，阿尼哥来到中国并生活了四十余年，他的影响还是比较大的。他是八思巴的嫡传弟子，八思巴作为元朝的国师，在中国各民族的文化交流中也起了很大的作用，在促进文化融合方面作了大量贡献。阿尼哥在西藏就创作了一些很重要的建筑作品，来北京后建了白塔寺，后来在山西五台山也建了中国佛教史上非常经典的一些建筑。

回顾这几百年中国和尼泊尔的交流，非常值得一提的就是这些具有标识性的文化遗存，这些文化遗产不仅对于中国和尼泊尔很重要，而且在人类文明史上也是具有标识性的。我们确实有必要考虑，如何更好地针对这些重要历史文化遗产举办纪念活动，既继承传统，又让它在当下发挥作用，促进不同文明、文化的当代交流，拉近不同国家、不同文化和文明之间的距离，也就是促进人心相通。我想人心相通会更好地促进当下，特别是这个后疫情时代，人类的发展、和平，使全人类更好地共享发展的成果。而对尼泊尔，我们在谈到文化交流的时候，往往还充满着一种很特殊的感情。作为邻邦，中尼两国这几千年来的友好交往，在文化和民族交流史上，有很多可圈可点的东西，值得我们很好地总结和纪念。

查宾德拉：我很赞同马加先生的观点。白塔有一个重要的象征意义，在尼泊尔人看来，白色象征着光明，阿尼哥的白塔象征着中尼友谊是非常光明的，有着美好未来，是最好的一种关系。另外，阿尼哥建造白塔寺不仅仅是在传承和交流文化，也促进了文明之间的交流，他在750年前没有现代科技的情况下，就建造出了如此高端的白塔，有如此独特的设计，这不仅是阿尼哥给中尼文明、文化交流带来的礼物，也是一份给世界的礼物，象征着我们将携手并进。

吉狄马加：的确，阿尼哥在750年前就具备这样精湛的技艺，白塔达到了高超的建筑水平，除了文化交流的精神意义，我想它在两国的建筑交流史上也留下了浓墨重彩的一笔。另外，公使先生说白塔在尼泊尔象征着光明，在藏传佛教里，白色象征着和平、宁静，都是非常美好的寓意。这种美好的象征蕴含了促进人类和平交流、真正走进双方民族的心灵的意义。所以阿尼哥既是一位建筑大师，也是一位文化使者、和平使者。在今天疫情还肆虐全世界很多地方的时候，尤其需要这样的交流与互信。虽然中国的疫情总体上控制住了，经济和社会生活也开始逐步恢复正常，但是就全世界而言，我们还需要增加彼此的信任，更好地打破障碍和壁垒，在后疫情时代推动深度的文化交流，从而改变现在世界上已经出现的一些让我们感到很忧虑的状况。我想针对阿尼哥750年前建造的白塔寺举办纪念活动确有必要，这不仅仅会对中尼两国的文化交流有意义，对全世界也具有启示意义。

查宾德拉：的确，白色不仅象征和平，也象征着繁荣、进步以及人类共同的合作，尤其是在人类现在需要攻克难关的情况下。我希望我们不仅能够纪念阿尼哥建造的白塔寺，也能在新的世纪建造新的白塔寺，重现阿尼哥在750年前所做的一切，为全人类的文明进步作出共同的努力。

吴浩：吉狄马加先生的诗歌作品集*Mother's Hand: Selected Poems*（英尼双语版）于2019年10月在尼泊尔出版发行。在此之前，也有中国现代文豪鲁迅先生的作品等等，被译介到尼泊尔。请二位谈谈中尼诗歌作品、文学作品互译和诗歌交流、文学交流的情况。

吉狄马加：非常荣幸2019年在尼泊尔翻译出版了我的诗集。我觉得这也是我的写作生涯中一个非常值得纪念的事情。诗人是一个民族语言的标志，也是本民族语言的守卫者；而一个诗人的诗歌如果被翻译成另外一个民族的语言，从某种意义上来说，这个诗人的作品在另外一个民族的语言国度里又获得了一次新生或者说重生，这是非常有意义的事情。

尼泊尔是一个非常古老的国家，尼泊尔的文学历史也源远流长，无论是尼泊尔的传说、神话、史诗，包括一些现当代作家的写作，都体现了尼泊尔文学的丰富性。当然，中国也是一个有着悠久历史文化的国度，中国文学作品也非常丰富，我们浩如烟海的文学典籍如果能译介为别的民族语言，我认为这是文学交流史上值得纪念的成果。

当今世界，国家无论大小，民族人口无论多少，语言、文字和文学的传承，我想都是平等的。我的一些作品被翻译成英语、法语、德语、俄语、西班牙语这些语言的时候，我当然很高兴；但是我的每一种诗歌被翻译成非通用语种的时候，我也特别兴奋，我觉得更重要的是，这些作品在另一个民族的语言、另一个语言的国度里获得了一次新生。经过翻译家的翻译——在另一种语言中的重塑，我的作品成了那个国家母语的一部分，作为诗人来说，这是非常值得庆幸的一件事情。

我的作品现在在全世界已经被翻译成四十多种语言。我的诗歌每进入一种新的语言，就像获得一次重生，带来一次意想不到的喜悦。人类的文化是多元的，因此人类的语言和文字也是丰富多彩的。人类是靠什么思维？是靠语言，也就是靠文字进行逻辑性的思维，语言再往前推就是文字，我想一个民族的文明标志之一，就是这个民族有了自己的文字。现在保护生物多样性在全世界已经形成一种共识，而对于我们写作者来说，保护文化多样性，尤其是保护文字和语言的多样性，依然是一种神圣的作为。我想保护好任何一个民族的语言和文字，都是我们共同的责任和使命。

另外我们也可以看到，这几年中国和尼泊尔不论在政府层面，还是在文学组织、出版机构层面，都在积极推动两国文学作品互译，这是非常重要的。中国从新文化运动开始了西学东渐这样一个过程，我们大量翻译了西方的文学作品，但是我们统计过，从上个世纪初到现在，双方互译的作品数量是不成比例的，西方翻译我们的东西少，而我们翻译他们的东西多得多。因此我们需要不断加强逐层、双向的互动和翻译。当然我们和尼泊尔也应该形成这样的翻译出版交流，双方的政府机构、文化机构、作家团体、出版机构都来共同努力。除了古典的文学作品，我想更重要的是对现当代作家作品的翻译，通过阅读现当代作家，特别是当代作家、诗人的作品，我们能更好地认识彼此，了解双方人民的真实生活、喜怒哀乐。

除了两国文学作品的互译，更重要的是作家和诗人进行互访。我很荣幸曾带领中国作家代表团访问尼泊尔，跟尼泊尔的很多作家、诗人进行过座谈。我在中国举办的青海湖国际诗歌节、成都国际诗歌周、泸州国际诗酒大会，都专门邀请过尼泊尔的诗人到中国来访问，我们也进行了很多有深度的、有现实意义的交流。

据我所知，有一部分尼泊尔诗人的英文水平很好。我们在尼泊尔出版的诗集，很多时候是从英文转译的，这也非常好。但我们今后可以做更多工作，加强交流沟通，促进一部分尼泊尔汉学家或者从事中国文学翻译的人，有计划地把中国当代文学的一些优秀作家和诗人的作品，直接从汉语翻译为尼泊尔语。我们也希望中国有一些专门从事尼泊尔文学翻译的人员，直接从尼泊尔文翻译一些文学作品。我想通过这样的交流，我们所看到的两国诗人和作家的创作现状和风貌，可能会更接近真实一些，另外也可能对推动两国翻译队伍成长、形成规模更有意义。

查宾德拉：我很赞同马加先生的意见，我们未来一定要共同努力搭建起这样一个翻译团队。尼泊尔现在已经有非常专业的团队，有一个专门的中国研究中心，在大学里可以做专业的中文翻译。我们确实应该不仅翻译古代作品，还应该翻译现当代作品，这对我们两国人民都是非常有帮助的。我们应该代代传承，对像阿尼哥这样代表文化交流精神的人物、白塔寺这样的作品，我们也将继续给予强有力的支持，展现两国文化交流的成果。

吴浩：我们今天座谈的地方可以看到很多精美的尼泊尔唐卡，从藏传佛教绘画史来看，西藏唐卡是大量吸收和借鉴了尼泊尔等地多种绘画形成的。尼泊尔唐卡在中国也颇受关注与欢迎。想请教二位，在唐卡艺术领域，中尼有怎样的交流与互鉴，怎样通过唐卡推动中尼的文化交流？

查宾德拉：唐卡是一种非常古老的技艺，需要一群特殊的工匠，花很长的时间才能完成如此精美的艺术作品。因为它需要长时间的、高质量的保存，所以非常费时，它的制作大概要花6个月甚至一年多的时间。在尼泊尔和中国多地都有不少唐卡展览。我想我们应当共同努力，建设唐卡历史文化中心或唐卡技艺培训中心这样的机构，因为唐卡是手工制品，需要专门的训练。而且唐卡能够给人一种灵魂上的祝福，所以唐卡文化是给全世界的一个文化信息。我们应当系统地建立一个团队，逐渐开设专门的唐卡文化研究中心，研究新一代的唐卡，比如以数字印刷技术制造唐卡，等等。

实际上唐卡文化现在在尼泊尔也很繁荣，是走进千家万户的文化，这也是政府的一项重要工作。在尼泊尔，家家户户从小孩刚诞生到成长的各种阶段，我们都希望用唐卡的形式呈现出来。我们还会在唐卡里镶上金线，这样会使它保存的时间非常长。总的来说，唐卡在尼泊尔非常繁荣，希望中尼两国能够共同促进唐卡的继续繁荣。

吉狄马加：刚才公使先生对唐卡的见解我很赞成。唐卡是一种古老的艺术，我们在中国的藏族地区、在尼泊尔，当然还有一些其他地方都能看到它。当然它是一种宗教艺术，我们可以看到在唐卡的整个历史发展过程中，它和藏传佛教的传播有直接的关系。在人类历史上有很多时候，艺术和宗教很难分开——从某种意义上来说，它们都在解决一个主题：生和死的问题。唐卡现在越来越受到重视，怎样更好地传承它，使这样一个古老艺术保持它的活力，具有一种历久弥新的创造力，这需要很多方面共同努力。

我从2005年到2015年在青海工作了近十年时间，在政府主管文化旅游方面的工作。青海的热贡是一个熟识唐卡文化发展的人都知道的地方，它不仅是青海的唐卡绘制中心，在整个中国藏区，热贡也是一个很重要的唐卡艺术品的集散地。当地有一个说法，家家是画室，人人是画师。热贡历史上就有从事唐卡艺术绘画的传统，一代一代的人不断地延续，形成了推动唐卡艺术发展的良好的文化环境。当然，这也是因为在政府的支持下，培育了一个很好的艺术市场，这个特别重要。很有幸在我主管青海文化旅游工作的时候，2008年中华人民共和国文化部给热贡文化生态保护实验区颁牌，这也说明以唐卡为龙头带动文化产业，从而推动旅游和文化深度融合的做法是可行的。多年来，热贡的唐卡已经名声在外，有很多优秀的唐卡艺术作品进入市场，被各地甚至各国热爱唐卡的收藏家所收藏，形成了一个很好的产业。除了政府层面，青海还有一些培训学校，尤其在热贡有一些相关的培训机构，能让更多有天赋、有热情的年轻人进入这个创作领域。在这样的多方推动下，唐卡在当地已经形成了一个文化产业。

另外就是交流的必要性。一方面，中国和尼泊尔的唐卡有很多共通的东西，有些主题会涉及一些宗教内容，如表现一些宗教故事中的情节。在唐卡的绘制技艺方面，双方也有很多相互影响的地方。另一方面，我觉得双方的唐卡也都有自己的特点，像尼泊尔的唐卡在色彩、构图、用的颜料方面都有自己的特点，形成了自己独特的风格和传统。而中国藏区绘制的唐卡也都有自己的特点和传统。所以我们可以相互学习、吸收对方的优点，只有不断交流，才会形成更多共识，共同推动唐卡作为人类文化的遗产在当代真正焕发新的生机。

还有一点我认为也很重要，现在有的唐卡绘制用了现代颜料，而非以往的矿物质颜料。我在青海的时候就提出过，我们一定要建立一个唐卡的标准，清晰地展示出这个唐卡作品是来自哪里的，是谁画的，用的什么材料。因为矿物质独有的颜色是一般颜料无法替代的，但矿物质颜料和一般颜料的区别不仅仅是颜色的问题，还有就是矿物质能保留很长的时间。为什么明代或清代早期留下来的唐卡现在色彩依然很鲜艳？很多人看到可能会认为是几年前画的，就是因为矿物质的生命力很强。我觉得随着唐卡进入艺术品市场并被热捧、被很多人收藏，建立这样一个标准是很有必要的。

我也有一个忧虑，就是传承问题。过去唐卡大师在绘画的时候，他们首先想的不是市场，也不是能卖多少钱，这实际上是他宗教生活的一部分。有的唐卡大师画一个巨幅的或系列的唐卡，可能要画几十年。这依托于创作者的信仰——他的作品是奉献给佛的，奉献给他的精神世界的，而不是简单的市场行为。我在很多地方说过，我们现在能不能有很好的唐卡艺术，取决于我们的唐卡艺术家：如果他的工作是真正奉献给艺术的，奉献给唐卡这样一个古老的技艺的，那就有可能创造一种具有精神光辉的伟大唐卡艺术；如果他仅仅是世俗地和市场挂钩，那就不太可能出现我们期待的那种艺术。所以我希望，除了唐卡艺术的从业者们加强对自身伟大传统的传承，加强不同地域唐卡艺术的相互学习，更重要的，我们还要培育一些真正的唐卡绘制者，特别是一些大师，使他们最终创作出无论在内容还是形式上都有创新，同时在技艺、艺术上达到很高的高度的一些作品。

查宾德拉：过去唐卡是给个人的礼物，一般是把高品质的唐卡赠送给高级的来访使团，这些作品技艺非常精湛，而且肯定是矿物颜料，像马加先生说的，矿物颜料保存的时间更长，历久弥新。现在确实有很多商人用更廉价的材料制作唐卡，这并不是最初的唐卡应当有的样态。我也同意应该建立一定的标准。

另外，现在的唐卡实际上更多是在关注人，比如作品里的佛陀也是在沉思人的进化和人的福祉，很多作品都在展示如何保存自然、保存生态环境，思索人与自然的关系，等等。我们应该对这些有所忧虑，因为现在疫情已经席卷了全球，我们面临着保存艺术、保存生态环境、保存文化和精神生活这一系列空前紧迫的任务。

中国知名唐卡收藏家乔国金先生在紫竹院做了一个尼泊尔

唐卡的专门展览，叫"隔山对话"，给我留下了非常深刻的印象，非常打动我——不仅因为展出的是唐卡展品，而且我认仍这些展品都传递了一个信息，就是我们如何保全自然、保全生态环境。展览的题目"隔山对话"也非常好，因为山跟山之间的对话与自然有关、与生命有关，都是我们现在非常重要的社会议题——不管是生命还是宗教，其实都是我们每个人人生的一部分。

像乔先生在青海、天津、成都、海南这些地方的唐卡展览，都吸引了非常多的来访者，很多都是年轻人，他们都对唐卡非常感兴趣。就像刚才马加先生说的，西方对文化有一种垄断，或者我们在跟西方交流时存在着不对等的现象。而唐卡能够展现我们对世界抱有一种美好的愿望，我们对穷人、老人的尊重，我们内心的一些光彩，都能借由唐卡展现出来。唐卡代表了我们的文化，唐卡也可以面向未来。因此，我们双方应该在未来对唐卡文化倾注更多的支持，为我们的文明在世界上发声打开相应的渠道。

吉狄马加：刚才公使先生所说的我完全赞成。这些最古老的艺术在今天也对我们有很多启发，比如如何处理好人与精神信仰的关系，人与社会、自然的关系。因为现在很多喜欢唐卡的人也不仅仅是出于宗教原因，有很多人是把它作为一种艺术来欣赏和收藏的。所以我觉得需要唐卡的研究专家对唐卡艺术做更好地普及，让更多喜欢唐卡的人了解什么是真正的唐卡。

另外刚才公使先生说到，在这个后疫情时代，人类仍然面临很多不确定的东西，疫情已经整体上改变了世界的面貌。在这样一个时候，我认为我们确实应该加强文化交流，通过文化、文明的交流和沟通，打破一些人为的障碍，使世界真正追求一些具有共同价值的东西，构建人类命运共同体。中国国家主席习近平谈到要"弘扬和平、发展、公平、正义、民主、自由的全人类共同价值"。我们要构建、追求这些共同价值，就需要文化的沟通交流，需要一些人去真正搭建起一个能很快直抵对方心灵的桥梁，这比什么都深入、都重要。尼泊尔驻华使馆在这方面做了大量的工作，中国方面，很多政府、机构、民间的有识之士都在做工作，而且我觉得民间的文化交流从某种意义上来说更接地气，具有不可替代的重要作用。

查宾德拉：我很赞同马加先生的意见。构建人类命运共同体在后疫情时代的确非常重要，比如中国的繁荣富强不仅能够为本国，也能为全世界作出贡献。如果尼泊尔产生了一些文明进步，也可以为中国、为全世界作出贡献。

像乔先生所代表的非政府的、来自民间的人文交流是非常重要的。乔先生非常了不起，他以一己之力举办了这么大规模的唐卡展览。在未来我希望能有更多的有识之士加入进来，让世界了解，唐卡艺术不仅来自尼泊尔，也来自中国的青海、西藏等等地方。归根结底，人类是共享一个未来，也是共享一种繁荣。

（刊于《中华读书报》2021年12月15日）

隔山对话（下）：珠峰新高程与中尼合作新高峰

吴浩：2015年，尼泊尔发生"4·25"特大地震，中国全方位参与尼泊尔灾后重建，重点支持尼基础设施、民生改善、提高防灾减灾和保护修复文物能力等领域。其中尤其值得一提的是，2017年8月，中国政府正式启动援尼泊尔杜巴广场九层神庙修复工程。这是中国在尼泊尔开展的首个大规模文物援外项目。公使先生能否给我们介绍一下这个项目的开展情况？也请二位谈谈中尼两国在此方面合作的意义和价值。

查宾德拉：尼泊尔和中国一直是好邻居、好朋友。2018年，尼泊尔总理访华。2019年，尼泊尔总统访华。2019年习近平主席访问了尼泊尔。尼泊尔跟中国的友好交流不仅在政府层面、经济层面、民间层面开展，同时也涉及政党层面，像尼泊尔共产党与其他政党都和中国共产党有非常好的联系，可以说，两国之间一直有着源远流长的友好关系。

我们也非常感谢中国在文物保护、古迹重建方面给予尼泊尔的慷慨援助，这不仅体现在杜巴广场这一个例子上。比如说有一个历史非常悠久的中学，在中国的援助下进行了灾后重建，现在已经恢复如初。中国还参与了一些古迹和宫殿的重建，有的工程已经完成，有的还在进程之中。中尼还有其他的合作项目，尼泊尔从2014年开始就是"一带一路"的伙伴国之一，中尼在高端层面举行过很多会议并签署了备忘录。除了石油管道的联通，基建、教育方面的很多合作，双方还有工业园建设，以及促进就业和科技发展的交流。有很多中国企业在尼泊尔进行投资，比如投资建机场，等等，这些项目都有很好的进展。我们应该加速推进这些合作。另外值得一提的是，疫情发生之后，中尼在医疗方面也有了很多合作，比如中国在疫苗等方面给予尼泊尔非常慷慨的支持，两国的医护人员还通过视频会议讨论一些重要问题。

吉狄马加：尼泊尔2015年的特大地震我们都很关注。也非常巧，我是2015年4月份之前去了尼泊尔访问，当时我是以青海省分管文化旅游的官员身份，带了一个团去尼泊尔考察文化旅游。回来不久就得知尼泊尔地震的消息，我当时非常关注，因为尼泊尔这次大地震确实给尼泊尔人民在生命、财产方面造成了很大的损失，同样让人很揪心的、很惦记的还有加德满都的文化遗产，其中很多都是世界文化遗产。像加德满都这样一个喜马拉雅山南麓的古老区域，有那么多世界文化遗产，这是尼泊尔人民的光荣。这些文化遗产体现了尼泊尔文化的丰富多彩、灿烂辉煌。在去尼泊尔之前，我看了很多资料，后来访问的时候，尼泊尔给我留下非常深刻、非常美好的印象。我对尼泊尔的文化，尼泊尔灿烂、古老、辉煌的文化遗产，肃然起敬。所以地震之后，我非常关注尼泊尔文化遗产的抢救、修复情况。这样的损失不仅是尼泊尔人民的损失，也是全人类的损失。我想每一个热爱人类伟大的文化遗产的人，都会对其遭到自然灾害毁坏的情况产生由衷的惋惜之情。

过了两三年，我代表中国作家协会，带作家代表团又去尼泊尔访问，再次去了之前参观过的文化遗产，比如去看了杜巴广场九层神庙的修复情况。我也看到很多国家都在根据联合国教科文组织和尼泊尔政府确定的方案，支援尼泊尔的文化遗产修复工程。我当时非常关注这方面的进展，因为我觉得这对全人类来说太重要了，如果这样一些文化遗产在地球上消失了，将是人类文化不可估量的损失。看到修复的进展，尤其是中国政府参与的杜巴广场九层神庙修复的情况，我也感到非常欣慰。

我去过很多国家，但是尼泊尔尤其让我印象深刻。加德满都是喜马拉雅山南麓一个很重要的艺术走廊、文化遗产走廊，那里有那么多古老的宫殿、神庙，那么多丰富灿烂的世界文化遗产，这些都让人联想到，尼泊尔在历史上是一个不同区域文化汇聚、交流的枢纽地区。除了文化遗产，好客、善良的尼泊尔人民，有特色的尼泊尔美食，尼泊尔人舒缓的生活节奏，他们对生活的热爱，包括家庭里的亲情，都给我留下很深刻的印象。我想尼泊尔是一个我今后还要去的国家，对于一个作家来说，尼泊尔古老的文明和文化，看多少次都不会嫌多。尼泊尔是一个非常令我心仪的、非常有精神生活的地方。

查宾德拉：很多人常说，来尼泊尔一次是不够的。尼泊尔的文化多样性非常丰富，它有非常多的民俗，有129种语言。就像马加先生说的，加德满都是很小的一块地方，但有八个联合国教科文组织承认的世界文化遗产。疫情之后，我们将邀请您再次到访尼泊尔，到那个时候，文化遗产就都重建好了。

吴浩：2020年12月8日，中国国家主席习近平与尼泊尔总统班达里互致信函，代表中尼两国向全世界宣布，珠穆朗玛峰的最新高程为8848.86米。珠穆朗玛峰是中尼两国世代友好的重要象征。中尼两国元首将这一世界最高峰确立为中尼之间的界峰和"中尼友谊峰"。请问二位如何认识中尼两国元首共同宣布珠峰新高程承前启后的时代意义？

查宾德拉：我们相信，中尼的友谊和友好交往都在一个非常好的轨道上发展。宣布珠穆朗玛峰的新高程，就象征了我们的领导层正在携手共进，在新的高度上开展两国的友好合作。我们会发现，山是在不断长高的，中尼之间的关系也会不断攀升，进入新的高度。这也向全世界传递了一个非常积极的信号，在民间层面、社会层面、经济层面、政治层面，中尼都将在新的高度上开展合作、交流。宣布珠峰新高程，对所有人来说都是一个非常令人鼓舞的消息，这象征着两国关系进入新的高峰。

吉狄马加：我很赞同公使先生的观点。两国元首互致信函，公布珠穆朗玛峰的新高程，确实给世界传递了一个信息：中国和尼泊尔是好朋友、好邻居、好伙伴。而且我认为，它同时传递了另一个重要的信息：中国和尼泊尔为建立一种新型的、友好和平等的国家关系树立了一个很好的榜样。当下，很多层面上都在构建新的国际秩序，世界正处于一个变化过程中，如何在政治、经济、社会、文化等各个领域增强互信是特别重要的。中尼两国元首的这一行动，我认为给所有领域下一步开展深度的国际性交流都指明了方向，也提出了要求，需要我们去做更多的工作。

查宾德拉：马加先生说的互信是非常重要的，而且这是两国元首一起提出的，我们应该在此基础上增加协同合作，共享未来，共享繁荣、和平、幸福。我们共享的不仅仅是一座山，我们还共享河流、文化和文明，以及拯救地球的各种方式。

吴浩：新冠疫情席卷全球，面对这一前所未有的新情况，尼泊尔和中国都产生了一些文艺作品。能否请公使先生介绍一下尼泊尔这方面的情况？同时，我们知道马加先生的新作《裂开的星球》是疫情期间献给全人类的诗。您认为疫情给您的创作带来了哪些影响？您怎么看待它对世界的影响？

吉狄马加：疫情给我们带来很多问题，在全世界还有很多争论，但不管怎么说，这次肆虐全世界的新冠病毒，的确整体上改变了世界的面貌。新冠病毒出现之后，国家政治层面，国际政治层面，乃至经济、社会层面，很多领域都发生了非常大的变化。

疫情出现之后，我作为一个诗人也在思考：我们人类在面临灾难的时候应该做出什么样的反应？在历史上，病毒、瘟疫等灾难性事件出现过很多次，人类也是伴随着自然灾害、瘟疫、病毒，走过了不平凡的历史。当21世纪再次出现这种问题的时候，我写《裂开的星球》这样一首长诗，不仅仅是想回答面对这次疫情我们应该怎么办的问题。实际上我想讨论的是，疫情的产生让我们再次关注人和自然的关系，人类的工业文明、后工业文明对大自然的索取，使我们和自然形成一种并不正常的关系。在很多古老民族的生存智慧和哲学里，人类和自然，和所有的生命都是平等的，因为我们都生活在这个地球上。因此我们应该思考：人类和自然的关系是一种对立的关系，还是一种和谐的关系？人类的发展是什么？是不是真正为了人本身，为了人的全面发展？在和自然相处的时候，人是不是处于生命链中的一环，是众多生命中的一个单位，而数以万计、数以亿计的生命共同形成了地球的生命圈？我想这是需要全人类回答的问题。在我看来，人类并不是这个世界的主宰，如果我们完全按照自己的意志和欲望在地球上生活，而不善待别的生命，整个生命链的循环就会遭到破坏。

这次疫情出现之后，我们可以看到，人类就是一个命运共同体。我们应该思考怎么克服人性中恶的东西，通过政府和民间的共同努力，使人类在面对共同灾难的时候能团结起来，而不是相互指责。人类不应该把病毒政治化，而应该敬畏生命——不只是人类的生命，也包括万物的生命。在这样的意义上，虽然新冠病毒已经彻底改变了人类原有的面貌，但我对人类的未来依然充满了希望。我相信大多数国家的人民，我们世界上的进步人类，还是在追求和平，在努力建立一个合乎全人类利益的国际秩序，让不同文明、文化在平等、互信、友善的基础上沟通、对话和交流。我在《裂开的星球》这首长诗最后一段写下了我的期许：

是的！无论会发生什么，我都会执着而坚定地相信——

太阳还会在明天升起，黎明的曙光依然如同
爱人的眼睛
温暖的风还会吹过大地的腹部，母亲和孩子
还在那里嬉戏
大海的蓝色还会随梦一起升起，在子夜成为
星辰的爱巢
劳动和创造还是人类获得幸福的主要方式，
多数人都会同意
人类还会活着，善和恶都将随行，人与自身的
斗争不会停止
时间的入口没有明显的提示，人类你要大胆
而又加倍地小心。

查宾德拉：从疫情当中我们得到了很多教训，其中一个重要的教训就是：任何一个民族都不可能关起门来发展，或者关起门来把事情解决，一定是通过多方的互信、合作来解决疫情问题。同时像刚才马加先生指出的，我们应该敬畏生命，如果连生命都没有了，何谈自由、快乐、幸福、进步？不管是切断疫情源头、控制疫情的社区传播，还是疫苗的接种，都是把人民的生命放在第一位的表现。我们也应该敬畏自然，不仅要保存人的生命，还要保存地球上其他各种生灵的生命，人类过度的开采活动已经造成了很多自然灾难，我们应该探索人和自

然和谐发展的道路。

疫情之后，尼泊尔的学者、作家、诗人也有很多相关的创作，马加先生也有长诗问世，这都是对现在和将来的读者的贡献。我想我们之后也将推进中尼之间的作品互译，让中国读者和尼泊尔读者能够互相借鉴对方在疫情之中的思考。虽然在疫情期间，我们无法到处旅行，但是通过写作，我们可以拉近人与人的距离，帮助人们去思考未来的走向。

（刊于《中华读书报》2022年1月5日）

高校智库推进中外人文交流的实践与思考

　　一般而言，大学被公认有三大功能：人才培养、学术研究和社会服务。当下越来越多的学者认为，除了这三个功能之外，人文交流也应成为大学的一项重要功能。

　　大学的第一项功能是人才培养。目前公认的世界第一所现代意义的大学是意大利博洛尼亚大学，它很好地践行了人才培养的职责。

　　大学的第二项功能是学术研究。19世纪德国的洪堡大学是其典型，它是一个把学术研究和教育教学相融合的新式大学，对德国的大学教育产生了深远的影响。20世纪初，蔡元培先生在主政北京大学之前曾经两次留德，对德国的大学作了一系列的考察和研究。北京大学教育学院的陈洪捷教授曾经专门研究过德国古典大学观对蔡元培的影响。我们可以看到，蔡元培先生在主政北京大学时，他所推行的思想自由、兼容并包的办学方针和一系列改革，确实带有非常浓重的德国古典大学观的色彩。2021年年初热播的电视剧《觉醒年代》再现了蔡元培校长和陈独秀、李大钊、胡适等北大同人在新文化运动乃至后来爆发的五四运动中发挥的重要历史作用。

大学的第三项功能是社会服务。19世纪末期，美国弗吉尼亚大学被公认为践行此项功能的代表。弗吉尼亚大学打破了传统大学的封闭模式，拉开了现代大学为公众和社会服务的序幕。以上就是大学的三个公认的传统功能，即人才培养、学术研究和社会服务。

进入21世纪以来，越来越多的学者把人文交流特别是国际人文交流视为现代大学的第四大功能。中国与许多国家建立了双边高级别人文交流机制，人文交流与政治互信、经贸合作一起成为双边关系的三大支柱。党的十八大以来，人文交流在中国政府公报文件和高层领导人外事讲话文章当中高频出现。

有鉴于此，高校区域与国别研究智库在实现大学功能方面，不但要承载人才培养、学术研究、社会服务三大功能，也要践行人文交流这一重要的新职责。在此，笔者以曾亲身策划和参与的高校智库从事中外人文交流方面的实践作一阐释。

一、"民心相通"主题社会调研："新四大发明"

2017年5月，在首届"一带一路"国际合作高峰论坛召开前夕，北京外国语大学丝绸之路研究院就"民心相通"主题发起了一次社会调研，来自"一带一路"沿线20个国家的留学生投票选出了他们最想带回自己所在国家的四种生活方式——高铁、支付宝、网购、共享单车，并形象地把这四种生活方式比喻成中国"新四大发明"。

这一概念的提出迄今已近两年，围绕这一概念是否成立存在一定范围的讨论——"新四大发明"是否是想象的概念？此间的焦点是围绕"新四大发明"的"发明权"展开的，即"新四大发明"中的每一项是否由中国最早发明或创造——其所强调的是时间上的先后问题。纵览全球范围的科技革命和创新经济，中国"新四大发明"的形式或雏形，在其他经济技术发达国家也或多或少、或先或后地出现，但就整体性而言，中国充分发育的市场、激励创新的土壤、创业者的聪明才智、劳动者的工匠精神和超一流的整合能力等元素聚合激荡，起到了"历史合力"的作用，完成了将"新四大发明"更新迭代、转型升级的工作。[①]"新四大发明"所代表的技术创新与产业升级及其所产生的社会影响力才是其思想史意义的价值所在。

"新四大发明"的概念应"把中国哪种生活方式带回'一带一路'国家"的问题而生。按照王汎森的理论"思想是生活的一种方式"——"希望了解思想在广大社会中如微血管中血液周流之情形"，"除了注意山峰与山峰之间的风景，还应注意从河谷一直到山峰间的立体图景"[②]："新四大发明"在生活方式上既基于现实，又憧憬未来，是当下"一带一路"倡议中具有品牌意义的公共产品。与中国古代"四大发明"相比，"新四大发明"同样为人类文明的进步作出了巨大贡献，在新一轮

[①] 吴浩：《"新四大发明"的思想史意义》，《人民论坛》，2019年第7期，第73页。

[②] 王汎森：《思想是生活的一种方式：中国近代思想史的再思考》，台北：联经出版事业股份有限公司，2017年，第20页。

全球化的浪潮当中，把中国创新、协调、绿色、开放、共享的五大发展理念及其所涵盖的生活方式向全世界传播，真正体现了"一带一路"倡议中民心相通的意义。在某种意义上，"新四大发明"的提出也是我们通过一个外方的视角，对当下中国发生的这些变化的一种真实记录，以及认识这个进程的一种反映。

二、"千里共婵娟"：中法中秋云雅集

受肆虐全球的新冠疫情影响，诸多中外人文交流活动陷入停滞。但各方人士都对以各种形式重启中外人文交流活动充满热切期待。2020年中秋节期间的中法中秋云雅集堪称疫情期间中外人文交流的精彩案例。

2020年9月29日，在中国传统佳节中秋节前夕，国际儒学联合会同法国展望与创新基金会共同主办"千里共婵娟"中法中秋云雅集，中方在北京西郊大觉寺同步视频连线巴黎巴比松庄园。国际儒学联合会会长刘延东与法国前总理、中华人民共和国"友谊勋章"获得者让-皮埃尔·拉法兰以视频形式互致问候。中法两国教育、文学与艺术界的知名人士，以中外优秀传统文化为纽带，开展了线上、线下的精彩互动交流，以诗会友、以乐道和。笔者与北大法语系主任、法兰西道德与政治科学院外籍通讯院士董强教授深度参与到本次云雅集的策划和筹备工作。董强教授还用中法双语，同时担任中法两国雅集的主持，精彩纷呈。

在全球疫情肆虐的特殊历史时刻，国际儒学联合会同法国展望与创新基金会共同举办中秋云雅集，通过人文交流增进相互理解、相互尊重与相互信任，体现了中法人民民心相通、守望相助的情谊，彰显了中国与世界各国同舟共济、相互支持、共同抗疫的决心与推动构建人类命运共同体的精神。

值得一提的是，拉法兰先生在致辞中创造性地用法语的一个单词"天空"（Ciel）中的字母来诠释中法的共同价值：

第一个字母C，是创造（Création）。尤其是中华文明对大自然的尊重，从大自然当中获得了诸多创意，并不断地创新、不断地自我超越，这种建立在对大自然尊重上的创新，是一种非常可贵的文化价值。

第二个字母I，是想象力（Imaginaire）。中华文明是极富想象力的文明，它充满了幻想、神话和诗。比如，欧盟驻华大使郁白先生之所以会对中国的诗如此着迷，就是因为在这种诗的想象当中，人达到了一种超越，它是一种源泉，使人能够在比人更博大的东西当中找到自己的根，这种价值也是法国人非常尊重的价值。

第三个字母E，意味着情感（Émotion）。中法两国人民都是充满感情的人民。拉法兰先生提到，他到中国每一个地方都可以很快地跟中国人建立交流，因为两国人民情感丰富，可以相互理解。他认为正如著名浪漫主义诗人拉马丁所说："有一样东西已经能够把我们联合起来了，那就是共同的情感。"

第四个字母L，代表重视人与人的关系（Lien）。中法两国都懂得如何保持人与人之间的团结、友善、和谐，人们可以在饭桌上通过茶、咖啡和酒建立友情，更高级一些的是通过音乐和艺术。通过人与人之间的种种联系，建立起一个和谐的状态，追求和谐亦是为了追求人类的幸福。

从法语的角度来说，这四项价值每个词的首字母是C、I、E、L，在法语中构成一个词就是天空（Ciel）。拉法兰先生说："我们头上的天空是我们的共同价值，我们生活在这片蓝天之下，天空和大地构成了我们生活的世界，我们有责任让这个世界变得和谐。"

三、"追寻失落的圆明园——圆明园罹劫160周年纪念"：中法学者云访谈

圆明园被誉为"万园之园"，是东方园林艺术的集大成者。1860年10月18日，入侵北京的英法联军在疯狂劫掠圆明园之后，纵火焚毁这一人类历史瑰宝。

汪荣祖教授是中国著名历史学家、美国弗吉尼亚州立大学荣休教授，曾用英文写作《追寻失落的圆明园》一书（*A Paradise Lost : The Imperial Garden Yuanming Yuan*）。该著是第一部中国学者用英语撰写的全面研究圆明园的历史著作，2001年在美国夏威夷大学出版社出版后，被全美研究图书馆权威期刊《选择》（*Choice*）评选为2001年度"各学科最佳学术著作"之一，后来又陆续出版了繁体中文版、简体中文版和英汉对照版，并被译为韩文在韩国出版。

伯纳·布立赛先生是法国历史学家，2000年来北京参观

圆明园遗址公园后，为英法联军对圆明园所犯的历史罪行感到羞愧和内疚，萌发为圆明园创作一本著作的愿望。2004年，布立赛著作《1860：圆明园大劫难》在法国出版，是第一本法国学者全面正视、反思圆明园罹劫的著作，体现了布立赛热爱和平、珍视人类文明的学术良知。该著被译成中文在华出版，法国前总统德斯坦为中文版作序，强调法国人的"记忆责任"，必须承认和不忘记所犯的错误和罪行。

2010年的10月18日，是圆明园罹劫150周年，笔者曾邀请汪荣祖先生和布立赛先生，在圆明园西洋楼谐奇趣的秋雨中做了一场圆明园罹劫150周年的对谈活动。2020年10月18日，是圆明园罹劫160周年，因为席卷全球的新冠疫情，汪荣祖、布立赛两位先生无法来到圆明园现场，笔者在圆明园万方安和遗址视频连线台北和巴黎两地，与汪荣祖、布立赛通过云访谈再续"十年之约"，就圆明园的辉煌与苦难、明珠蒙尘与凤凰涅槃做了深度对话。[①]

此次中法学者云访谈由中国高校新型智库——北京外国语大学丝绸之路研究院和法国民间组织——法中教育交流协会共同主办，中法文化教育界民间人士广泛参与，新华社、中央广播电视总台等媒体对本次云访谈做了深入报道，《中华读书报》对云访谈实录做全文发表，影响广泛。

---

① 《中法学者云访谈"圆明园罹劫160周年"》，光明网：https://epaper.gmw.cn/zhdsb/html/2020-10/21/nw.D110000zhdsb_20201021_2-01.htm?div=-1

中法人文交流源远流长，中法友好深入人心。本次云访谈邀请中法学者从各自的视角出发，回顾与反思"共同历史"，体现中法人民展望未来、珍视人类文明的"共同夙愿"，彰显中法"共同价值"。活动主会场圆明园万方安和建于雍正初年，因仿照佛教符号"万字符"建造地基而得名，属于圆明园四十景之一。回首十年之前的访谈，地点从谐奇趣移步到万方安和，亦有祝祈人类早日战胜疫情、实现世界和平安定的美好愿望。

在圆明园罹劫160周年之际，中法两国圆明园研究学界具有代表性的两位学者，围绕圆明园文物回归、遗址保护、人类命运共同体等学术议题深入对话和研讨，在人文交流形式基础上深挖学术价值，开展学术交流，产出学术成果，致力于打造圆明园研究主题学术共同体。

在全球抗击疫情和后疫情时代，本次云访谈通过5G视频连线的方式，使中法三地学者围绕圆明园文物回归、遗址保护及构建人类命运共同体等议题展开交流对话和深入研讨，也是在数字化背景下对中外人文交流议程设置的一次前沿性探索与创新性实践。

四、相关思考

通过以上案例分析，笔者就中外人文交流和区域国别研究的关系以及高校推进中外人文交流等，提出几点思考：

中外人文交流和区域国别研究是有交叉的，二者存在一些公约数，是犬牙交错、相辅相成的关系。王阳明讲"知行合一"，陶行知讲"行是知之始，知是行之成"，与此是相通的。区域国别研究能够赋能中外人文交流，为中外人文交流提供学术支持，中外人文交流反过来也丰富了区域国别研究的发展。

人文交流与政治互信、经贸合作一道，成为双边关系发展的三大支柱。促进双边关系良好发展，要坚定不移地增进政治互信，深化人文交流，推动两国互利共赢与繁荣发展。

在全球携手抗疫和后疫情时代，对人文交流重要性的认识，凝聚着哲学思维和战略考量。在这一特殊历史时期，当今世界正面临百年未有之变局，新冠疫情全球蔓延使这个大变局加速演进，人文交流在全球抗疫时期和后疫情时代愈发重要。高校智库应当在把握角色优势的基础上，充分发挥人文交流在特殊历史时期的独特作用，以我为主、兼收并蓄，为疫情期间和后疫情时代加强中国与其他国家政治互信、经贸往来夯实民意基础，筑牢社会根基。

推动中外人文交流，我们应把握四个维度——时、空、主、客，应当进一步提高议程设置能力，以"共同历史+""中外文化+"为主题，对"时""空""主""客"进行全面考量，精准实施人文交流，注重当下、着眼长远、增信释疑、精准施策，使人文交流更有温度和韧性，提升国际话语权。

以"追寻失落的圆明园——圆明园罹劫160周年纪念"中法学者云访谈为例，此次访谈在议程设置方面充分体现"时""空""主""客"四要素要求，精准实施中法人文交流。

其一，此次云访谈时间选取2020年10月18日，正值圆明园罹劫160周年，就圆明园的辉煌与苦难、明珠蒙尘与凤凰涅槃进行深度访谈。同时，此次访谈也是2010年10月18日"追寻失落的圆明园——圆明园罹劫150周年"中法学者访谈活动的延续，中法学者共赴十年之约。

其二，此次活动主会场地点从谐奇趣移步至万方安和，笔者在圆明园万方安和遗址视频连线巴黎和台北，中法两国三地学者通过云访谈，祝祈人类早日战胜疫情、实现世界和平安定。圆明园万方安和建于雍正初年，因仿照佛教符号"万字符"建造地基而得名，属于圆明园四十景之一。

其三，此次访谈以圆明园遗址公园的历史文化为依托，通过对圆明园历史的反思和对未来的展望，从历史长时段的视角思考圆明园的昨天、今天和明天，以圆明园凤凰涅槃的事实，充分体现增强文化自觉、坚定文化自信的时代要求，以我为主、兼收并蓄，推动中华优秀传统文化的创造性转化、创新性发展。

其四，此次访谈在议程设置方面也充分体现受众意识，不仅从法国学者的视角出发设计访谈问题，也与中央广播电视总台法语频道、法国相关媒体取得联系，广泛报道，引发法国民众对相关议题的关注和讨论。

推动中外人文交流，我们应秉持四个属性——民间性、学术性、国际性、前沿性。

其一，应当坚持民间性定位，发挥民间力量的独特作用，推动中外民心相通。把政府交流和民间交流结合起来，充分调动民间智慧，取得民间人士的广泛参与和大力支持，充分发挥民间交流"润物细无声"的传播效果，增强国际影响力，使人文交流实现由"单向输出"向"互动对话"的转变，由"文化交流"向"民心相通"的转变。

其二，坚持学术文化本位，深挖学术价值，扩大中外学界的交流与合作。学术性应当贯穿人文交流议程设置的始终，将民间交流、对话与学术研究相结合，深挖社会共同话题或现象背后的学术价值。后疫情时代的学术研究也应当重视人文交流的重要意义，鼓励中外学者合作开展项目研究，联合攻关，打造学术共同体，理论联系实际，知行合一。

其三，坚持国际性导向，推动双边、多边关系发展，促进文明交流互鉴。中外人文交流的发展方向与实践路径，应当以国家间关系为依托，以文明交流互鉴宗旨为指导，"走出去"和"引进来"双向发力，打通主客场，在借助双边、多边伙伴关系网络的基础上，发挥集聚效应，打造人文交流国际知名品牌，深入推进不同国家、不同地区、不同文明之间的交流互鉴，促进相互了解、相互理解、相互信任、相互尊重，推动双边、多边关系在特殊时期的稳定发展。

其四，坚持前沿性探索，以"创造性转化、创新性发展"为引领，推动"互联网+人文交流"。大力推动中外人文交流在主题设置、互动方式以及人文载体等方面的创新与发展，凸显民间性、学术性与国际性特点，侧重打造与时代主题遥相呼应、同中外民众心灵相通的精神文化产品，通过数字化技术，发挥"互联网+人文交流"优势，实现实体与虚拟交流平台的相互补充、良性互动和协同聚合。

[刊于《北大区域国别研究（第5辑）》，江苏人民出版社，2022年]

第三编
通识教育与经典阅读

一石三鸟的伟大创举

安徽省休宁县在2003年创办了一所木工学校——休宁德胜鲁班木工学校。我们都是休宁人，也曾先后去访问过这所新型的学校，全校师生积极向上的精神面貌和严肃活泼的青春气息，很令人振奋。

日前又拜读了由布图和聂造二位贤契主编的《班门弄斧》一书，颇为感动。这本书翔实地记录了休宁德胜鲁班木工学校创办以来的全过程。从2003年9月1日正式开学，到今年6月24日向首届毕业学员颁发"匠士"学位，39名"匠士"旋即亮相京城、参与首都建设。在短短不到两年的时间里，这所学校以其高尚的办学宗旨、先进的教育观念、科学的教学管理模式和优秀的育人成果，向世人交上了一份满意的答卷，也使我们进一步认识到它这种实践重于知识、求学先要做人的理念。

我们不约而同地联想到徽州乡先贤、大教育家陶行知先生和他先后创办的晓庄师范、山海工学团及育才学校，认为这所木工学校也是值得重视的伟大创举。可以预见，随着办学规模的扩大和教学实践的深入，这所学校将蔚为风气，积极影响整个社会，造福子孙后代。所以称其为创举犹嫌不足，简直可以誉为一石三鸟的伟大创举。为什么呢？木工学校在经济、教育、文化三大方面，引起巨大的反响，为促进山区经济发展和贫困农民增收发挥积极的作用，开创了一条从实际出发、因地制宜的新路。

一

地处"万山丛中"的徽州山水虽美，但其"七山二水一分田"的自然环境，在农业经济占据主导地位的传统社会中，面临先天条件不足的掣肘。迫于生计，代代徽州人翻越大山，在徽州之外的广阔天地里演绎了一段辉煌的徽州历史。也正因此，"前世不修，生在徽州，十三四岁，往外一丢"的歌谣成为代代徽州人的奋斗之歌，"徽骆驼""绩溪牛"成为代代徽州人的精神图腾。

当我们审视徽商的发展轨迹时，不难发现，徽商的辉煌大多在徽州"一府六县"境外成就。今日在徽州仍然星罗棋布着的粉墙黛瓦、马头奔涌的精美建筑，昭示着明清时期徽州商人纵横四方的赫赫业绩。换句话说，孕育金银气的徽州，并非源自徽州本地经济的繁盛，而是外地徽商发达后对徽州故土源源不断的财富和资金的输入。在汗牛充栋的徽州文书卷帙中，徽州本地经济发展的业绩乏善可陈——至少与在外经营的徽商相比，徽州本地的经济缺乏亮色。在"三千年未有之大变局"

下，徽商逐步衰败，并最终退出历史舞台。境外徽商资金财富输入的链条被断绝之后，在工业经济兴起的时代背景之下，本来就不怎么出色的徽州本地经济陷入困顿和彷徨，是不难想象的了。域外的徽商商业成就显赫，徽州本地山区贫困人口多、贫困面大：富饶和贫困是传统徽州经济发展模式中兼具的两面。在徽商辉煌早已不再的今天，徽州某些贫困山区的温饱问题尚未能够彻底解决，脱贫致富尚待时日，经济发展水平与友邻浙江等地的差距不断拉大。

对当下如何振兴徽州经济的命题，仁者见仁，智者见智。在深入研究徽商兴衰成败历史经验教训的基础上，着力发挥徽州资源条件上的优势，扬长避短，乃是振兴徽州经济的必修课。根据古典经济学的理论，地域经济的发展，应当立足于自身的要素禀赋条件，发挥自身的比较优势。休宁是山区小县，工业基础薄弱，然则林业资源丰富，有"徽杉仓库"的美誉，林业经济也是休宁财政收入的重要来源。对于休宁而言，它显然缺乏发展重化工工业、机械制造业的要素禀赋条件，而林业资源是其重要的要素禀赋，大力发展林业经济，将有利于发挥其比较优势。发展和振兴休宁经济，围绕林业经济做文章，是一个重大的课题。

休宁传统的林业经济多以输出木材原料等初级产品为主，原料输出的经济发展模式，缺乏技术含量，附加值较低，对提高休宁经济的发展水平作用有限。这就要求我们在立足休宁丰富林业资源的基础上，大力发展有一定技术含量和较高附加值的林产品加工工业。这样不但有利于发挥休宁的比较优势，在引入先进科技和管理的条件下，更将大大提高休宁的要素禀赋条件，突破以往单一以输出原料为主的低层次的林业经济，擢升经济品位。休宁德胜鲁班木工学校的创办，正当其时！虽然目前木工学校仍处于创办初期，它对休宁经济的拉动作用有限，但我们要看到它的立足点和着眼点，对我们发展山区经济是一个有益的启示。随着木工学校办学的继续深入，我们可以预期，在不远的将来，木工学校的优秀毕业生除了去大城市就业之外，还可以扎根当地，参与当地的经济建设。接受过系统教育和职业训练的优秀木工，必然会在很大程度上提升当地木材加工、深加工行业的技术含量，大大提高产品附加值，乃至打造以木材加工行业为中心的产业链和产业集群，也是可以大胆设想的。待到那个时候，木工学校对山区经济的巨大促进作用，将会显现得更加突出。当然，这些美好愿景的实现，需要我们上上下下共同努力。

二

近年来我国沿海一带频频上演"民工荒"，而另一方面，北京、上海等地高级技工的工资大大超过白领，市场上高级技工仍然供不应求。这说明中国经济将告别以出卖廉价劳动力为主的发展模式，最终走向依托提高劳动者素质和能力、充分发挥劳动者自主创新能力的经济增长路径。

徽州山区面积广阔，耕地面积欠丰富，仍然存有相当数量的农村贫困人口，扶贫开发任务相当艰巨。一部分农业人口重走徽商之路，在浩浩荡荡的打工大潮中，走向发达地区的劳务市场，劳务输出成为徽州脱贫致富的一大产业。休宁每年的劳务收入，占当地农民收入的三分之一左右。全县28万人口，长年在外打工的有5万，每年输回当地资金1亿元，相当于当地一年的财政收入。尽管他们中的一部分人以其勤劳坚韧和能工巧手获得劳务市场的青睐，但不可否认的是，大部分外出务工的农业劳动力，因为缺乏先进的劳动技能，仅仅依靠从事繁重的体力劳动来挣取微不足道的血汗钱。

另一方面，在徽州山区，大概有一半的初中毕业生不能升入高中，而即使升入普通高中的学生又有一半不能升入大学。也就是说，山区的孩子当中，只有四分之一有机会接受高等教育，而其余的四分之三将走上就业市场。这部分农村劳动力在没有接受系统的劳动技能训练、缺乏必要的劳动素质的情况下，被匆忙推向就业市场，其困惑和彷徨可想而知，其从事的行业和工种仍然脱离不了简单出卖劳动力的窠臼，劳动素质的提高和农民收入的增长极其有限。由此可见，如果不从根本上转变劳务经济的发展模式，提高劳动者素质，发掘人力资本，贫困地区农民的收入增长将受到很大的限制，贫困地区的经济难以实现跨越式的发展。

我们欣喜地看到，木工学校的创办，作出了有益的尝试。木工学校立足山区丰富的木材资源，以科学的教学和管理，培养符合现代工业要求的职业木工。诚如聂造先生所言："木工是所有工匠中最严谨、最富逻辑、技艺最高超的一群，如果把各类手艺都比作演戏，那木工活就是这些手艺中的'昆曲'，有了木匠的手艺基础，再学习其他行当可谓轻而易举。"接受过系统训练的木工，具备了较高的劳动技能和劳动素质，大大提升了人力资本。

目前人才市场上供给远远大于需求，高等院校毕业生就业压力很大，就业形势十分严峻，踏上工作岗位后的收入也不容乐观。而木工学校首届匠士的就业情况与此形成鲜明的对比，学员尚未毕业，就有国内数家大公司登门索求，德胜公司也接纳，毕业时候实现百分之百就业，且月薪不菲。考虑到他们大都来自贫困山区，真正做到了一人就业，全家脱贫。

三

这项创举对改革整个教育体系、改进职业教育树立了一个很好的典型和榜样，具有深远的借鉴意义。

教育最根本的目的何在？什么是教育最核心的功能？我们的教育要培养什么样的人才？这些问题都值得我们深入思考。我们认为，从本质上说，教育要按照"以人为本"的理念，促进劳动者素质的全面提高，为社会主义建设服务。我们培养的劳动者，既要有一定的劳动技能和职业素养，更要具备自主创新能力和基本的文明素质。

中国传统的"学而优则仕"的旧式儒家教育体系，在历史的车轮迈向20世纪以后，不适应近现代社会发展的要求，弊端大量显现。不可否认，传统儒家教育的一些思想光芒至今仍然熠熠生辉，但究其本质，它是"官本位"的教育，是社会等级分明的体系。在旧式儒家教育的理念当中，"士农工商"的排列等级分明。"万般皆下品，唯有读书高"，"书中自有黄金屋，书中自有颜如玉，书中自有千钟粟"……我们翻阅旧时鼓励求学的典籍，这样的说法比比皆是，虽然它在一个方面强调了文化知识的重要性，但却在另一个方面忽略了劳动实践中的技能；侧重于形而上的书本知识，而忽视了社会生活中的实际。

有鉴于此，上个世纪初，有识之士纷纷高举职业教育的大旗。黄炎培先生首倡教育与学生生活、学校与社会实际相联系的实用主义，主张职业教育的目的在于为个人谋生和服务社会作准备，为世界及国家增进生产能力作准备，最终使无业者有业，使有业者乐业。徽州先贤陶行知先生宣扬"生活即教育""社会即学校"的理念，鼓励青年向生活求知识、由实践长才干。

休宁德胜鲁班木工学校的教学实践，乃是遵循先哲们开出的职业教育的良方，在徽州土地上作出的一次社会实验。木工学校招收休宁农村里能吃苦耐劳的农民子弟，既开设文化知识课程，学习研读《细节决定成败》《致加西亚的信》等励志类书籍，又教授木工专业理论和手艺，更多的时间是实训。能容纳120人同时实训的770平方米大车间，分成四片，由公司选派的4名教官执教。学员同时从锯、劈、刨、凿等基本技能学起，学习制作传统家具。39张八仙桌，78张雕花太师椅，是首届"匠士"毕业时献上的"毕业论文"。

木工学校发起人聂造先生对木工学校的期望是：徽州祖

先的巧手加上现代化的设计和先进的设备，就等同于德国车、瑞士表的生产体系。从中我们可以看出，木工学校的定位是着眼提高学员的劳动技能和职业素养，着眼于提升学员的人力资本。人力资本的提升，使得他们即使将来不再从事木工职业，也能在其他的行业工种中秉承木工严谨求实、积极创新的工作作风，成为符合社会需要的高素质劳动者。从这个层次而言，木工学校教书育人的成功，是一次丰富了职业教育内容的伟大实践。

进入木工学校的大门，便能醒目地看到这所学校的校训："诚实、勤劳、有爱心、不走捷径"。这一点尤为可贵。木工学校不单单努力教授学员专业技能，努力提高劳动素养，还在日常的教学实践中向学员传播公民教育的理念，希望每个学员除了要做一个好的劳动者，更要做文明人，做好公民。学校把"诚实、勤劳、有爱心、不走捷径"这四项朴实无华的标准作为对每个学员立身处世的基本要求，颇具苦心，立意深远。

四

徽州木结构的老房子美轮美奂，徽州木雕闻名于世，徽州传统的木匠手艺是徽州文化的一项重要内容。木工学校的创办，有利于保护和传承徽州传统的木匠手艺，有利于发扬徽州文化中严谨求实的精神。从这个角度而言，建立在徽州土地上的木工学校，是对徽州传统文化的保护和传承。

在另一个意义上，木工学校的理念和实践，是对徽州文化的一次突破和创新。有"程朱阙里""东南邹鲁"美誉的徽州，历史上程朱理学极为发达，徽州读书人皆以是二程子和朱子的同乡后辈为荣。程朱理学集儒家学说在宋明时期发展的大成，所以徽州文化在本质上看属于儒家文化的范畴。虽然那个时期徽州人在商业上取得辉煌的成就，但信奉程朱理学的徽州人骨子里还是要考取功名、光耀门楣。也正因此，"连科三殿撰，十里四翰林""兄弟丞相""父子尚书""同胞翰林"等佳话在徽州不算多么稀奇的事情，仅以面积不过2000多平方公里、当时人口不过十几万的休宁县而言，从南宋到清朝居然涌现出十九个状元，远远超出曾经一度名声显赫的苏州，稳居全国之首，成为当之无愧的"中国第一状元县"。

以儒家学说为根基的传统徽州文化，究其本质而言，毋宁说是"官本位"的文化。在当地重道轻艺的文化背景中，古代的匠人是入不得士林的。在徽商衰败之后，徽州文化的这种弊端便愈加显现出来。

休宁木工学校的毕业典礼上隆重颁发了"匠士"学位，这在徽州历史乃至中国历史上都是一项伟大的创举。大学里有学士、硕士和博士，如今木匠也能评学位，真正迈入"士林"了。这项创新很不简单，人人皆可为尧舜，行行都能出状元。《人民日报》也对此刊发评论文章积极肯定。

从这个意义上看，"匠士"学位的颁发，倒是对"官本位"重道轻艺、士农工商等级井然的传统徽州文化的一次不大不小的超越。一方面是技艺的传承，一方面是理念的超越，两相综合，便是传统的徽州文化在新的历史时期得以扬弃。正如学术上既有理论被证伪，标志着学术的发展和进步，那么此处对徽州文化的扬弃，也意味着对徽州文化的推陈出新。

五

在写作这篇文章的时候，又听到聂造先生主持的休宁平民学校开学的消息，倍感欣慰。想起初次造访木工学校时候"陶行知式学校"的感慨，我们深深地感到，休宁德胜鲁班木工学校堪称一石三鸟的伟大创举。从木工学校到平民学校，休宁乃至徽州教育界的同志们正在为之奋斗的实践，乃是陶夫子未竟的事业。

陶夫子在1927年曾给徽州同乡写过一封公开信，叫作"徽州人的新使命"，谈到了振兴徽州的经济、教育、社会等方方面面。时至今日，我们离陶先生憧憬的目标，仍然有一定差距。我们徽州人要实现这样的使命，可谓任重道远。但幸运的是，我们看到了新一代徽州人的勤劳和智慧。这里，我们想以陶先生的这句话与全体徽州人共勉：

我们千万不要辜负"新安大好山水"，我们要把我们一个个的小生命捧出来造成徽州的伟大的新生命。

（本文与吴象先生合作并共同署名，刊于《黄山日报》2005年11月28日）

西南联大的丰碑

清华大学的校园里矗立着一座"海宁王静安先生碑"。这座纪念碑是为了纪念自沉于颐和园的王国维先生而建。陈寅恪先生在该碑的铭文中以悼念感怀而阐发读书治学的义理:"士之读书治学,盖将以脱心志于俗谛之桎梏,真理因得以发扬。思想而不自由,毋宁死耳。""海宁王静安先生碑"是民国时期中国自由知识分子追慕和秉行"独立之精神"和"自由之思想"的见证,也因陈寅恪先生的雄文而名扬四海,成为后世学人心中的一座丰碑。我在北大求学的时候,曾经多次去清华园瞻仰这座丰碑。

若干年后,才发觉自己忽视了燕园里的另外一座丰碑。我对于这座丰碑的意义,也只是在云南师范大学原西南联大旧址瞻仰原碑时,才真正体会得那样透彻和深刻。

"支离东北风尘际,漂泊西南天地间。"在短短8年时间里,在异常艰苦的环境下,诞生在战火中的西南联大创造了中国教育史和世界教育史上的奇迹。它所取得的辉煌成就,得到国内外学人的追忆和推崇。美国学者易社强把西南联大的传统，赞为"中国乃至世界可继承的一宗遗产"。

抗战胜利后，北大、清华、南开三所大学相继北返复校。西南联大校歌中的"复神京，还燕碣"终于实现，联大完成了历史使命。为铭刻西南联大艰苦奋斗的历史和刚毅坚卓的精神，在西南联大的旧址立有"国立西南联合大学纪念碑"。联大文学院院长冯友兰先生在碑文中记述了联大的光辉历史，并总结了纪念联大的四点意义。今年夏天，我有幸在昆明云南师范大学拜谒西南联大旧址，曾在此碑前久久伫立，默诵碑文并反复领会其中精义。

冯先生认为，纪念西南联大的第一点意义是：联大的使命"与抗战相终始"，并最终扭转乾坤，实现报国理想。

在西南联大纪念碑的阴面，勒有联大抗战从军的八百余名学生的姓名，有多人在抗战中为国捐躯。当日，我在碑下瞻仰着这些前辈的名字，其中多人后来成为著作等身的学者：许渊冲，翻译家，第一次系统地将《诗经》《楚辞》和唐诗宋词等中国古典诗词译成英文和法文的韵文；黄楠森，马克思主义哲学史家，开创了中国马克思主义哲学史的教学与研究；邹承鲁，中国生命科学的泰斗，中国科学院院士，曾主持中国人工合成牛胰岛素工程；殷福生，后名殷海光，哲学家，曾撰写大量的政论文章抨击国民党政府的专制统治，是上个世纪五六十年代台湾最有影响的知识分子；梅祖彦，水利专家，清华大学教授，西南联大常委梅贻琦先生的公子——我努力核对了从军学生名录，似乎遗漏了查良铮的名字。查良铮，笔名穆旦，

"九叶派"诗人和诗歌翻译家，曾参加中国远征军，担任杜聿明将军的随军翻译出征缅甸，九死一生。

"男儿何不带吴钩，收取关山五十州？"从戎报国是中国知识分子历久弥坚的情结。联大历史上曾涌现大规模的从军热潮，联大学子以参加战地服务团和担任远征军、飞虎队翻译的方式，直接投入抗日救亡的大潮。西南联大的历史与中国人民救亡图存的历史，如此紧密地结合在一起。

钱穆先生曾经鼓励联大学子要"用上前线的激情来读书"。抗战烽火早已远去，但联大学子依然以"上前线的读书激情"，在各个领域书写着知识报国的壮丽诗篇。迄今为止，西南联大学子中已涌现出两位诺贝尔奖获得者杨振宁、李政道，三位国家最高科技奖获得者黄昆、刘东生、叶笃正，六位"两弹一星元勋"邓稼先、朱光亚、屠守锷、郭永怀、陈芳允、王希季，以及80名中国科学院院士、12名中国工程院院士。

碑文中指出，联大第二点值得纪念的意义在于：北大、清华、南开三所学校有着不同的历史和学风，但在八年期间"合作无间，同无妨异，异不害同"；"八音合奏，终和且平"。

虽然后来的文章显示，当时三所学校之间的整合并不完全融洽，但就在"文人相轻"的传统下，三所学校能够"求同存异、和而不同"，这是办好西南联大的一个非常重要的保证。

"道生一，一生二，二生三，三生万物。"西南联大成功地把北大的"兼容并包"、清华的"严谨求实"和南开的"活泼创新"有机地结合在一起，给学生以多种学术风格的滋养，大大丰富了学生的精神气质。西南联大在广聚俊彦方面的成功，在某种意义上具备了美国常青藤盟校的功效。

"联合大学以其兼容并包之精神，转移社会一时之风气，内树学术自由之规模，外获民主堡垒之称号，违千夫之诺诺，作一士之谔谔，此其可纪念者三也。"

众多的联大学子日后说起西南联大办学的成功原因时，都不约而同地强调"自由"。我们从王浩、邹承鲁和何兆武等先生充满感情的回忆文字中，深刻地体会到这一点。邹承鲁先生说："没有求知的自由，没有思想的自由，没有个性的发展，就没有个人的创造力，而个人的独创能力实际上才是真正的第一生产力"。

有大学独立、教授治校、学生自治等制度的保障，西南联大在一定程度上能够保持学术的自由。源自北大、清华和南开三所名校的民主自由传统，悄然地滋润着联大的学子。联大教授对陈立夫企图统一大学课程的成功抵制，教授们那一个个充满个性、神采飞扬的逸闻故事，都是后辈学人津津乐道的佳话。

今天的联大旧址，仍然有联大学人当年争自由民主的文物遗存。除了"一二·一"四烈士墓、李公朴先生墓、闻一多先生衣冠冢之外，还有一座粗糙的自由女神像，给人很深的印象。

冯友兰先生在碑文中关于纪念联大的第四点理由是这样说的：中国历史上第四次大规模的南渡，终于"收恢复之全功，庚信不哀江南，杜甫喜收蓟北"。日后冯先生把自己在联大期间所著文章结集出版，名之《南渡集》。我倒觉得，这次南渡在中国历史上具有全新的意义，它是中国知识分子第一次如此大规模地走出象牙塔，去接触社会、深入社会并研究社会的文化活动。

联大创办初期，三校师生曾从长沙分三路西迁昆明。其中一路组成湘黔滇旅行团，跨越三省险途，辗转入滇。闻一多和任继愈都在旅行团中。联大师生第一次近距离地接触了当时社会最底层的普通民众。

致力于《诗经》和《楚辞》研究的闻一多先生认为："有价值的诗歌，不一定在书本上，好多是在人民的口里。"在这次长途旅行中，他带领学生深入民间采风，收集西南民间诗歌。他的学生刘兆吉把收集到的三百多篇民歌，集成《西南采风录》一书，后来被称为现代的《诗》三百。

任继愈时为哲学系学生，这次"湘黔滇旅行团"的经历，让他的思想完成了一次嬗变。与中国破败的农村和穷困的农民的接触，引发了他深深的思考。他深信："探究高深的学问，不能离开哺育我的这块灾难深重的中国土地。"从此，任继愈确立了学术研究的方向，带着一种沉重的心情来探究中国传统文化和传统哲学，并把一生都投入了这个事业。

联大的师生在云南期间还广泛地深入民间社会，开展学术研究。费孝通先生和他的伙伴们在呈贡的"魁阁"建立工作站，开展田野调查，理论联系实际，进行社会学和人类学的研究，取得了被国内外同人广泛认可的学术成果。时至今日，

"魁阁"时代仍然是中国社会学和人类学研究中一个经典的时代。

汪曾祺先生把后来写小说的成就，都归功于在昆明泡茶馆的经历。泡茶馆使他博览群书，同时也接触了社会，对各种各样的人和生活都发生了兴趣。

在西南联大解散时，云南商会曾有一副赠与清华大学的对联，其中有"万里采蘋来"的语句，我觉得十分贴切。西南联大的历史，是一次文化长征，是一次万里采蘋。

如果说陈寅恪先生撰文的"海宁王静安先生碑"是民国时代学人治学的一条总纲，那么冯友兰先生撰文的"国立西南联合大学纪念碑"，则从多个侧面诠释了在山河破碎的岁月办好一所大学的成功经验，前一碑文中所阐述的"独立之精神"和"自由之思想"的宏旨，也得到西南联大的发扬光大。在这个意义上说，西南联大碑又是王静安先生碑的继承和弘扬。

除了冯友兰先生所概括的四点意义之外，我觉得乐观进取的人生信条也是西南联大精神中一个元气淋漓的要素。汪曾祺先生认为泡茶馆帮助联大学生"养其浩然之气"，能够保持绿意葱茏的幽默感，用来对付恶浊和穷困。何兆武先生在《上学记》中回忆联大的生活，尽管条件艰苦，但他总是"乐观的、天真的认为战争一定会胜利，而且胜利以后会是一个美好的世界，一个民主的、和平的、自由的世界，这是我们那个时代的青年最幸福之所在。"我们在穆旦先生的诗歌、在许渊冲先生的《追忆逝水年华》、在鹿桥先生的《未央歌》等作品当中，都能领略到联大学子乐观豪迈的风采。或许，这种魅力也正是那个时代的"盛唐气象"和"少年精神"？

邹承鲁先生在逝世之前，曾提出过重新建立西南联大的建议。尽管大家对这个设想仁者见仁、智者见智，但毫无疑问的是，西南联大所昭显的办学理想和办学传统在新的时代要继续得到发扬光大。令人欣慰的是，继北大之后，"国立西南联合大学纪念碑"近日在南开大学和清华大学得以复制重立。如此，西南联大的纪念碑又承载着联大精神，重新伫立在京津大地三所美丽的校园中。

那是西南联大的丰碑，也是中华民族的丰碑。

（刊于《中国青年报》2007年11月5日，发表时题为《一个"80后"眼里的西南联大》）

整理英文国故，说明真实中国

——写在外研社"博雅双语名家名作"出版之际

1840年鸦片战争以降，在深重的民族危机面前，中华民族精英"放眼看世界"，向世界寻求古老中国走向现代、走向世界的灵丹妙药，涌现出一大批中国主题的经典著述。我们今天阅读这些中文著述的时候，仍然深为字里行间所蕴藏的缜密的考据、深刻的学理、世界的视野和济世的情怀所感动；但往往会忽略：这些著述最初是用英文写就，我们耳熟能详的中文文本是英文文本的译本，这些著述原初的英文文本在海外学术界和文化界也享有着崇高的声誉。

比如，林语堂的*My Country and My People*（《吾国与吾民》）以幽默风趣的笔调和睿智流畅的语言，将中国人的道德精神、生活情趣和中国社会文化的方方面面娓娓道来，在美国引起巨大反响，林语堂也以其中国主题系列作品赢得世界文坛的尊重，并获得诺贝尔文学奖的提名；再比如，梁思成在抗战的烽火中以英文写就的《图像中国建筑史》文稿，经其挚友费慰梅女士（Wilma C.Fairbank）等人的奔走和努力，英文版《图像中国建筑史》（*A Pictorial History of Chinese Architecture*）于1984年由麻省理工学院出版社出版，获得美国出版联合会颁发的"专业暨学术书籍金奖"；又比如，1939年，费孝通在伦敦政治经济学院的博士论文以*Peasant Life in China—A Field Study of Country Life in the Yangtze Valley*为名在英国劳特利奇书局（Routledge）出版，后以《江村经济》作为中译本书名——《江村经济》使得靠桑蚕为生的"开弦弓村"获得了世界性的声誉，成为国际社会学界研究中国农村的首选之地。

此外，一些中国主题的经典人文社科作品经海外汉学家和中国学者的如椽译笔，在英语世界也深受读者喜爱。比如，艾恺（Guy S. Alitto）将他1980年用中文访问梁漱溟的《这个世界会好吗？——梁漱溟晚年口述》一书译成英文（*Has Man a Future?—Dialogues with the last Confucian*），备受海内外读者关注；此类作品还有徐中约英译的梁启超著作《清代学术概论》、狄百瑞（W.T.de Bary）英译的黄宗羲著作《明夷待访录》，等等。

有鉴于此，外研社人文社科出版分社于近日推出"博雅双语名家名作"系列，英汉对照全新呈现（第一辑7种新书，已出版梁漱溟、艾恺《这个世界会好吗？》、汪荣祖《追寻失落的圆明园》，即将出版李济《中国文明的开始》、梁思成《为什么研究中国建筑》和费孝通《江村经济》《中国士绅》）。

博雅，乃是该系列出版立意。博雅教育（Liberal Education）早在古希腊时代就得以提倡，旨在培养具有广博知识和优雅气质的人，提高人文素质，培养健康人格，中国儒家六艺"礼、乐、射、御、书、数"亦有此功用。

双语，乃是该系列的出版形式。英汉双语对照的形式，既同时满足了英语学习者和汉语学习者通过阅读中国主题博雅读物提高英语和汉语能力的需求；又以中英双语思维、构架和写作的形式予后世学人以启迪——维特根斯坦有云："语言的边界，乃是世界的边界"，诚哉斯言。

名家，乃是该系列作者群体，广涉文学、史学、哲学、政治学、经济学、考古学、人类学、建筑学等领域，皆海内外名家一时之选。

名作，乃是该系列入选标准。系列中的各部作品都是经过时间的积淀、市场的检验和读者的鉴别而呈现的经典，正如卡尔维诺对"经典"的定义：经典并非你正在读的书，而是你正在重读的书。

胡适在《新思潮的意义》（1919年12月1日，《新青年》第7卷第1号）一文中提出了"研究问题、输入学理、整理国故、再造文明"的范式。秉着"记载人类文明、沟通世界文化"的出版理念，外研社推出"博雅双语名家名作"系列，既希望能够在中国人创作的和以中国为主题的博雅英文文献领域"整理国故"，亦希望在和平发展、改革开放的新时代为"再造文明"，为更好地"向世界说明中国"略尽绵薄之力。

（刊于《中华读书报》）2010年10月22日）

学科交叉融合与"芝加哥学派"形成

在芝加哥大学130年的办学历史上，涌现了威廉·雷尼·哈珀（William Rainey Harper）、罗伯特·梅纳德·哈钦斯（Robert Maynard Hutchins）两位在世界教育史上有着重要地位的校长。他们为芝加哥大学研究型大学传统的确立和巩固作出了重要的贡献。

哈珀在1892年担任芝加哥大学校长，掌校之初，他就牢固确立了芝大研究型大学的定位，并使之成为浓厚的芝大基因。哈钦斯在1929年—1951年间担任芝加哥大学校长，他极其珍视研究型大学的传统，并在此基础上建立了新型本科生院，在本科生通识教育上取得了辉煌的成就。

芝加哥大学现任校长司马博上任以来的15年中，芝大各方面成就斐然，知名度和世界排名更加提升，司马博也在世界同行当中享有崇高的声誉，他在芝大推行的教育理念和治理举措，一是赋能学生，致力于培养学生终身受益的强大的学术能力和思维习惯；二是打破学科边界，突出跨学科交叉的方式，助力教学与科研发展；三是在学校治理方面，重视科学化决策，采用分布式权力（distributed authority）和问责制（accountability）的运作原则，辅以高水平的预算制定；四是聚焦创新创业与能力建设，服务本地与全球发展。

其中尤值一提的是学科交叉，其理念不仅根植于机构建设——芝大成立由多个学科合作共建的中心和研究所，鼓励跨学科研究、交叉学科研究，也反映在芝大校园建筑上——无论是20世纪80年代的商学院还是新近成立的分子工程学院，在选址和建筑规划上都立足于方便不同院系、实验室的学者足不出楼即可随时"串门"，展开交流，相互渗透。芝大在学科交叉方面，既有高层次的学术型研究，也有关注市场和社会需求的应用型研究。促成多个领域的学科交叉和跨学科项目对芝大人而言已成为一种固定思维和行事习惯，而且学科交叉不只是芝大人自己的舞台，而是在和世界各领域的专业人士一起合作。

回溯校史，芝加哥大学在很多学科领域都有开创性的贡献，由此产生的"芝加哥学派"，更是成为佳话。芝加哥学派包括芝加哥经济学派、社会学派、数学分析学派、气象学派、建筑学派、传播学派等，其中以芝加哥经济学派和芝加哥社会学派最为知名。"芝加哥学派"产生，得益于芝大打破学科边界，强调发挥学科整体作用和促进学科交叉发展，得益于研究型大学传统造就的学术土壤和文化场域。芝加哥大学社会思想委员会的创立者之一爱德华·希尔斯在芝大执教六十余年，他的这番论述，有助于理解"芝加哥学派"的产生：一门学科的发展，在于拥有一个或多个以研究方向凝聚起来的中心——杰出的人才在这里既作为老师，教授优秀的学生；又作为研究者，其成果能被认真地研究和创造性地效仿。

如今，芝大的"环境"正在创造一则新的佳话。近年来，在芝加哥大学担任过副校长、教务长、院长等职务的多位学者经过芝大岗位的历练之后，成为美国多所一流大学的校长、教务长，或是学院院长、研究所所长。这当中包括托马斯·罗森鲍姆（2014年成为加州理工学院校长）、丹尼尔·迪麦尔（2020年被任命为范德堡大学校长）、大卫·格林（2014年受聘科尔比学院院长）、希恩·莉亚·贝洛克（2018年成为巴纳德学院校长）、大卫·菲西安（2020年担任克拉克大学校长）、迈克尔·希尔（2015年7月担任俄勒冈大学校长）、埃里克·艾萨克斯（2018年担任卡耐基研究所所长）、苏尼尔·库马尔（2016年担任约翰·霍普金斯大学教务长）、马克·内米克（2017年担任费尔菲尔德大学校长）、科尔文·查尔斯（2019年担任耶鲁大学管理学院院长）。芝大源源不断输出的管理者，意味着大学管理的"芝加哥学派"呈现雏形。

（刊于《光明日报》2021年2月27日）

从"奥运三问"到"双奥之城"

——北京冬奥会赋予教育的启示

中国什么时候能参加奥运会？中国什么时候能获得奥运会金牌？中国什么时候能举办奥运会？这是一个多世纪之前的"奥运三问"，真实记录了中国人民与现代奥林匹克运动的不解之缘。14年前，北京成功举办第29届夏季奥林匹克运动会，被时任国际奥委会主席罗格盛赞为"一届真正的无与伦比的奥运会"，也标志着对百年"奥运三问"的圆满回答。

新春伊始，第24届冬季奥林匹克运动会在北京如期开幕，日前圆满闭幕。国际奥委会主席巴赫盛赞北京冬奥会，是"新冠肺炎疫情下举办的一次伟大的冬奥会""一届真正无与伦比的冬奥会"。北京成为世界首个既举办过夏季奥运会、又举办过冬季奥运会的城市，谱写"双奥之城"的传奇。

从"奥运三问"到"双奥之城"，北京冬奥会赋予哪些教育方面的启示？

一、世界之中国：爱国主义与世界观教育

著名史学者徐国琦教授在《奥林匹克之梦：中国与体育（1895—2008）》一书中写道："体育，尤其是奥运会，充分显示了爱国主义和国际主义如何在中国融为一体：中国参与和关注现代体育运动主要是受爱国主义的驱动，而在引进西方体育项目和参与世界竞技的过程中，中国也融入了世界社会。"

世界百年未有之大变局加速演进，新冠肺炎疫情反复延宕，本届冬奥会正是在这样的背景下如期开幕和成功举办。北京冬奥会以一届"简约、安全、精彩"的奥运盛会载入史册，中国代表团在本届冬奥会上的优异表现，再次激发了国人强烈的民族自豪感。北京冬奥会是爱国主义教育大课堂，是坚定中国特色社会主义"道路自信、理论自信、制度自信、文化自信"的生动教材。

冬奥开幕式上，来自河北阜平大山深处的马兰花合唱团的孩子们，身穿虎头衣，足履虎头鞋，虎头虎脑地用希腊语合唱《奥林匹克颂》，清澈的天籁之音响彻鸟巢，感动了全世界。我们从中可以读出多重意义的中国。

邓小岚老师是革命前辈邓拓的女儿，她在退休之后回到父母曾经战斗过的地方，也是她的出生地阜平县马兰村，创立"马兰小乐队"（马兰花合唱团的前身），18年如一日，用音乐向马兰山村的孩子们诠释"爱的教育"。阜平在抗日战争和解放战争时期涌现出很多可歌可泣的英雄事迹，象征着抵御外

侮、追求民族独立的中国形象；阜平在新时代决胜脱贫攻坚、京津冀协同发展的进程中谱写了壮丽篇章，象征着实现全面小康、乡村振兴的中国形象；阜平山区的孩子们走出大山，走上冬奥会世界聚焦的舞台，用希腊语演唱奥林匹克会歌，这是开放、包容、自信、走近世界舞台中央的中国形象，将中华文化与奥林匹克精神的和合共生诠释得淋漓尽致。我相信，中国情怀与全球视野，在冬奥会开幕式这一庄严的时刻深植于马兰花合唱团孩子们的心田。

北京冬奥会向全世界展现真实、立体、全面的中国，传递可信、可爱、可敬的中国形象，也进一步拓展我们的世界观教育。现代奥林匹克运动以发源于希腊的古代奥林匹克文化为精神滥觞，自19世纪末诞生以来，已成为倡导和平、构建友谊与践行文明交流互鉴的全世界共享平台。北京冬奥会带动中国超过三亿人参与冰雪运动，这是人类历史上最大规模的冰雪运动普及活动，是"双奥之城"北京对国际奥林匹克运动作出的重大贡献。

世界百年未有之大变局和新冠肺炎疫情全球大流行交织影响，"没有人是一座孤岛"。在这样的背景下，我们对奥林匹克格言与北京冬奥会主题口号"一起向未来"的契合，对中华文明与奥林匹克精神的和合共生，对文明交流互鉴、推动构建人类命运共同体与弘扬和平、发展、公平、正义、民主、自由的全人类共同价值等思想理论体会得更加深刻。

梁启超在《中国史叙论》中将中国历史分成"中国之中国""亚洲之中国""世界之中国"三个阶段。北京冬奥会启发我们更为深入思考"世界之中国"的定位、使命与担当。

习近平总书记2015年12月主持中共中央政治局第二十九次集体学习上的重要讲话高屋建瓴地指出了方向："弘扬爱国主义精神，必须坚持立足民族又面向世界。中国的命运与世界的命运紧密相关。我们要把弘扬爱国主义精神与扩大对外开放结合进来，尊重各国的历史特点、文化传统，尊重各国人民选择的发展道路，善于从不同文明中寻求智慧、汲取营养，增强中华文明生机活力。"

二、德智体美劳全面发展

北京冬奥会之"德育"，除了前述爱国主义教育和世界观教育之外，集中体现在奥林匹克精神的熏陶和感染。团结、友谊、和平的奥林匹克精神，在冬奥会的舞台上熠熠生辉，以"大江流日夜""明月照积雪"一般的无穷伟力，驱散疫情、冲突和攻讦在世界人民心头布下的阴霾。

"科技赋能"生动阐释了北京冬奥的"智育"之效。绿色低碳理念下的各种前沿科技，将北京冬奥赛场装扮得"酷炫感"十足。冬奥会火炬传递时，实现了奥运会历史上首次机器人与机器人之间在水下的火炬传递，谱写"水火相融"的奇景。"冰丝带"国家速滑馆是世界上第一座采用二氧化碳跨临界直冷系统制冰的冬奥速滑场馆。云计算、人工智能在北京冬奥会的组织和运营上得到大面积的使用，使得观众获得更好的观赛体验。

北京冬奥会促使我们更加深入思考"体育"的功能。早在1917年，毛泽东署名"二十八画生"，在《新青年》上发表《体育之研究》一文，强调"体育之效，至于强筋骨，因而增知识，因而调感情，因而强意志"，号召中国青年"文明其精神，野蛮其体魄"。体育所承载的强健体魄、锻炼意志、陶铸人格方面的作用，被世人所公认。我们看到了谷爱凌、苏翊鸣、羽生结弦等中外运动员超越自我、追求卓越、践行奥林匹克精神的动人表现，北京冬奥赛场洋溢着"更快、更高、更强——更团结"的奥林匹克竞技之美。

北京冬奥会之"美育"，集中体现在对中华优秀传统文化的创造性转化和创新性发展上，践行了习近平总书记"弘扬中华美育精神""增强文化自信，以美为媒，加强国际文化交流"等重要指示。北京冬奥会开幕之日，恰逢壬寅立春。以二十四节气为载体的倒计时表现方式，惊艳全世界。二十四节气是中华先人在农耕社会观察一年当中时令、物候等变化规律所形成的知识体系，是中国传统时空观、宇宙观的体现，也被列入联合国教科文组织人类非物质文化遗产代表作名录。以二十四节气的创意来迎接冬奥会的开幕，也寄托着一元复始、万象更新的美好寓意。类似这样的匠思巧意，比比皆是。

一万八千多名赛会志愿者，是本届冬奥会一道亮丽的青春风景线。北京冬奥会承载的劳动教育功能，可以从奥运志愿服务当中体现。北京冬奥会是新冠肺炎疫情发生以来首个如期举办的国际综合性体育赛事，高质量的志愿服务对北京冬奥贡献巨大，也得到国际奥委会的高度评价。微笑传递善意、专业体现担当，这是奥运志愿者们践行公益精神的体现，我们也从中读出了"读万卷书，行万里路""知行合一"的担当，看到了劳动教育、实践教育的硕果。

两千多年前，孔子提出了"志于道、据于德、依于仁、游于艺"全面育人的教育理念。在近代，马克思创建了"人的全面发展"理论。进入中国特色社会主义建设的新时代，习近平总书记强调："培养德智体美劳全面发展的社会主义建设者和接班人"。北京冬奥会正是一部厚重的大书，我们从中可以汲取德智体美劳全面发展的丰富营养。

三、生态文明教育与可持续发展

绿水青山就是金山银山，冰天雪地也是金山银山。"绿色办奥"是北京冬奥会四大办奥理念之首。"微火"方式的冬奥会主火炬，采用航天氢氧发动机燃烧技术，实现零碳排放。冬奥会新建冰上项目场馆和非竞赛场馆全部达到绿色建筑三星标准，其他现有室内场馆全部达到绿色建筑二星级标准，所有竞赛场馆100%使用绿色电力……北京冬奥会是迄今第一个"碳中和"冬奥会，向世界展现了中国生态文明建设与实现"双碳"目标的积极行动和卓越成就。

北京冬奥会践行可持续发展的理念。首钢滑雪大跳台"雪飞天"是冬奥场馆的流量明星，它融入敦煌壁画飞天形象的飘带元素，是冬奥会历史上第一座与工业遗产再利用直接结合的竞赛场馆，也是世界首座永久保留使用的滑雪大跳台。国际奥委会主席巴赫对首钢园区冬奥场馆的改造给予"惊艳"的评价，并多次把首钢园区作为践行可持续发展和节俭办奥的典范。滑雪运动员的倩影雄姿，在奥运五环标识和大跳台、冷却塔、大烟囱的映衬下，翩若惊鸿，矫若游龙。

北京冬奥会坚持生态文明与可持续发展方面的实践，是对习近平总书记"人与自然生命共同体"理念的全方位和立体化的阐释，开幕式"微火"嵌入"大雪花"形成主火炬的一幕，让我们不禁联想到鲁迅先生在散文诗《雪》中的文字："朔方的雪花在纷飞之后，却永远如粉，如沙；蓬勃地奋飞，在日光中灿灿地生光，如包藏火焰的大雾，旋转而且升腾，弥漫太空，使太空旋转而且升腾地闪烁；在无边的旷野上，在凛冽的天宇下，闪闪地旋转升腾着的是雨的精魂……"

中华文明崇尚天人合一、道法自然、物吾与也的朴素情怀，敬畏历史、敬畏文化、敬畏生态。习近平总书记高屋建瓴地指出："大自然是包括人在内一切生物的摇篮，是人类赖以生存发展的基本条件。大自然孕育抚养了人类，人类应该以自然为根，尊重自然、顺应自然、保护自然"，"我们要像保护眼睛一样保护自然和生态环境，推动形成人与自然和谐共生新格局"。

北京冬奥会以润物细无声的方式，使生态文明教育和可持续发展的理念，更加浸润人心。在这样一个生态文明教育的课堂上，我们对实现"双碳"目标、建设美丽中国，有了更为贴切的体认。

从"奥运三问"到"双奥之城"，回顾中国憧憬奥运、参与奥运、筹办奥运、举办奥运乃至中华文明与奥林匹克精神和合共生的一个多世纪波澜壮阔的历史，给我们的教育带来的启示是方方面面的，内涵丰富而意味悠长。

闭幕式收官处有一段折柳送别的表演，寄寓"一起向未来"的盎然春意。北京冬奥会以如许诗情画意徐徐作别。"此夜曲中闻折柳，何人不起故园情。"我相信，在历史长河中，"双奥之城"北京一定能成为后疫情时代国际奥林匹克运动的精神故园，它赋予我们在教育方面的沉思也一定会历久弥新。

（刊于《光明日报》2022年3月8日）

奥林匹克文化与中华文明的和合共生

——北京冬奥会赋予历史、当下与未来的精神遗产

第24届冬季奥林匹克运动会在北京圆满闭幕，以一届"简约、安全、精彩"的奥运会载入史册。北京成为世界首个既举办过夏季奥运会、又举办过冬季奥运会的城市，谱写"双奥之城"的佳话。

北京2022年冬奥会是新冠肺炎疫情发生以来首次如期举办的全球综合性体育盛会，也是国际奥委会《奥林匹克2020议程》颁布后第一届从筹办之初就全面规划管理奥运遗产的奥运会。北京冬奥会在体育、经济、社会、文化、环境、城市和区域发展七大领域创造了丰厚的奥运遗产。[1]从文化史、精神史、思想史的层面，又应如何认识北京冬奥会赋予历史、当下与未来的遗产？

---

[1] 北京2022年冬奥会和冬残奥会组织委员会、北京体育大学：《北京2022年冬奥会和冬残奥会遗产案例报告》，2022年。

一、奥运遗产框架中的精神遗产

何为"奥运遗产"？在2012年国际奥委会发布的《奥运遗产》官方文件中，时任国际奥委会主席罗格写道："创造可持续的遗产是奥林匹克运动的基本承诺。每座奥运会的主办城市都会登上为奥林匹克运动服务的舞台，……也将创造一系列独一无二的环境、社会和经济遗产，这将永远改变一个社区、地区和国家。"[1]

"奥运遗产"概念的提出、内涵的升华、外延的扩展和价值的提炼，是以现代奥林匹克运动的改革与创新为背景的。

2002年11月，由国际奥委会洛桑奥林匹克研究中心与巴塞罗那自治大学奥林匹克研究中心联合举办的"奥运遗产研讨会（1984—2000）"，从城市化、环境、体育、经济、旅游、政治、社会、文化等方面研究了奥运遗产。[2]本次研讨会上，有学者提出将奥林匹克精神作为最为首要的奥运遗产。亦有学者指出，奥运志愿者和运动员能够作为楷模，激励办奥城市形成良好的社会风气，从而为城市留下长期的精神遗产。[3]

---

[1] The IOC. Olympic Legacy.(2012-06)［2022-04-02］.https://stillmed.olympic. org/Documents/Olympism_in_action/Legacy/Olympic_Legacy.pdf.pdf.

[2] The IOC. Symposium on the Legacy of the Olympic Games, 14–16 November 2002. (2002-11-11)［2022-04-02］.https://olympics.com/ioc/news/symposium-on-the-legacy-of-the-olympic-games-14-16-november-2002.

[3] The IOC. 2002 IOC Symposium.［2022-04-06］https://library.olympics.com/ Default/doc/SYRACUSE/68159/the-legacy-of-the-olympic-games-1984-2000-international-symposium-lausanne-14th-15th-and-16th-novemb?_lg=en-GB.

2003年7月，国际奥委会修订《奥林匹克宪章》，第一次将奥运遗产正式写入国际奥委会纲领性文件："通过合理控制奥运会的规模和成本等方式，向主办城市和主办国推广奥运会的有益遗产，并鼓励奥组委、主办国政府和奥运所属个人或组织采取相应的行动"。[1]同年，由国际奥委会通过的《奥运会候选城市接受程序》再度强调了这一职责，并要求候选城市在材料中陈述办奥的基本动因之外，应当进一步阐述主办奥运会可为该城市带来的奥运遗产。[2]

在国际奥委会的推动下，奥运遗产受到国际社会更多的关注和讨论，奥运遗产的概念也得到不断丰富和完善。

2012年，国际奥委会颁布的《奥运遗产》官方文件将奥运遗产分为运动遗产、社会遗产、环境遗产、城市发展遗产和经济遗产等五类。《奥运遗产》文件又同时将奥运遗产分为"有形遗产"和"无形遗产"。"有形遗产"包括新建体育场馆、交通基础设施、城市再生和美化等，能够提升城市吸引力和当地居民生活水平。"无形遗产"则包括增强国家凝聚力和民族自豪感、丰富劳动力技能、提升环保意识、推动民族文化和遗产

---

[1] The IOC.2003 Olympic Charter.(2003-07-04)［2022-04-02］. https://stillmed. olympic.org/Documents/Olympic%20Charter/Olympic_Charter_through_ time/2003-Olympic_Charter.pdf.

[2] The IOC. Candidature-Acceptance-Procedure-for-the-Games-of-the-XXX- Olympiad-2012.(2003-02-20)［2022-04-02］. https://stillmedab.olympic. org/media/Document%20Library/OlympicOrg/Documents/Host-City-Elections/ XXX-Olympiad-2012/Candidature-Acceptance-Procedure-for-the-Games- of-the-XXX-Olympiad-2012.pdf.

的创造性转化等。①

2014年12月，国际奥委会在摩纳哥会议上通过了奥林匹克运动未来战略规划——《奥林匹克2020议程》②。该议程包括40条详细建议，其首要目标是维护奥林匹克价值观，加强体育在社会中的作用。"可持续性"与"奥运遗产"成为《奥林匹克2020议程》的高频词汇，聚焦奥林匹克运动未来的发展方向，强调在奥运申办阶段即引入奥运遗产概念并实施相关工作，并关注后奥运时期奥运遗产的可持续发展："国际奥委会将向计划申奥的城市提供协助，提供包括奥运申办程序、核心申报要求的建议，以及往届奥运会主办城市在奥运遗产方面的有益先例"（建议一）；"国际奥委会在评估申奥城市时应授权第三方，在社会、经济、政治等方面提出建议，特别关注可持续性和奥运遗产，最大化利用现有场馆和临时场馆"（建议二）；"国际奥委会应确保在国家奥委会和世界奥林匹克城市联盟（UMVO）等外部组织的支持下，监督奥运遗产的可持续性发展"（建议四）。③

2017年，国际奥委会发布《遗产战略方针》，旨在以《奥林匹克宪章》和《2020奥林匹克议程》为基础，与相关方合作，进一步鼓励、支持、监测和推广奥运遗产。《遗产战略方

---

① The IOC. Olympic Legacy. (2012-06)［2022-04-02］. https://stillmed.olympic. org/Documents/Olympism_in_action/Legacy/Olympic_Legacy.pdf.pdf.

② The IOC. Olympic Agenda 2020.［2022-04-02］.https://olympics.com/ioc/ olympic-agenda-2020

③ The IOC. Olympic Agenda 2020 - 20+20 Recommendations.［2022-04-02］. https://stillmed.olympic.org/Documents/Olympic_Agenda_2020/Olympic_ Agenda_2020-20-20_Recommendations-ENG.pdf.

针》从七个维度出发，对奥运遗产的长期效益进行界定：

1）有组织的体育发展；2）体育促进的社会发展；3）人际技能、社交网络和多领域创新；4）文化与创意发展；5）城市发展；6）环境改善；7）提升经济效益和品牌价值。[①]

奥运精神遗产作为奥运遗产中的"无形遗产"，早在20世纪90年代开始就在相关办奥实践和奥林匹克官方文件中有所体现。在1996年亚特兰大奥运会的总结报告中，就有"通过举办有史以来最令人难忘的奥运会，留下有益的物质和精神遗产，在奥林匹克历史上留下不可磨灭的印记"的展望。[②]2005年，雅典奥组委发布了第28届奥运会的官方报告，其中列举了奥组委的十条奥运使命，明确提出"奥运精神遗产"的概念："为运动员和观众提供一种独特的奥运体验和奥林匹克精神遗产"。[③]近年来，国际奥委会也通过系列文件对奥运精神遗产的可持续性和长期效益进行了界定和阐述，并对在办奥实践中继承和发展奥运精神遗产提出指导性意见。

2008年，北京举办第29届夏季奥林匹克运动会，时任中国国家主席胡锦涛在接受多家外国媒体集体采访，回答奥运会将给中国留下哪些遗产的提问时表示："与北京奥运会的物质遗产相比，精神遗产更为持久、更为宝贵"，"我们更加珍惜北京

① The IOC. Legacy Strategic Approach Moving Forward.(2017–12)［2022–04–02］. https://stillmed.olympics.com/media/Document%20Library/OlympicOrg/Documents/Olympic–Legacy/IOC_Legacy_Strategy_Full_version.pdf.

② The IOC. Official Report of the Centennial Olympic Games.(1997)［2022–04–02］. https://digital.la84.org/digital/collection/p17103coll8/id/31315/rec/73.

③ The IOC. Official Report of the XXVIII Olympiad.(2004)［2022–04–02］. https://digital.la84.org/digital/collection/p17103coll8/id/42191/rec/89.

奥运会留给我们的精神遗产，并努力使之发扬光大"。胡锦涛列举了三个方面最重要的精神遗产："一是弘扬团结、友谊、和平的奥林匹克精神；二是实践绿色奥运、科技奥运、人文奥运理念；三是促进世界各国文化的相互交流、相互借鉴。"[1]同2008年9月29日，胡锦涛在北京奥运会残奥会总结表彰大会上的讲话，对北京奥运会这三个方面最重要的精神遗产作了进一步的肯定和褒扬："奥林匹克精神是人类文明进步的重要体现。我们要继续弘扬团结、友谊、和平的奥林匹克精神，继续实践绿色奥运、科技奥运、人文奥运理念，继续促进各国文化相互交流、相互借鉴。"[2]

本文基于对奥运遗产框架中的精神遗产概念与北京冬奥会办奥实践的具体考察，提出：奥林匹克文化与中华文明的和合共生，是北京冬奥会赋予历史、当下和未来的精神遗产，并将从三个方面来论述和阐释。

二、冬奥梦交汇中国梦，中国梦辉映世界梦，见证中国日益走近世界舞台中央

"体育，尤其是奥运会，充分显示了爱国主义和国际主义如何在中国融为一体：中国参与和关注现代体育运动主要是受爱国主义的驱动，而在引进西方体育项目和参与世界竞技的过

---

[1] 胡锦涛：《北京奥运会的精神遗产更持久更宝贵》，中国新闻网，https://www.chinanews.com/olympic/news/2008/08-01/1332944.shtml.

[2] 中共中央文献研究室：《十七大以来重要文献选编（上）》，北京：中央文献出版社，2009年，第625页。

程中，中国也融入了世界社会。"①全球史学者徐国琦认为中国奥林匹克梦想实现的过程，也是中国融入世界的过程，"现代奥运会是中国获得国际认可的最好的媒介。"②中国憧憬奥运、参与奥运、两次举办奥运的一个多世纪波澜壮阔的历史，可为之佐证。

1.从"奥运三问"到"双奥之城"，世纪强国梦圆

1908年，《天津青年》刊载一篇文章，提出了"奥运三问"：中国什么时候能参加奥运会？中国什么时候能获得奥运会金牌？中国什么时候能举办奥运会？中国人用了一个世纪的时间来回答"奥运三问"。

1932年，中国短跑运动员刘长春孤身一人参加了洛杉矶第10届奥运会。1984年，中国射击运动员许海峰在洛杉矶第23届奥运会上勇夺金牌，实现中国奥运金牌零的突破。2008年，北京成功举办第29届奥运会，被时任国际奥委会主席罗格誉为"一届真正的无与伦比的奥运会"。中国人民用了一个世纪的时间，对"奥运三问"作了圆满回答。

2022年新春伊始，第24届冬季奥林匹克运动会在北京如期开幕，胜利闭幕。国际奥委会主席巴赫盛赞北京冬奥会，是"新冠疫情下举办的一次伟大的冬奥会"，"一届真正无与伦比的冬奥会"。

---

① 徐国琦著，崔肇钰译：《奥林匹克之梦：中国与体育（1895—2008）》，广州：广东人民出版社，2019年，第3页。
② 同上，第33页。

1928年，中华体育协进会名誉干事宋如海以中国副代表和观察员身份参加阿姆斯特丹第9届奥运会。宋如海把在荷兰观摩奥运会的经历写成系列通讯在上海《申报》发表，并于1930年出版中国第一部关于奥运会的著作《我能比呀》。宋如海在著作开篇即解释为何取名"我能比呀"："OLYMPIADE原系古希腊运动会之名称，世界运动大会仍沿用之。'我能比呀'虽系译音，要亦含有重大意义。盖所以示吾人均能参与此项之比赛。但凡各事皆须要决心、毅勇，便能与人竞争。"①扉页王正廷在为《我能比呀》所作的序言中写道："一民族欲求自由平等之地位于今日弱肉强食之世界，其必先锻炼健全之身体而后可。吾国年来始渐注意及此，全国各省各种运动会相继成立，此不可谓非吾民族一线之曙光也！虽然，立国族于大地上，任何事业均应有所观摩，而始有长足之进展，故运动亦应为国际化。"②彼时国人的奥林匹克之梦，由个体的强身健体为起点，进而在国际体育舞台上竞争，在"弱肉强食之世界"求民族"自由平等之地位"。奥林匹克之梦，承载强国之梦，由此可见一斑。

2008年北京夏季奥运会，中国体育代表团取得金牌榜第一的佳绩。2022年北京冬奥会，中国体育代表团取得历史最佳战绩，位居金牌榜第三名，这同时也是亚洲国家在冬奥会上取得的最好成绩。从竞技体育的角度而言，中国健儿在两届北京奥运会上的佳绩，不负国人奥林匹克之梦的初心。

---

① 宋如海：《我能比呀：世界运动会丛录》，上海：商务印书馆，1930年。
② 同上，序一。

2.带动3亿人参与冰雪运动，贯彻四大办奥理念，为国际奥林匹克运动作出新贡献

20世纪20年代以来，冰雪大众文化风靡古都北平，西方冰雪运动融入中国传统溜冰民宿。社会学学者运用"文化阈限"（cultural liminality）理论，对此进行个案研究，认为：近代北平冰雪大众文化作为文化秩序转变的"文化阈限"，在社会转型中凸显出其"共融"作用，将西方、现代、国家等舶来话语和观念消化到本土、传统、民间文化的土壤中。①

北京冬奥会带动3亿人参与冰雪运动，这是人类历史上最大规模的冰雪运动普及活动，是"双奥之城"北京对国际奥林匹克运动作出的重大贡献，具有融通中国与世界的非凡意义。据国家统计局数据显示，从北京冬奥会申办成功至2021年10月，中国参与冰雪运动的人数为3.46亿，冰雪运动参与率超过24%，"带动3亿人参与冰雪运动"的承诺已经实现。北京冬奥会开幕式短片《未来的冠军》当中萌娃滑雪的视频就是对"3亿人参与冰雪运动"的生动诠释。

中国国家主席习近平在北京冬奥会开幕前会见国际奥委会主席巴赫时，再次强调：中国这次办奥的最大目的，就是带动3亿人参与冰雪运动。巴赫表示：中国实现了超过3亿人从事冰雪运动目标，这是前所未有的伟大成就，将成为本届冬奥会向中国人民和国际奥林匹克运动作出的重大贡献，也将从此开启

---

① 杨宇菲、张小军：《文化共融：中国近代冰雪大众文化与社会转型》，《清华大学学报》（哲学社会科学版），2021年第6期，第12—24页。

全球冰雪运动的新时代。①

北京冬奥会"绿色、共享、开放、廉洁"四大办奥理念和"简约、安全、精彩"的办赛要求，符合国际奥委会2017年颁布的《可持续性战略》精神，也是对创新、协调、绿色、开放、共享的新发展理念的贯彻。从2017年到2022年，习近平总书记五次实地考察北京冬奥会、冬残奥会筹办备赛工作，就四大办奥理念作出重要指示：绿色办奥，就要坚持生态优先、资源节约、环境友好，为冬奥会打下美丽中国底色。共享办奥，就要坚持共同参与、共同尽力、共同享有，使冬奥会产生良好社会效应。开放办奥，就要坚持面向世界、面向未来、面向现代化，使冬奥会成为对外开放的助推器。廉洁办奥，就要勤俭节约、杜绝腐败、提高效率，坚持对兴奋剂问题零容忍，把冬奥会办得像冰雪一样纯洁无瑕。②

3.向全世界展现真实、立体、全面的中国，传递可信、可爱、可敬的中国形象

北京冬奥会开闭幕式上，来自河北阜平太行山区的马兰花儿童声合唱团的44位孩子，两次在国家体育场"鸟巢"，在全世界面前用希腊语唱响《奥林匹克会歌》。带领马兰山村孩子走上世界舞台的发起人是革命后代邓小岚，她退休后18年如一日在马兰村义务支教。邓小岚在马兰村普及音乐之声、播撒爱

---

① 《习近平会见国际奥委会主席巴赫》，《人民日报》，2022年1月26日01版。
② 周杰、苏斌、汪涌、杨帆：《一起向未来——习近平总书记关于奥林匹克重要论述的中国实践》，《光明日报》，2022年2月3日02版。

的种子并魂兮归来的动人故事，诠释了真实、立体、全面的中国，凝聚着可信、可爱、可敬的中国形象。

在历史和当下的中国，马兰花儿童声合唱团所在的阜平县有着多重身份。阜平在抗日战争和解放战争时期涌现出很多可歌可泣的英雄事迹，象征抵御外侮、追求民族解放的中国；阜平在新时代决胜脱贫攻坚、京津冀协同发展的进程中谱写了壮丽篇章，是实现全面小康、乡村振兴的中国典范；阜平山区的孩子们走出大山，走上冬奥会世界聚焦的舞台，用希腊语演唱《奥林匹克会歌》，这是开放、包容、自信和沟通中国与世界、走近世界舞台中央的中国形象。梁启超曾将中国历史分成"中国之中国""亚洲之中国""世界之中国"三个阶段。[①]马兰花儿童声合唱团在冬奥会展现的多重中国形象，不仅限于"中国之中国""亚洲之中国"，更具有"世界之中国"的内涵。

党的十九大报告指出："文化自信是一个国家、一个民族发展中更基本、更深沉、更持久的力量。……推动中华优秀传统文化创造性转化、创新性发展，继承革命文化，发展社会主义先进文化，不忘本来、吸收外来、面向未来，更好构筑中国精神、中国价值、中国力量，为人民提供精神指引。"[②]从文化自信的层面来看，北京冬奥会上的马兰花儿童声合唱团形象更是承载了中华优秀传统文化、革命文化、社会主义先进文

---

① 梁启超：《中国史叙论》，《梁启超全集》（第一册），北京：北京出版社，1999年，第453—454页。

② 习近平：《习近平谈治国理政》（第三卷），北京：外文出版社，2020年，第18页。

化，很好地诠释了不忘本来、吸收外来、面向未来。

三、北京冬奥会主题口号"一起向未来"，为奥林匹克新格言"更快、更高、更强——更团结"提供中国注解，体现推动构建人类命运共同体的中国担当

团结这一理念在奥林匹克价值观当中居于重要位置。《奥林匹克宪章》对奥林匹克精神和奥林匹克运动的宗旨加以具体陈述。奥林匹克精神是：相互理解、友谊长久、团结一致和公平竞争。[①]奥林匹克运动的宗旨是：通过没有任何歧视、秉承奥林匹克精神展开的体育活动来教育青年，这需要本着友谊、团结和公平竞争的精神相互理解，从而为建立一个和平的、更美好的世界做出贡献[②]，可高度概括为"和平、友谊、进步"。

在国际奥委会的改革进程中，团结这一价值观被加以坚持和弘扬。2014年12月7日，在国际奥委会第127次会议上，巴赫主席发表关于体育改革的讲话："我们生活在一个现代化、多元化、数字化的社会中……如果我们想让奥林匹克价值观——卓越、尊重、友谊、对话、多元、非歧视、宽容、公平竞争、团结、发展与和平——维系其在社会的影响力，现在就是改革

① IOC. Olympic Charter: in force as from 17 July 2020.［2022-04-07］. https://library.olympics.com/Default/doc/SYRACUSE/355508/olympic-charter-in-force-as-from-17-july-2020-international-olympic-committee?_lg=en-GB.

② IOC. Beyond the Games.［2022-04-07］. https://olympics.com/ioc/beyond-the-games.

的时机"。[1]2019年6月，巴赫主席在国际奥委会第134次会议上强调维护奥林匹克价值观的重要使命::"当我们的价值观受到威胁时，我们会更加清楚地阐明我们的立场：我们主张团结、普世、和平、对话、多元和尊重。"[2]

新冠肺炎疫情肆虐全球，原定于2020年举办的东京夏季奥运会被迫推迟至2021年。受疫情影响，逆全球化思潮愈演愈烈，国际社会面临的"治理赤字、信任赤字、和平赤字、发展赤字"四大赤字愈加严峻。面对"裂解的全球化"，有学者提出全球治理和世界经济要特别警惕"修昔底德陷阱"（Thucydides's Trap）和"金德尔伯格陷阱"（Kindleberger's Trap）。[3]

为积极应对疫情对国际奥林匹克运动的冲击，国际奥委会进一步推进《奥林匹克2020议程》的改革，继续高扬团结的价值观。2020年6月23日，巴赫主席在"2020奥林匹克日"主题活动上发起国际倡议："由于长期存在的新冠疫情，全世界都处于同样的困境和恐惧之中，体育的力量更加重要，给人们带来了希望——这一力量就是团结、希望和乐观。因此，在这个

---

[1] Bach, Thomas. Speechon the occasionof theOpening Ceremony(127th IOC Session). ［2022-04-03］. https://stillmed.olympic.org/Documents/IOC_Executive_Boards_and_Sessions/IOC_Sessions/127_Session_Monaco_2014/127th_IOC_Session_Speech_Opening_Ceremony_President_Bach-English.pdf.

[2] Bach, Thomas. IOC President speaks of the growing global relevance of the Olympic Games and calls for the Olympic Movement to stay united.(2019-06-25)［2022-4-3］. https://olympics.com/ioc/news/ioc-president-speaks-of-the-growing-global-relevance-of-the-olympic-games-and-calls-for-the-olympic-movement-to-stay-united.

[3] 朱云汉：《全球化的裂解与再融合》，北京：中信出版社，2021年，第25、108页。

奥运日，让我们站在一起，颂扬奥林匹克精神。"①

2020年8月，巴赫主席撰文《奥林匹克主义与新冠肺炎疫情》，提出要用奥林匹克价值观来塑造后疫情时代的体育运动，并多次强调团结的价值观："和平、团结、尊重与联合的奥林匹克价值观，将多元化的人类团结在一起，我们可以为这个后疫情世界做出重要贡献。""体育是唯一能把人们团结起来的活动，……体育是把社会凝聚在一起的黏合剂，这种包容性在严重分裂的社会中更为重要。""通过践行团结、加强团结，我们可以表明，相互尊重的国际合作与孤立主义相比，能够产生更好更公平的结果。""奥林匹克运动会正以无歧视的方式为每个人架起桥梁，因此奥林匹克运动会作为体育、文化以及社会发展方面的一项独特运动，应超越任何政治或分裂性因素的范畴。""让我们以团结创造的方式抓住此次机会，以比以前更加强大的姿态，从这场危机中走出来。"②

2021年7月20日，国际奥委会第138次全会在日本东京举行，通过历史性决议，正式将"更团结"加入奥林匹克格言中。奥林匹克新格言为"更快、更高、更强——更团结（Faster, Higher, Stronger—Together）"。巴赫主席这样阐释"更团结"与"更快、更高、更强"的关系："团结能帮助我们实现使命，实现'通过体育让世界变得更美好'的使命。我们只

---

① The IOC. Olympic Motto .［2022-04-02］.https://olympics.com/ioc/olympic-motto.

② 托马斯·巴赫：《奥林匹克主义与新冠肺炎疫情》，《光明日报》，2020年8月11日12版。

有团结一致，才能跑得更快，追求卓越，变得更强"。^①

2021年9月17日，北京冬奥会、冬残奥会主题口号"一起向未来"（Together for a Shared Future）正式发布。从"更快、更高、更强——更团结"到"一起向未来"，从（Faster, Higher, Stronger—Together）到（Together for a Shared Future），冬奥主题口号不但与奥林匹克新格言共有同一英文单词"Together"，更是在逻辑和理念上有着天然的契合。冬奥主题口号是对奥林匹克新格言的精彩诠释。习近平主席在会见巴赫主席时的讲话阐明了二者之间的辩证关系：奥林匹克运动倡导的"更团结"正是当今时代最需要的。世界各国与其在190多条小船上，不如同在一条大船上，共同拥有更美好未来，所以我们提出了"一起向未来"的北京冬奥会口号。中方将为奥林匹克运动和推动构建人类命运共同体作出新的更大贡献。^②

百年变局与世纪疫情交织叠加，北京冬奥会正是在这样的背景下如期开幕和成功举办。北京冬奥会主题口号对奥林匹克新格言作出了中国注解。国际奥林匹克运动史和推动构建人类命运共同体的历史进程将会镌刻这两组名词："更快、更高、更强——更团结"（Faster, Higher, Stronger—Together），"一起向未来"（Together for a Shared Future）。

冬奥会开幕式"微火"火炬嵌入"大雪花"形成主火炬的

----

① Bach, Thomas. "Faster, Higher, Stronger‐Together"‐IOC Session approves historic change in Olympic motto.(2021‐07‐20)［2022‐4‐3］. https://olympics.com/ioc/news/‐faster‐higher‐stronger‐together‐ioc‐session‐approves‐historic‐change‐in‐olympic‐motto.
② 《习近平会见国际奥委会主席巴赫》，《人民日报》，2022年1月26日01版。

那一幕，是在空间和时间双重维度，超越古今中西，诠释"更团结"与"一起向未来"相汇契合。

四、推动中华优秀传统文化创造性转化、创新性发展与奥林匹克文化传播双向互动、交织融合

1.北京冬奥会是一场融汇古今、贯通中西的文化盛会，是坚定文化自信的生动实践

党的十九大报告指出："文化自信是一个国家、一个民族发展中更基本、更深沉、更持久的力量。……推动中华优秀传统文化创造性转化、创新性发展。"[1] "推动中华优秀传统文化创造性转化、创新性发展"理念贯彻办奥始终。

中国风成为冬奥核心元素的美学创意基调。冰雪运动抽象造型构成汉字"冬"的冬奥会徽"冬梦"、从中国古代同心圆纹玉璧和古代天文图启发灵感的冬奥奖牌"同心"、由"道法自然、天人合一"理念设计的冬奥火炬"飞扬"、以国宝熊猫和春节灯笼为原型衍化的冬奥吉祥物"冰墩墩"和冬残奥吉祥物"雪容融"——这些饱含中国元素的冬奥标识和文创产品深受中外嘉宾青睐。

冬奥会开闭幕式上的中国创意惊艳世界。LED屏幕呈现"黄河之水天上来"的李白壮美诗句意象拉开冬奥开幕式序

---

① 习近平：《习近平谈治国理政》（第三卷），北京：外文出版社，2020年，第18页。

幕。冬奥开幕恰逢立春节气，以列入世界非物质文化遗产名录的中国传统二十四节气为载体呈现冬奥倒计时，寄托万象更新的美好寓意。马兰花儿童声合唱团的孩子们两次登台演出，开幕式身穿虎头衣，足履虎头鞋，闭幕式则身着中国传统剪纸"连年有余"服饰。闭幕式收官处折柳送别的一幕，更是借中国古典折柳相赠之场景，寄寓"一起向未来"的美好愿景。

北京、延庆、张家口三大赛区冬奥场馆蕴藏中国式典雅。首钢滑雪大跳台"雪飞天"融入敦煌壁画飞天元素，是冬奥会历史上第一座与工业遗产再利用直接结合的竞赛场馆，也是世界首座永久保留使用的滑雪大跳台，被国际奥委会称作可持续发展的典范。国家跳台滑雪中心"雪如意"以如意造型设计，拥有世界上最长的跳台滑雪赛道，是冬奥会历史上首个在顶部出发区设置大型悬挑建筑物的跳台滑雪场馆。国家雪车雪橇中心"雪游龙"是中国第一条雪车雪橇赛道，蜿蜒于延庆的崇山峻岭之间，矫若游龙。国家高山滑雪中心"雪飞燕"既脱胎于燕子的造型，也隐含《太平广记》"王次仲落羽化山"的典故。张家口赛区云顶滑雪公园坡面障碍技巧场地"雪长城"，赛道造型以山海关长城为蓝本。国家速滑馆"冰丝带"外墙曲面盘旋成22条飘逸的丝带，寓意2022北京冬奥，是全球首个使用二氧化碳跨临界直冷制冰技术的冬奥速滑场馆。

2.北京冬奥会践行文明交流互鉴理念，北京成为现代奥林匹克文化传播中心

2014年3月，习近平主席在联合国教科文组织总部演讲中

提出："文明因交流而多彩，文明因互鉴而丰富。文明交流互鉴，是推动人类文明进步和世界和平发展的重要动力。"①北京冬奥会举办恰逢中国新春佳节，奥运会与春节的相遇见证东西方文明的交汇，北京冬奥会亦成为践行文明交流互鉴理念的一届盛会。

早在2008年，《文明》杂志向全球首发中文和独家刊发英文、法文共三种文字的《奥林匹克宣言》，这是标志现代奥林匹克运动发端的重要文献。1892年11月25日，顾拜旦在法国巴黎索邦大学圆形剧场，发表题为《奥林匹克宣言》的演讲。他在演讲的结尾提出复兴奥林匹克运动："向国外送出划桨选手、赛跑选手和击剑选手吧，这将是未来的自由交往，一旦这样的自由交往成为古老欧洲的风尚，和平事业将获得崭新而有力的支持。……希望大家一如既往地帮助我，与你们一道，我会坚持不懈地追求，实现一个以现代生活条件为基础、伟大而有益的事业：复兴奥林匹克运动。"②

2012年6月23日，全球首个"奥林匹克宣言广场"经国际奥委会授权在北京奥林匹克森林公园建成。以此为起点，首都文明工程基金会和《文明》杂志社联合主办《奥林匹克宣言》全球传播活动，并开始推出《〈奥林匹克宣言〉——美丽的奥林匹克文化长卷》系列，迄今已出版三卷。时任国际奥委会主席罗格给予高度评价："这一活动是奥林匹克历史上的一次创

---

① 习近平：《习近平谈治国理政》（第一卷），北京：外文出版社，2018年，第258页。
② 文明杂志社：《奥林匹克宣言 顾拜旦复兴奥林匹克运动的演讲 1892年11月25日于巴黎索邦大学》，《文明》，2008年第1期，第28页。

举，它以北京为中心和起点，以《奥林匹克宣言》为载体，将中国文化与世界文化相融合，丰富和发展了奥林匹克文化，为推动奥林匹克发展开辟了一条崭新的途径。"

北京是世界上首个"双奥之城"，有机地把夏奥会和冬奥会两个平行的奥运会结合起来，成为国际奥林匹克大家庭的文化纽带。有学者借此将北京视作继雅典和巴黎之后、奥林匹克文化传承与发展体系的最新阶段。雅典、巴黎和北京是国际奥林匹克文化三大创新支柱城市，三者分别代表了奥林匹克精神的源头、现代奥林匹克运动的起点和现代奥林匹克文化传播中心，并形成了通过连接23个奥运举办国和43个奥运城市构建国际奥林匹克文化共同体的大三角结构。[①]

五、结语

近代以来，中西文明的相遇融合一直是知识界学术聚焦与思想激荡的主题。"东海西海，心理攸同。"[②]钱锺书在《谈艺录》序言中如是开宗明义。后续很多学者都就此主题展开论述。

王佐良以文学为载体，论述20世纪中外文学的相遇与契合："当外国文学的输入解决了本土文学的迫切需求时，本土文学就会应时而动发生巨变，并同时与外国文学产生契合；而

[①] 娄晓琪、任海：《共同构建奥林匹克文化传播体系》，《光明日报》，2021年12月23日13版。
[②] 钱锺书：《谈艺录》，北京：商务印书馆，2011年，第3页。

这时的契合就不仅是文学间，也涉及社会、文化、经济和其他方面。倘若一种古老的文学与一种新兴的文学相遇一处，前者有着悠久而弹性十足的古典传统，后者又拥有富有创意的美学或激进的意识形态，契合与碰撞就会更加精彩。 这即是20世纪中国文学与外国文学的相遇。"①

许倬云用河流比喻中国文化的发展："中国文化从源头的细流，长江大河一路收纳了支流河川的水量，也接受了这些河川带来的许多成分，终于汇聚为洪流，奔向大海——这一大海即是世界各处人类共同缔造的世界文化。"②

从"奥运三问"到"双奥之城"，奥林匹克文化作为世界体育文化的最杰出代表，与中华文明相遇契合已逾百年。习近平主席指出："奥林匹克运动的目标是实现人的全面发展。"③巴赫主席在为《〈奥林匹克宣言〉——美丽的奥林匹克文化长卷Ⅲ》所作的序言中重申："顾拜旦通过复兴奥林匹克运动让世界变得更美好的愿景一直是国际奥委会所遵循的最核心理念"。④

"双奥之城"北京赋予国际奥林匹克运动全新的内涵，在"可持续性"的框架下，北京冬奥会在各个领域创造了丰厚的

---

① 王佐良：《论契合——比较文学研究集》（英汉对照），北京：外语教学与研究出版社，2015年，第ⅲ页。
② 许倬云：《万古江河：中国历史文化的转折与开展》，长沙：湖南人民出版社，2017年，第ⅱ页。
③ 习近平：《在北京2022年冬奥会欢迎宴会上的致辞》，《人民日报》，2022年2月6日02版。
④ 托马斯·巴赫：《体育运动让世界变得更美好是国际奥委会的最核心理念——致〈文明〉杂志"〈奥林匹克宣言〉——美丽的奥林匹克文化长卷Ⅲ"》，《文明》，2022年第3期，第10页。

奥运遗产。奥林匹克文化与中华文明的和合共生，是"简约、安全、精彩"的这届体育盛会为历史、当下与未来造就的奥运精神遗产：冬奥梦交汇中国梦，中国梦辉映世界梦，带动三亿人参与冰雪运动，展现真实、立体、全面的中国，进一步融通中国与世界；"一起向未来"与"更团结"相互呼应，是推动构建人类命运共同体的全新实践；在冬奥平台实现中华优秀传统文化创造性转化、创新性发展与奥林匹克文化传播的双向互动、交织融合。

（刊于《北京体育大学学报》2022年第5期，《新华文摘》2022年第17期论点摘编）

从《人民日报》（2000－2012）浅析主流媒体的圆明园观

一、研究缘起

中国文学创作当中有咏史怀古的传统，但与阿房宫、未央宫、汴京艮岳等皇家宫苑相比，圆明园一页痛史更易激发国人的黍离之悲。清季民初以降，吟咏圆明园的诗词歌赋、戏曲影视等作品层出不穷，也正应了李大钊纪游圆明园的诗句"一曲悲笳吹不尽，残灰犹共晚烟飞"。2012年7月，中共北京市第十一次党代会报告把推动海淀"三山五园"历史文化景区建设列为北京历史文化名城保护的重要组成部分，与"三山五园"中的其他园林相比，圆明园在现代化、商业化和传统文化保护等主题交织下的一举一动，更加牵动国人的神经。[1]一言以蔽

---

[1] 三山五园是北京西郊沿西山到万泉河一带皇家园林的总称，主要包括香山静宜园、玉泉山静明园、万寿山清漪园（颐和园）、畅春园和圆明园。

之，中国人有着浓郁而复杂的圆明园情结，每个中国人心中都有一座圆明园。

《人民日报》是中国共产党中央委员会的机关报，是中国第一大报，被联合国教科文组织评为世界上最具权威性、最有影响力的十大报纸之一。《人民日报》是国内主流媒体最为突出的代表：其社论在很长一段时间内代表着官方最具权威性的表态，其报道在国内新闻界有着重大的示范和导向作用。通过考察《人民日报》对某一主题事件的报道，可以管中窥豹，映射出主流媒体的政治、文化心态。

2000年3月9日，北京市副市长汪光焘、刘敬民在园主持召开"圆明园遗址公园规划"专家评审会，讨论并原则通过由北京市城市规划设计研究院编制的《圆明园遗址公园规划》。规划于当年8月、9月先后经北京市政府和国家文物局批复同意。[①]这个规划通过的意义之重大，甚至被称赞为"辛亥革命以来由政府制定的关于圆明园的第一个规划"。[②]换句话说，对2000年—2012年《人民日报》圆明园主题报道的考察，不仅见证了新世纪以来圆明园遗址公园的发展建设历程，而且可以更加客观地呈现《圆明园遗址公园规划》执行和落实中的风波与曲折。

---

① 张恩荫：《圆明园大事记》，引自王道成主编：《圆明园重建大争辩》，杭州：浙江古籍出版社，2007年，第404页。
② 王道成：《专家学者岂能不要诚信——在纪念圆明园罹难143周年座谈会上的发言》，引自王道成主编：《圆明园重建大争辩》，杭州：浙江古籍出版社，2007年，第211页。

二、报道取样和分类

笔者通过中国知网择取2000年—2012年《人民日报》圆明园主题报道作为分析样本，对此进行取样和分类。《人民日报》（含海外版）从2000年至2012年13年间采编的圆明园主题报道总共51篇，年均3.9篇。其中《人民日报》27篇，《人民日报》（海外版）24篇。

在数据库上呈现的这51篇报道中，已注明所刊发版面的共48篇。按照版面统计，圆明园主题报道频率占前三位的分别是《人民日报》"视点新闻"（10篇）、《人民日报》（海外版）"文化遗产"（7篇）、《人民日报》"文化新闻"（5篇）和《人民日报》（海外版）"要闻·社会"（5篇）。由此可见，圆明园主题报道不但集中在社会和文化新闻范畴，更超出了一般新闻的范畴，被作为"视点""热点"甚至"焦点"问题来看待。从内容报道深度而言，报道频率最高的"视点新闻"版在《人民日报》更是属于深度报道范畴。这体现了圆明园主题新闻具有重要的新闻价值和广泛的社会影响，受到以《人民日报》为代表的主流媒体的重视。

按照报道篇幅来分析，篇幅最长的是2008年2月29日《人民日报》"副刊"版的《争议中的圆明园》，该篇文章长达4页，主要是编辑了叶廷芳、汪之力、谢辰生、王道成等专家关于圆明园保护和复建的学术论争。其次是2004年11月18日《人民日报》"视点新闻"版的《圆明园：辉煌是否需要重建》、

2007年12月13日《人民日报》（海外版）"旅游"版的《论战中的圆明园修复》和2008年2月26日《人民日报》（海外版）"文化遗产"版的《圆明新园：历史能否被重建》。这三篇报道都长达3页，具体主题依然是围绕圆明园复建的论争。

按照报道的具体主题统计，绝大多数报道集中在以下三类：（1）圆明园遗址保护与复建；（2）圆明园流失文物追索；（3）圆明园历史文化教育普及。对此几种细分主题的报道统计分析如下：

主题	圆明园遗址保护与复建	圆明园流失文物追索	圆明园历史文化教育普及	其他
篇次	31	10	8	2
比例	60.78%	19.61%	15.69%	3.92%

三、圆明园形象与功能

1.圆明园遗址保护与复建

在细化的分类统计中，该类主题报道共31篇，在《人民日报》圆明园主题报道中的篇幅比例高达60.78%。

自从上个世纪八十年代以来，关于圆明园遗址的保护就一直是各方关注和争论的焦点。但正如《圆明园遗址公园规划》中明确提到："怎样更有效地抢救、保护和合理利用圆明园遗址，学术界一直存在着不同的观点……各种观点难以统一。"最后通过的《圆明园遗址公园规划方案》中明确了"保护遗址是整修、利用的前提和核心"的规划原则,并把恢复古建筑的面积控制在古建筑遗址面积的10%以内。[①]

进入21世纪以来,关于圆明园保护与复建的原则性问题,随着《圆明园遗址公园规划》的出台和通过,在某种意义上已经尘埃落定。但其后发生的一系列社会公共事件,特别是浙江横店影视基地"异地再造圆明园"的计划更加激化了"整修派"和"废墟派"的针锋相对,呈现全民争说圆明园的舆情。

在已搜集到的报道资料中,《人民日报》(含海外版)中有12篇是直接关于两派意见争论的。在所考察的51篇圆明园主题报道当中,有36篇在不同程度上引用了专家学者和官员的观点。与此同时,这样的"意见之争"在知识精英和普罗大众层面却呈现出巨大的知识不均衡。专家学者对圆明园的保护与现状爱之深、责之切,但多少仅仅限于"茶杯里的风波",而普通民众对圆明园的历史沿革等却知之甚少,在大部分的人眼中,圆明园也仅仅只是西洋楼大水法的断壁残垣,更遑论"整修派"和"废墟派"的意见分野了。

2.圆明园流失文物追索

圆明园流失文物追索主题的报道在这一时期《人民日报》(含海外版)中有10篇,比例达到19.61%。该类新闻热点源自2000年中国保利集团公司于香港佳士得、苏富比拍卖行拍卖会

---

① 北京市城市规划设计研究院:《圆明园遗址公园规划》,引自王道成主编:《圆明园重建大争辩》,杭州:浙江古籍出版社,2007年,第169—180页。

上成功拍得猴首、牛首和虎首等圆明园海晏堂铜兽首。此后，圆明园文物拍卖成为新闻焦点。2009年巴黎佳士得拍卖行拍卖圆明园海晏堂铜鼠首和兔首，使得国内舆论达到高潮。当年2月—4月这几个月的时间里，《人民日报》（海外版）全程追踪圆明园铜兽首拍卖事件，连续刊发5篇文章，声讨佳士得公司在法国的拍卖行径。这些文章发出了中国外交部、文物局等官方机构最为强硬的表态，各民间团体也纷纷谴责此种行径，反对将圆明园流失文物进行市场交易。这些报道还对过去外国侵略者对圆明园文物的掠夺过程进行了回顾，进而在客观上又提升了大陆民众的民族主义情愫，加深了对圆明园的历史记忆。

在围绕这一事件的新闻报道中，也有专家学者表达了对国人在流失文物态度上"不理智"的批评。中国国家博物馆副馆长陈履生在微博上说，不同意将圆明园十二生肖兽首称为"国宝"："如果基于中国文化的立场，从艺术价值和审美价值来看，圆明园兽首只是一般性的历史文物"。他认为圆明园兽首的拍卖掺杂了"政治因素"和"民族情感"，导致兽首价格一路飙升和民族情绪一路高涨，"其直接的后果是哄抬了中国文物的市场价格，一定程度上影响了政府对流失文物的追讨"。[1]

3.圆明园历史文化教育普及

《圆明园遗址公园规划》明确规定遗址公园的四大功能：（1）具有参观凭吊、教育后人不忘国耻，热爱世界和平、国

---

[1] 陈履生：《应建立海外流失文物目录》，《新京报》，2013年6月29日。

际友好交往的教育功能。（2）具有历史研究、造园艺术科学考察及借鉴功能。（3）具有东西方文化交流功能。（4）具有游览休憩功能。①简而言之，这四大功能可以梗概为圆明园遗址公园的历史文化教育普及功能，对"保护圆明园"的前提"了解圆明园"作了具体的阐发。

通过再现圆明园的艺术文化精髓来普及圆明园知识，增加广大受众群体对圆明园的了解和认识的报道数量较少，只有8篇，在《人民日报》圆明园主题报道的比例只占15.69%。况且，这8篇报道当中，还有两篇只是把圆明园当作历史背景来简单介绍②。

从具体报道分析：2001年11月30日的《圆明园因何得名》，从北京西郊的历史自然风貌说起，历数康熙、雍正、乾隆三代帝王，解释了何以名之"圆明"。2001年12月17日的《圆明园清朝政府的"心脏"》，以"勤政亲贤"殿和"九州清晏"为例详细介绍了"园苑"和"宫廷"的两大职能。2002年2月27日的《圆明园内的寺庙及宗教活动》，则介绍了圆明三园中的佛教寺庙、喇嘛寺庙、道教寺观等庙宇，从另一个侧面展示了圆明园在清朝的宗教功能。2005年9月8日的《"我们负有记忆的责任"——访〈圆明园大劫难〉一书作者布立赛》，

---

① 北京市城市规划设计研究院：《圆明园遗址公园规划》，引自王道成主编：《圆明园重建大争辩》，杭州：浙江古籍出版社，2007年，第174页。

② 这两篇报道分别是2001年11月16日《人民日报》的《不该忘却的纪念大型舞剧〈情天恨海圆明园〉讲述世纪圆明园》和2002年4月16日《人民日报》（海外版）的《面对废墟的沉思和呐喊大型舞剧〈情天恨海圆明园〉观后》，这两篇文章主要是介绍了该舞剧的情况。

推荐法国作家布利赛的著作《圆明园大劫难》，该书再现了圆明园遭遇劫难的全过程，有利于我们从欧洲人的视角来重新审视圆明园历史。2007年10月9日的《走进"样式雷"》，向读者介绍了圆明园最为重要的设计者"样式雷"的含义和家族历史。2010年11月9日，《人民日报》刊发了历史学家汪荣祖先生的文章《追寻失落的圆明园》，提出为更好地保护圆明园，"唯今之计，应好好整理与保存真实的遗迹"。从圆明园文化历史的教育普及意义上来说，这6篇报道都选择了非常好的视角，但总体数量有限，报道比例也不足以与前两类报道主题相比。

对圆明园历史文化教育普及主题的报道力度，不及圆明园遗址的保护与复建、圆明园流失文物追索主题的报道，且远远逊色于前二者之和，而这一功能恰恰是圆明园全国重点文物保护单位、历史文化保护区和爱国主义教育基地等身份的题中应有之意。这部分报道力度的不够，有一定的原因在于媒体对圆明园的认知与历史文化教育普及相比，圆明园遗址的复建与否、圆明园流失文物如何追索的精彩程度，可能更加符合其对"新闻"的定位。

四、结论

在对《人民日报》（2000—2012）圆明园主题报道的分析中得出，主流媒体关注的圆明园形象和功能不外乎以下三种：（1）圆明园遗址保护与复建；（2）圆明园流失文物追索；（3）圆明园历史文化教育普及。而对此三种主题报道的比较分析，可以显而易见：主流媒体的圆明园观，焦点集中在"遗址保护与复建"和"流失文物追索"，这两类报道的行为主体大多为政治、商业和学术精英群体，而第三种面对普通受众的圆明园历史文化教育普及的则偏少。

清华大学陈志华教授在《浅谈如何对待圆明园遗址》一文中分析"废墟派"和"整修派"的论争："一方主张保存圆明园被毁后的状态，作为帝国主义侵略我国的罪证，以警惕国人，永远不要忘记'落后就要挨打'的历史教训；另一方则主张恢复它的原状，作为我国高度发达的文明的表征，激励我们充满信心地建设新的文化。"他认为争论的根源在于圆明园遗址废墟本身具有两重互相矛盾的性质和价值，并借此提出中庸的"双重做法"："复建一部分景点，保留一部分废墟，在二者之间搞平衡。但指导思想是统一的，即：以复建部分显示我国古代文明的辉煌，以它的辉煌映照出帝国主义者的贪婪和野蛮。"①笔者认为：陈教授的观点一语中的，对圆明园遗址保护与复建的问题做了绝妙的阐发。

在可以预见的未来一段时间内，《圆明园遗址公园》规划的落实和圆明园遗址公园的科学发展，将涵盖"圆明园遗址保护与整修""圆明园流失文物追索"和"圆明园历史文化教育普及"等三大主题，并履行相应功能。这三部分工作内容将维持大致相当的比例。关于圆明园遗址保护与复建的争论，至少在目前来看，随着《圆明园遗址公园规划》的持续深入执行，

---

① 陈志华：《文化建筑保护文集》，南昌：江西教育出版社，2008年，第92页。

此种争论已在某种程度上尘埃落定；而对圆明园流失文物的海外追索，也将是未来媒体关注的焦点；但对于一所在本质上承载科教功能的历史文化保护遗址而言，加大对国人圆明园历史文化知识的教育普及，将会更为任重道远。

（刊于《当代文坛》2017年第5期）

"追寻失落的圆明园——圆明园罹劫160周年纪念"中法学者云访谈

一、我们必须记住历史，而且永远不能忘记

吴浩： 今天是10月18日，160年前的今天，两个欧洲的强盗闯入了圆明园，将有"万园之园"美誉的圆明园付之一炬。这两个强盗一个是法兰西，一个是英吉利。后来很多学者开始了追寻失落的圆明园的心路历程，来自中国的历史学家汪荣祖先生和法国的历史学家布立赛先生，是其中著名的两位。十年前的10月18日，我们在圆明园西洋楼谐奇趣举办"追寻失落的圆明园"访谈，两位先生出席现场活动。今天因为疫情，两位先生一位在中国台北，一位在法国巴黎，我们通过云端对话，共同追寻失落的圆明园，纪念圆明园罹劫160周年。

请问二位第一次到圆明园是什么时候？两位围绕圆明园进行写作的初衷是什么？

汪荣祖：我第一次到圆明园是在1981年的夏天。当时的圆明园非常荒凉，连围墙都没有，里面就几块石头，所以感慨很深，回去之后也没有马上写《追寻失落的圆明园》这本书。后来是因为我在给学生上课时讲述圆明园，同学们都很喜欢，也引发我个人的兴趣，后来我在第一历史档案馆看到一些材料，从那个时候开始研究圆明园，开始写这本书，直到2001年出版。

布立赛：我是20年前来中国旅行，当时是一个美丽的秋天，首先去的是颐和园，后来我想，为何不来圆明园看一下？当时看到圆明园之后，我的感受非常复杂，可以说整个人的心情都被颠覆了。因为我意识到，其实是我的祖先、我的前辈们和英国军队实施了这桩罪行，烧杀抢掠。我当时非常难过，所以回到巴黎之后，我就去了法国非常有名的图书馆查资料，但被告知只有部分英语资料，并没有法文资料，所以我就在想，我作为一个历史学家，为什么不写一写这段历史呢？

吴浩：汪荣祖先生的《追寻失落的圆明园》英文版（*A Paradise Lost: The Imperial Garden Yuanming Yuan*）2001年在美国夏威夷大学出版社出版，并被全美研究图书馆权威期刊《选择》（*Choice*）评选为2001年度"各学科最佳学术著作"之一；后来又陆续出版了繁体中文版、简体中文版和英汉对照版，并被译为韩文在韩国出版。每个中国人心中都有一座圆明园。您怎样认识国人的"圆明园情结"？

汪荣祖：吴浩提到每个国人都有一个所谓的"圆明园情结"，因为这个园里包括了中国的文物、建筑、工艺，甚至可以说是中国的文明，它们在外力的摧残下失去了，每一个中国人对此都有很深的情结。我记得有一个外国作者说过，圆明园是一个皇家的园林，关一般中国人什么事情？可是我回答他说，假如外国人把英国皇宫烧了，英国人有什么感受？我觉得纪念圆明园，把遗址公园保存下来，以及推动关于圆明园书籍的流通，可以使情结能够不淡化。这个情结很重要，因为这是中国的一个国耻，世世代代应该记忆。我们可以原谅，但是不能够忘记，我是这样理解国人的情结。

吴浩：布立赛先生创作了《1860：圆明园大劫难》，这本书被认为是第一本法国学者全面正视、反思圆明园罹劫的著作，体现了布立赛热爱和平、珍视人类文明的学术良知，我们对您表示真诚的敬意。在这本书的序言中，法国前总统德斯坦提到"记忆责任"，不忘过去的罪行有助于增强这种记忆责任，在书中您是怎样认识这种意义的？

布立赛：我这本书是第一本用法语出版的有关圆明园的书。法国前总统德斯坦提到了这个记忆责任的问题，我觉得他在说，我们必须记住历史，而且永远不能忘记。我的书就这样讲述了这段历史。《欧洲时报》社长杨咏橘女士读了这本书，明白了其中的意义并买下版权，使得它能够被我们的朋友高发明先生翻译，于2005年在中国出版。德斯坦前总统所说的记忆责任，就是一道命令：永远不要忘记，永远不要重蹈覆辙。

吴浩：法国大文豪雨果先生曾经写过《致巴特勒上尉的信》，提及"两个来自欧洲的强盗闯进了圆明园"，这封信入选了中国的中学生教材，在中国产生了很大影响。为了纪念雨果，他的雕像十年前在圆明园落成。请问您二位是什么时候读到这篇文献的？对二位的写作有什么影响？

汪荣祖：我记得，当我听说雨果这句话的同时，也见到美国著名作家马克·吐温说的同样的话，不过雨果是针对英法联军，他说两个强盗，但是马克·吐温针对的是八国联军，他发现八国联军侵华的时候，连那些传教士都在北京抢劫，他由此写了一篇非常讽刺的文章。对我们而言，火烧圆明园绝对是错的，但是有些西方人觉得这是对中国应有的惩罚，不过我们也能看到，西方也有像雨果、马克·吐温这样的正义人士，他们也指出这是错误的，尤其是抢劫。而且圆明园跟政治没有什么关系，它完全是艺术的，代表了一种文明。雨果们对这个文明的被摧残发出正义的声音，这是让我非常敬佩的。我觉得布立赛先生写这本书也有同样的正义声音在里面。

布立赛：我很早就读到过雨果的这封信。我知道这封信被收入学校的课本中，在中国流传甚广，我记得在山东遇到一位老师，她说她八岁时就在小学课堂上知道了这封信。我也很高兴看到雨果的雕像在圆明园落成。对我而言，其实雨果就是我刚才所提到的"记忆责任"的一部分。

吴浩：圆明园的海晏堂12尊青铜兽首流失海外，目前有8尊已经回归中国，其中法国皮诺家族无偿捐赠了鼠首、兔首回归中国，请问您二位怎么看待兽首回归中国？

汪荣祖：我觉得海晏堂兽首回到中国是很有意义的。我记得在十年前圆明园罹难150周年的时候，大家也讨论到圆明园失落的遗物回归的问题，或者是追回国宝的问题。12尊兽首是很具体的东西，是比较显著的遗物，回归当然是令人瞩目的。但是，我们也应该注意到，这是一件很不容易的事情，除了兽首以外还有很多失散在全世界的遗物，怎样把它们追回来，也是一个很大的问题。当然，我对于兽首的回归感到非常高兴，希望12尊兽首都能够回到圆明园。

布立赛：这12尊青铜兽首现在已经有8尊回来了，之前有好几尊都在法国的博物馆里。我充分理解中国人对于这些兽首的情感，因为这对于中国人来说是具有标志性意义的，是非常重要的。我很高兴皮诺先生的儿子将这些兽首免费还给中国，这是一个令人称赞的行动，给全世界树立了一个典范。

吴浩：关于圆明园盛景的《圆明园四十景图咏》目前收藏在法国国家图书馆，布立赛先生也曾经给法国总统希拉克写信，建言把文物归还中国。您二位认为现在有什么样的渠道、方式可以继续推进此事？

汪荣祖：我也不太清楚如何能把《圆明园四十景图咏》追回到圆明园，现在它属于法国博物馆的知识财产。据我所知，有一个华裔法国建筑师写了一本关于圆明园的书，他把《圆明园四十景图咏》全部收录在里面，可是在我写圆明园的时候就不可能把《圆明园四十景图咏》都收录，因为有版权的问题。我真的很希望有办法使这本著作回到圆明园，变成一个公共产品，而不牵扯到所谓的版权问题。在我看来《圆明园四十景图咏》是非常珍贵的，价值不在兽首之下。

布立赛：我在我这本书里也提到了《圆明园四十景图咏》，其中一页就是《圆明园四十景图咏》的一部分。目前

《圆明园四十景图咏》收藏在法国国家图书馆，是非常宏伟的一个文物。我个人的意见是，这个东西是我们偷来的，所以我们肯定要还回去，这也是为什么我这几年都在为这个事情而努力，但是很可惜没有成功。主要的原因在于，法国的法律是禁止图书馆自行将收藏的文物给出去，图书馆没有办法自由支配自己的馆藏。但是，我非常希望有一天《圆明园四十景图咏》能够归还中国，对于如何推进这个事情，我有几点小小的建议，比如说我们可以签一个中法文物互换的合同，或者是推动法国修订新的法律——但是这件事情比较困难，因为需要议会的允许。总而言之，我非常希望珍贵的文物能够归还中国。

二、倡议圆明园恢复文源阁、建设数字博物馆

吴浩：20年前，关于圆明园"原样复建"与"保持遗址"，在中国曾有很大争论：有学者认为可以原样复建，以再现圆明园盛景；有学者认为应该保持圆明园现状，以更好地见证历史、启发世人。对此，二位怎么看？

汪荣祖：我一开始就反对原样复原，不光是因为钱，最主要还是建筑工艺的问题，因为圆明园经过150年的经营，工艺非常精湛，现在要恢复这种工艺几乎不太可能。假如圆明园没有被毁，那么它可以成为全世界最伟大的博物馆。可是如果修复之后，里面的东西都不在了，那么原样恢复是完全没有意义的，因此我一开始就主张保持遗址，我很高兴现在的趋势也是保持遗址。我们可以在保持遗址的基础上恢复部分建筑，

我觉得恢复原来收藏《四库全书》的文源阁是非常有意义的，我们可以把《四库全书》的原版摆在里面，供游客参观，这作为一个景点被恢复是很有意义的。因为《四库全书》现在有翻版的，要使用的话可以用翻版，原本可以藏在被修复的文源阁里。

布立赛：我的意见和汪先生基本上是一致的，我非常反对圆明园原样复建，我认为圆明园被摧毁之后的遗址是很神圣的，它如今是一个公园，而我认为它不仅是北京的一个休闲公园，更是一个很有记忆价值的场所，所以我觉得没有必要重建它。

吴浩：在数字化时代，结合大量的文献档案资料，再现圆明园成为可能。清华大学建筑学院郭黛姮教授团队曾经通过数字化成功地再现了圆明园盛景，并在中国多次举办这样的展览。未来有无可能在法国举办这样的展览？中法甚至其他国家是否可以围绕圆明园开展联合研究？

汪荣祖：我觉得都有可能，此外是不是可以在圆明园建一个圆明园纪念馆，把里面关于圆明园的一些东西数字化蛮有意义。去年我在曲阜看到孔子纪念馆，我想圆明园里面需要数字化展示的肯定也不少，通过数字化方式，可以让世界各国人民都了解、认识圆明园。

布立赛：我觉得这是一个非常好的建议，中法如果能有这样的研究，它不仅有科学意义，更有文化交流意义。而且这样的展览在法国很受欢迎，法国一些和亚洲有关的博物馆已经在尝试合作展览，效果很好。我觉得这样的展览不仅是在法国，在全球都是有意义的。

吴浩：您二位前后来过多少次圆明园？印象最深的是哪一次？十年前在圆明园西洋楼谐奇趣遗址处的访谈，有哪些深刻回忆？

汪荣祖：印象最深的当然是十年前，圆明园被毁150周年。因为那天非常寒冷，穿了军大衣都觉得很冷，现在看看今年此时好像是夏天一样。当然，十年前还有一件事情让我印象深刻，就是大家谈到的国宝回归的问题，今天我们也提到十年来这件事取得的成绩和进展。除了十年前这次以外，我印象深刻的还有1981年第一次来圆明园，因为那个时候圆明园非常荒芜，而且当时我担心圆明园的遗址可能不保，所以内心记忆很深。

布立赛：我来过五六次，印象最深刻的跟汪先生一样，是2010年的圆明园罹难150周年纪念，和大家分享两个小细节：第一，那年我来北京参加活动，在地铁上看见有人在读我那本书的中文版，我非常震惊，也非常高兴，没有想到正好会有人读到我的书，非常巧。第二，在纪念活动那天，我妻子也来了，天气不是很好，下起了雨，那天的军大衣对我来说印象也很深刻。当时我头都湿了，但是我觉得没有什么关系，我就继续我的访谈，那次经历还是非常有趣的，挺难忘的。

吴浩：公众对圆明园关注的焦点一般都集中在圆明园"再现"、文物回归以及圆明园作为遗址公园如何更好发挥公共教育职能等方面。这十年来，圆明园在遗址修复、生态保护等方面取得了丰硕的成果。以我们今天主会场所在的圆明园万方安和为例，此处曾经也是一片废墟，经过多年的努力，基座得到很好的修缮，生态环境得到恢复，沙鸥翔集，锦鳞游泳。置身万方安和，对照《圆明园四十景图咏》，通过历史"再现"和今昔对比，使我们对圆明园的浴火重生有着更为深刻的体认。请问您二位如何评价圆明园这十年来的变化？

汪荣祖：我觉得十年的变化是很大的，尤其圆明园遗址公园整理得非常好，我记得前几年我跟吴浩曾经在圆明园里步行了三个小时，看了很多景点，感觉整修得非常好。我觉得整个趋势跟我所希望的非常接近，就是把遗址整理好、保护好，遗址有一种悲壮的感觉，永远留下一个很深刻的印象。

布立赛：我上次来是2010年，也是和吴先生一起，但是很抱歉我没有办法去评价这十年以来的变化，因为我后来没有亲身到圆明园看过。但是，我很相信中国人在圆明园遗址保护方面会做得很好，而且不会出错。

吴浩：汪荣祖先生在《追寻失落的圆明园》双语版序言中，提到了布立赛先生的著作《1860：圆明园大劫难》，而布立赛先生著作中也提到了汪先生的著作，您二位怎么评价对方的书？

汪荣祖：《1860：圆明园大劫难》这本书写得非常精彩，他把英法联军劫掠的整个过程写得非常仔细，连多少军队、多少人、多少火炮，一切细节都描写到了，我觉得在中文书里还没有一个人把英法联军入侵的过程写得那么仔细。当然，我在我的书里称英法联军是第二次鸦片战争，布立赛先生在书里说是第三次鸦片战争。后来我感觉到，其实和鸦片几乎没有什么关系，因为在《南京条约》签订之后，中国已经没有办法禁烟，西方也没必要走私，鸦片已经不是主要问题。问题在哪里？问题在修约。为什么修约？英国觉得《南京条约》已经不能满足他们的需求，要求增加条款，因而有了后来所谓的《天津条约》，是为了增加西方国家特别是英国在中国的权益。因为英国人要到京城里换约，而且要带兵到京城去见皇帝，中国皇帝从来没有经历过这样的事情，于是断然拒绝。本来《天津条约》已经签订了，就是因为换约和进京路线问题造成纠纷，后来又和、又战，这个在布立赛先生的书里讲得非常清楚，所以我们必须知道这次战争爆发的原因不是鸦片，而是换约。为什么换约？就是西方国家要争取更多的权益。

布立赛：可以说我和汪先生的著作基本上是同时出版的，所以我们俩在写自己的书之前都没有互相看过对方的书，因此很感谢吴先生再次策划组织这样的活动，提供了这次机会，让我们一起讨论这个主题。

三、和平是人类共同的命运

吴浩：布立赛先生在书中提到过您热爱中国，在中国让您感到很舒服，有回到家的感觉，因为中法文化有很多相像的地方。请问您二位怎么看待中法文化的相似性？怎样展望中法人文交流？

汪荣祖：中法文化的问题关系到中西文化的问题，因为法国文化是西方文化的一部分。我向来主张物质文明可以很相似，甚至完全相同，但是精神文明是不太相似，也可能是完全不同的。国内很多朋友都没有把它分清楚，甚至把人文艺术和科学混同，其实这是不同的。20世纪很有名的思想史学者柏林写了一本书叫《文化多元论》。什么是文化多元？就是每个文化由于历史背景而各不相同，文化无所谓好坏，应互相并存。我觉得中法文化交流或者中西文化交流，应该互相了解、互相交流，没有必要要求一方文化和另一方文化相同，这是不太可能的。我们在自然科学方面可以西化，可是在人文社会学科领域不能西化。

布立赛：我说过我非常热爱中国。我一到中国就觉得特别幸福。我和我的夫人都非常热爱中国的美食。十年前法语联盟安排我来中国做圆明园访谈，他们当时问我想不想见一些合作的老板，或者各地的领导，我当时都拒绝了，我说我就想去尝一尝中国的美食。那次我几乎尝遍了每个省份非常有代表性的美食。我也非常喜欢中国人，因为我确实觉得中法文化是很相似的，而且中国人和法国人之间有很多的相似性，在这里不一一列举，可能这都值得我再去写一本书。

吴浩：今天，我们在特殊时期通过云访谈的方式共赴"十年之约"。回首十年之前的访谈，地点从谐奇趣移步到万方安和，亦有祝祈人类早日战胜疫情、实现世界和平安定的美好愿望。那么您二位认为应该如何以圆明园为镜，呼吁和倡导世界和平，建设人类命运共同体？

汪荣祖：你讲到十年之约，十年以后我已经90岁了，我想布立赛先生比我小1岁，不过我父亲是活到102岁，所以也许在

20年后我们也还可以在圆明园相见。

你谈到人类命运共同体，本来世界向全球化的方向发展，全球化的结果就是人类命运共同体，而且战争不是人类共同的命运，和平才是人类共同的命运。但是，我们发现现在美国走回头路了，它现在反对全球化，什么道理？在我看来，因为他们之前觉得全球化就是欧美化，可是现在发现全球化不一定是欧美化，尤其是中国提出"一带一路"倡议，是另一种全球化。所以，这个问题还是在于对人类的命运是否有共同的认识，还是要破除一些国家、民族利益的界限，这是一个很困难的问题。因为我觉得人文的发展跟科学不一样，科学一直在进步，可是人文领域有时候会倒退的。但是我个人觉得，全球化是必然的趋势，假如全球化是可能的，那么人类命运共同体就有可能，我们希望能够实现。

布立赛： 首先，我很同意刚才汪先生说的一些观点。法国有一个著名的历史学家和人类学家曾经说过，中国人和法国人的想法是很相似的，中国驻法国前大使也提到过中国人和法国人的相似性，而且中国人、法国人都有非常相似的同理心。

吴浩： 疫情平复以后，您二位最盼望到访圆明园哪个景点？您是否可以展望一下，十年后我能再陪两位游圆明园，继续来做这样的讨论，畅谈圆明园的前世今生、凤凰涅槃？

汪荣祖： 我非常期待，除了西洋楼我不想再看，因为我看了太多次了，其他的景点都想看看，像万方安和我也想看看，上次的印象并不太深。另外，刚刚提到了文源阁，我想看看文源阁遗址，很希望文源阁能够重建，收藏《四库全书》的原版作为参观之用。

布立赛：刚才提到疫情的问题，虽然我们不知道疫情什么时候结束，但它终将结束。我很期待在疫情结束之后能够来中国，无论有没有疫情的问题，圆明园存在在这里，而且将一直存在于我的记忆之中。

（刊于《中华读书报》2020年10月21日）

文澜重光夜　天涯共此时

仲春时节，国际儒学联合会应台湾民间机构约请，向其新落成的图书馆赠送《文澜阁四库全书》（影印本）。位于北京文津街的国家图书馆古籍馆，民国年间曾庋藏承德避暑山庄《文津阁四库全书》，国际儒学联合会会长在此向赠送台湾的《文澜阁四库全书》（影印本）庄重钤印。不日，钤有"国际儒学联合会赠"之印的1559册《文澜阁四库全书》（影印本）顺利运抵台北，入藏"文澜宝典"特藏室。

八月既望之夜，"文澜重光"——《文澜阁四库全书》（影印本）云赠送仪式，在杭州和台北两地举行。杭州孤山南麓、西子湖畔的文澜阁，国际儒学联合会同人凭借先进的5G技术，与台湾友人在云端对话，畅叙文澜宝典的"光荣与梦想"。在璀璨灯光的映衬下，始建于清代乾隆年间的文澜阁仿佛琼楼玉宇，碑亭湖石、月台桂树都氤氲在七彩烟霞之中。

《四库全书》是清朝乾隆皇帝广征全国典籍、历经十年之久编纂而成、迄今世界上最大规模的一部丛书。清廷仿照宁波天一阁藏书楼的建筑规制，在紫禁城、圆明园、承德避暑山庄和盛京（今沈阳）故宫分别建造文渊阁、文源阁、文津阁、文溯阁等"内廷四阁"（又被称为"北四阁"），庋藏《四库全书》。此后，为方便江浙士子"就近观摩誊录"，乾隆皇帝又令再缮三部《四库全书》，分别入藏扬州大观堂文汇阁、镇江金山寺文宗阁、杭州圣因寺文澜阁。这便是《文澜阁四库全书》的滥觞。

杭州在太平天国战争中遭遇兵燹，文澜阁及《文澜阁四库全书》"阁圮书散"。藏书家丁申、丁丙兄弟在战火中冒着生命危险抢救库书，并花费财力从民间收购散佚库书，所得仅及原书总数的四分之一。战后，在丁氏兄弟等杭州士绅的吁请下，浙江巡抚谭钟麟主持重建文澜阁。《文澜阁四库全书》也历经丁丙、钱恂、张宗祥等主持的三次大规模补抄而恢复全貌。正因此，《文澜阁四库全书》包含原抄、丁抄、钱抄、张抄四个版本，比乾隆原颁本更为完整，具有更高的版本价值和历史文献价值，是"四库学"研究的重要资源。抗日战争爆发后，在浙江省图书馆馆长陈训慈和浙江大学校长竺可桢等的共同努力下，《文澜阁四库全书》自杭州安全转移，辗转六省，西迁贵州，并在抗战胜利后完璧归杭。数代国人如接力赛般抢救保护《文澜阁四库全书》的动人故事，是守护中华民族精神根脉的壮丽诗篇。

在云赠送仪式上，两岸学者展示了为雅集书写的作品：台湾文艺评论家何怀硕教授以汉隶题匾"文澜宝典"，浙江大学艺术与考古学院院长白谦慎教授以唐楷书写"文澜重光"。我凝视着流光溢彩的"文澜阁"古匾，思索"文澜重光"的三重意义：首先，文澜阁藏书楼古建筑和《文澜阁四库全书》历经岁月沧桑而得以有效保护；其次，在政府和社会各界的支持下，《文澜阁四库全书》皇皇巨著得以影印出版，堪称"四库学"的伟大工程；再者，《文澜阁四库全书》（影印本）不但在大陆广为流布，还入藏宝岛台湾，甚至在未来还将进入多所世界知名大学和文化机构的典藏。

耄耋之年的著名历史学家许倬云先生在美国匹兹堡家中以视频方式参加了仪式。他希望台北"文澜宝典"特藏室不仅是一个储存图书经典的空间，更要成为学者们交换意见、沟通交流的场所。许先生指出，除镇江文宗阁之外，庋藏《四库全书》的南北六阁，都带有水字旁，且文渊阁、文源阁等都表示来源的含义。他建议台北庋藏《文澜阁四库全书》的特藏室可以称为"文海阁"。"文海阁"，既延续了南北六阁仿照天一阁"天一生水"含义、水字旁的命名，又具有从源头到聚集的意义——"中国文明在这里流向海洋，海外文明流向中国，在这个海陆交汇之处不是溯源，而是汇合——河润九州、海泽八方。"

许倬云先生的苦心孤诣，令我想起他的名著《万古江河》。他用河流比喻中国文化的发展："中国文化从源头的细流，长江大河一路收纳了支流河川的水量，也接受了这些河川带来的许多成分，终于汇聚为洪流，奔向大海——这一大海即是世界各处人类共同缔造的世界文化。"从文渊阁、文源阁、文津阁、文溯阁、文汇阁、文澜阁，到"文海阁"，体现了许先生从人类文明的高度对中国文化未来发展的期许："要用中国文化引起世界共鸣，成为世界文化的一环，使中国文化不再只是冷僻的博物馆里的陈列品"，"在世界文化中不要失去中国文化，要为未来作记录，铸造新的世界文明"。

十年前，文澜阁所属浙江省博物馆馆藏的《富春山居图》（剩山图）与台北"故宫博物院"的《富春山居图》（无用师卷）在台北正式合璧展出。这场"山水合璧"的文化盛举，至今仍然为海峡两岸同胞乃至对中国文化葆有"温情与敬意"的外国友人所津津乐道。《富春山居图》的"山水合璧"，以图画中的富春山水在物理空间的无缝对接，暗涵祖国山河一统的美好寓意。

十年后的今天，中秋佳节之时，海峡两岸同仁以视频方式共同见证《文澜阁四库全书》（影印本）入藏台北"文澜宝典"特藏室。我想起中国图书史上"天禄琳琅"的典故。乾隆皇帝在编纂《四库全书》之前，曾将内廷历代善本置于昭仁殿珍藏，并题写匾额"天禄琳琅"，昭仁殿善本藏书也因此钤有"天禄琳琅"之印。"天禄"取自汉朝天禄阁藏书典故，"琳琅"即美玉，比喻藏书美不胜收。"纸墨寿于金石"，《四库全书》等等具象的典籍是"天禄琳琅"，生生不息之民族精神、泱泱华夏之斯文正脉，更是"天禄琳琅"！

江山留胜迹，我辈复登临。文澜重光夜，天涯共此时。

"山水合璧"与"天禄琳琅"，正是海峡两岸中华儿女的美好心愿。

（刊于《光明日报》2021年10月5日）

胡适1923年12月2日与旅宁绩溪同乡合影地点浅考

　　2011年12月，为纪念新文化运动先驱胡适诞辰120周年，在老北大沙滩红楼旧址，北京新文化运动纪念馆与台湾胡适纪念馆联合主办了"胡适文物图片展"。展品中有一张照片引起笔者极大的兴趣。那是1923年12月2日，胡适先生与旅宁绩溪同乡在南京的一张合影，胡适先生还特意在照片右侧亲笔注上合影诸位同乡的名字：洪范五、胡广平、胡建人、汪乃刚、章昭煌、胡培瀚、程宗潮。后来翻阅相关文献发现，《胡适和他的朋友们：1904—1948》和《寻找发现还原——胡适速写》中都收录了这幅照片。

照片上与胡适先生合影的诸位都是先生的绩溪同乡，而且当时皆在南京东南大学任教或求学。

洪范五，幼名有丰，祖籍绩溪县大石门村，生于休宁县万安镇桑园村，后入歙县崇一学堂、南京金陵大学、美国纽约州立图书馆学校等深造，是在美国国会图书馆工作的第一位中国人。回国后历任南京高等师范学校、东南大学、中央大学、清华大学等名校教授兼图书馆主任。

老照片上的其余六位——胡广平、胡建人、汪乃刚、章昭煌、胡培瀚、程宗潮，其时皆在东南大学求学，后大多投身教育学术文化事业。

胡广平，徽州现代教育家、安徽省立第二师范创始人胡晋接先生的哲嗣，是柯庆施在安徽省立二师的同班同学，后曾任安徽师范大学数学系系主任等职务。

胡建人，又名家健，历任安徽省立四中校长、安徽省立宣城师范校长、浙江大学教授、教育部中等教育司司长、香港中文大学联合书院文学院院长等职务。

汪乃刚，是徽州现代出版家、亚东图书馆创始人汪孟邹的侄子，也是亚东出版事业的重要成员，其点校的《宋人话本七种》，由胡适作序。胡适不但推荐徐志摩为汪乃刚点校的另外一部作品《醒世姻缘传》作序，还为此专门写作考据文章，由此可见胡适和汪乃刚之间的亲密关系。

章昭煌，东南大学物理专业毕业后，受叶企孙先生推荐北上担任语言学大师、清华大学国学院导师赵元任的助理，后赴法国留学，改名元石，历任湖南国立师范学院、华东师范大学物理系教授。

胡培瀚，曾任南京学生会会长，加入中国国民党，在革命和救亡的洪流中有着曲折的经历。

程宗潮，从东南大学教育系毕业后，历任东南大学讲师、南京市教育局主任督学、湖南国立师范学院教育系教授、中央大学教育系教授等职务。

特别有意思的是，除了汪乃刚之外，胡广平、胡建人、章昭煌、胡培瀚、程宗潮皆是从安徽省立第二师范毕业，并考入东南大学求学的。

安徽省立二师是笔者母校安徽省休宁中学的前身，笔者与胡广平先生哲嗣、收藏家胡其伟先生是忘年之交，便把这幅老照片发给胡其伟先生。胡其伟先生已届八十六岁高龄，但也是第一次见到这幅照片。他为此还专门撰文《老照片里的徽州乡情——记1923年胡适在南京与我父亲胡广平等徽州同乡合影》。胡其伟先生在文中分析合影的背景：时任东南大学教授兼图书馆主任的洪范五在南京相府营建有"柏园"住宅，当时成为过往南京的徽州籍知识分子的招待所。胡适到南京后就住在"柏园"，洪范五设宴招待并与同乡们合影留念。

笔者仔细观察这幅老照片，合影诸人站立的位置至少有三级台阶，台阶两侧是罗马式石柱，台阶其后是两扇大门。从情状分析，合影地点与其说是洪范五先生南京相府营"柏园"，不如说更像一处礼堂建筑。笔者就此请教南京历史街区研究专家、南京大学政府管理学院姚远副教授。姚远这样解答笔者的疑问：在1923年的南京，相府营位于南京老城区，老街巷犬牙交错，老民居鳞次栉比，不可能在那样的空间环境下矗立这样一处体量巨大的公共建筑。笔者就此又再次请教胡其伟先生，胡其伟先生专门为此联系、询问洪范五先生家人。后洪范五先生长女洪余璧告知，柏园是洪范五先生在1928年左右建造完成。笔者后于《绩溪现代教育史料》所辑胡家健撰文《中国现代图书馆教育的先驱——洪范五》中发现柏园兴建的具体时间："民国十六年（1927年），范五为祝贺他的尊翁柏寿六秩双庆，特请名建筑师朱葆初绘图于南京相府营六号兴建住宅，取名柏园，每年迎两老偕友好来此度岁。"作者胡家健即是合影中的胡建人，他不但准确地回忆了柏园建造的时间是1927年，更在文中记载了杨将军巷、焦状元巷等南京老街巷在柏园附近，姚远的论断与此吻合。

柏园落成的时间不会早于1927年，而这幅老照片所摄的时间是1923年，所以可以明确无误地作结论：胡适与旅宁绩溪同乡1923年12月2日合影的地点不可能是在洪范五府邸柏园。接下来的一个问题便是：这张合影的地点究竟在什么所在？胡适日记中是否有对此事的记载？

据《胡适年谱》，胡适于1923年4月21日离开北京到南方休养，其间，曾与曹诚英在杭州烟霞洞同住。11月20日，离沪北返。参阅胡适日记1923年部分，其将1923年9月9日至11月4日的日记称以"山中日记"。胡适在"山中日记"之后，附以"山中杂记"，其中记录了很多他对中国古代书院制度思考的内容。非常遗憾的是，目前存世刊行的胡适日记，在1923年12月最早的记录，始于12月16日。胡适当日日记中记载的主要活动有："早起，点灯作长书与王云五"，"往访王静庵先生（国维）"，"访马幼渔"等。胡适特别注明当日收到了章希吕和陈独秀等人的来信。据《王国维年谱新编》，王国维1923年5月31日到达北京，出任逊帝溥仪之"南书房行走"，6月29日迁居地安门内织染局十号。当年之后的时间，王国维一直在北京居住。胡适1923年12月16日日记记载拜访王国维，证明当日胡适已在北京。

《胡适年谱》中提及1923年12月，胡适曾到南京，在东南大学讲演"书院制史略"。笔者在《胡适文集》中发现，编者欧阳哲生先生注明胡适曾于1923年12月10日在南京东南大学作"书院制史略"的演讲。编者还特地于文章末尾注明：本文为1923年12月10日胡适在南京东南大学的演讲，陈启宇笔记。原载1923年12月17日至18日上海《时事新报》"学灯"副刊，又载1923年12月24日《北京大学日刊》，又载1924年2月10日《东方杂志》第21卷第3期。笔者根据以上线索继续查找，在北大图书馆寻得当期《北京大学日刊》和《东方杂志》，但均未发现原文记录胡适在东南大学此次演讲的具体时间。遍寻中国国家图书馆、北京大学图书馆等，均未寻得当期上海《时事新报》"学灯"副刊。

胡适日记中记载了1923年12月16日胡适在京收到陈独秀来信。《胡适来往书信选》中记录了陈独秀1923年12月6日致胡适书信。亚东图书馆创始人汪孟邹在1923年的日记中记载："11月7号，星期三，午刻邀适之到栈（上海亚东图书馆）吃粿，仲甫（陈独秀）亦在，共谈一切。……"1923年11月7日，陈独秀与胡适在上海晤面，考虑到彼时中国的交通物流条件，加之《胡适来往书信选》中1923年下半年部分只收录了这一通陈独秀致胡适书信。有理由相信，胡适1923年12月16日收到的陈独秀来信，应当与陈独秀当年12月6日致胡适的是同一通书信。这通来信内容如下：

> 适之兄：
>
> 　　到京想必诸事都好。
>
> 　　商务三百元蔡君已收到，嘱为道谢，余款彼仍急于使用，书稿请君早日结束，使商务将款付清，款仍交雁冰转蔡可也。
>
> 弟仲甫白　　十二月六号

陈独秀12月6日写信给胡适："到京想必诸事都好"，胡适岂有12月10日仍然在东南大学讲演之理？似乎时间上不符合常理，这里面的矛盾，要么是陈独秀对胡适返京时间判断有误，要么便是胡适在东南大学演讲的时间早于12月10日。

汪孟邹日记中同样记载了胡适1923年11月离开上海的时间："11月30号，我与介初、希吕、昌之往北站送适之首途回京。"分析以上线索可以得出：1923年11月30日，胡适离开上海，12月2日在南京与旅宁绩溪同乡晤面留影。胡建人怀念洪范五的文章可以为此佐证：东南大学郭秉文校长的左膀右臂、东南大学哲学系教授刘伯明于1923年11月24日逝世，年仅三十九岁。胡适于同年12月应邀来东南大学讲"书院制史略"，洪范五陪同胡适前往刘府向刘伯明夫人慰唁，胡建人同行。胡适还亲书挽联赠予刘夫人。胡适11月30日由沪赴宁，在南京逗留时间不会太长，向刘伯明夫人慰唁的时间似乎不会在12月10日左右。那么，有一种解释在逻辑上可以成立，即胡适1923年在东南大学作"书院制史略"演讲的时间不在12月10日，而是胡适与旅宁绩溪同乡合影所注明的时间12月2日。

合影的背景已经排除了洪范五府邸柏园的可能，从其体量巨大的礼堂式公共建筑分析，很大可能是东南大学某处讲堂，而合影诸人神采奕奕、英姿焕发，且都是徽州绩溪籍东南大学师生。笔者大胆设想，这是他们一起参加了胡适先生在东南大学"书院制史略"的演讲之后，与胡适先生在东南大学合影留念。

当然，这有待于东南大学甚或南京大学校史中更加明确的史料确证。比如有无熟悉东南大学老建筑的专家可确认照片中合影的背景是东南大学具体何处建筑？东南大学校史有无记载胡适1923年12月到校作"书院制史略"演讲的具体日期？在没有新史料进一步证明之前，胡适1923年12月2日在东南大学作"书院制史略"演讲之后，与东南大学徽州绩溪籍师生合影留念，是对这幅老照片符合逻辑的解读。

补记：要特别感谢北京大学图书馆特藏部张红扬老师、邹新明老师。他们在本文定稿之后，在北大图书馆卷帙浩繁的老报刊中找到《时事新报》三则珍贵的史料提供给笔者，对本文考据问题做了进一步的证明。

《时事新报》1923年12月5日，刊发《胡适之之行踪》一文："胡适之博士于昨日（十二月一日）抵宁，即日进城，在青年会为其令侄胡梦华君与吴淑贞女士证婚（二君皆东大西洋文学系学生）。今日在东大演讲'再谈整理国故'与'学院制之历史'，次日搭车北行，在京小有勾留。"

该报12月6日刊发署名"华生"的《胡适之在宁演讲》之报道。文中透露出胡适12月2日演讲的地点乃是"东南大学国学研究会"，题为"再谈整理国故"。

该报12月17日继而登出由陈启宇笔记的胡适演讲《书院制的史略》。编者按中介绍："此篇是胡适之先生于本月2日在南京东南大学演讲，记者在旁笔记，后蒙胡先生赠以此篇纲要，因而编述成文，公诸于世。并感谢胡先生的盛意。"

这三则珍贵的史料真是出现得太及时了，胡适1923年12月2日与旅宁绩溪同乡的合影，与胡适1923年12月在东南大学的演讲"书院制史略"完全对应了起来。综合以上史料，胡适在那几天的行踪已然明晰：1923年11月30日，胡适离沪赴宁。12月1日，胡适抵达南京，在城内青年会为胡梦华、吴淑贞证婚。12月2日，胡适在东南大学国学研究会演讲，并与洪范五、胡广平、胡建人、汪乃刚、章昭煌、胡培瀚、程宗潮等旅宁绩溪同乡、东大师生合影留念。12月3日，由南京乘火车赴北京。

胡适等诸人合影身后的东南大学国学研究会的老建筑今日依然矗立在东大校园中吗？

（刊于《中华读书报》2015年5月27日）

民国初年师范教育的黄山钟鸣

——《安徽第二师范学校杂志》《黄山钟》中的胡适与洪范五

民国初年师范教育蓬勃发展，究其理念，师范教育不但要培养"共和国的信徒"，还要培养"新知识的学究"。以师范教育家、师范教师和师范生三位一体的"师范教育知识群体"得以形成。在安徽省立第二师范学校的个案当中，校长胡晋接将"师范教育家"的角色发挥得淋漓尽致。

一

1923年12月2日胡适在东南大学与安徽省立第二师范学校校友的合影，不但钩沉出胡适当日在东南大学演讲"书院制史略"的旧事，更是民国师范教育史中弥足珍贵的历史见证。

胡适自1917年回国执教北大，领导"白话文运动"，声名鹊起，是新文化运动士林领袖。洪范五亦是留美图书馆学专家，担任东南大学教授、图书馆主任。重温胡适、洪范五在东南大学与安徽省立二师诸位校友的合影，抚今追昔，颇多感慨。安徽省立二师位于休宁万安新棠村，作为一所身在徽州"万山丛中"的中等师范学校，创办十年光景，就有多位毕业生考入东南大学这样的高等学府，并有机会与新文化运动领袖等密切接触，其办学成绩可见一斑。

安徽省立二师的个案，在某种程度上反映了民国初年师范教育事业的建设成就。1912年，南京临时政府甫一成立即通电各省，重视师范学校的创办，强调"顾欲兴中小学校，非养成多数教员不可。欲养成多数中小学教员，非多设初级、优级师范学校不可。……此时注重师范既能消纳中学以上至学生，复可隐植将来教育之根本，是其当务之急者"。从1912年至1922年，全国中等师范学校由253所发展到385所，学生从28525人发展到43846人。与各地蓬勃发展的师范教育相对比的是，彼时的高等教育却发展缓慢。晚清时期即开设有北洋大学、北京大学、山西大学三所国立大学。除了北京大学作为一所综合性国立大学之外，中国近代第二所综合性国立大学东南大学在1921年6月才正式成立。

从宏观的角度分析，师范教育在民国初年得以迅猛发展，自然与其所赖以萌生、发展的社会土壤有着极其密切的关系。帝制覆灭，共和肇始，自然要行"社会教化"功能，普及共和思想观念；另一方面，共和的创建必然要开启民智，培养具有现代知识结构的一代新人。师范教育在彼时的勃兴，不但是一个政治态度的问题，同时也是一个知识结构的问题。简而言之，师范教育不但要培养"共和国的信徒"，还要培养"新知识的学究"，这两点兼而有之。

为什么培养"共和国的信徒"需要师范教育？在"共和体制下的教育重建"阶段，"共和"的色彩在教育政策中最为凸显。南京临时政府教育部通令各省，只采用内容符合共和宗旨的教科书，与共和精神不合的前清教科书、参考书一律禁用。中华民国第一任教育总长蔡元培将"新教育宗旨"定义为：注重道德教育，以实利教育、军国民教育辅之，更以美感教育完善其道德。蔡氏进一步解释"道德教育"的含义，乃是"将自由、平等、博爱的知识传播给人民，而使之产生正确的观念"。

安徽省立第二师范学校校长胡晋接1915年参加全国师范学校校长会议时，递交提案《关于整顿全国师范教育之意见书》，系统论述了师范教育在培养"共和国的信徒"方面的重要作用。在他看来，国民教育面临重重掣肘："国民多未受真正教育，无道德心以为之根基，实为其最大之一因焉"；"以现代国民之少可用者，则一线希望，不得不集注于第二代国民。"胡晋接此处所言之"道德"或"道德心"，正是蔡元培"道德教育"理念中"自由、平等、博爱"的共和理念。兴办师范教育正是突破此种困境的不二法门："陶铸第二代之国民，必有人焉"，"而师范学校，即以造成此陶铸第二代国民之人为天职者也"。也正因此，"建立全国师范学校网络被开明的教育家视为维持全国统一的基础"。

为什么培养"新知识的学究"需要师范教育？诚然，共和体制的建立，亟须弘扬共和精神、普及共和理念、摈弃臣民意识、培养一代新式国民，彼时的执政者、教育家确实从意识形态的角度来认识师范教育的功能。同时，他们更是深信开启民智是巩固共和的保障。哥伦比亚大学教育学博士、回国后担任南京高等师范学校和国立东南大学校长的郭秉文一针见血地指出："巩固国家非开通民智不可，稳定的共和在很大程度上要靠公民的智力。"而师范教育在这方面的功用更是舍我其谁。

郭秉文在分析彼时国民教育的重要问题时，将"教员的培养"作为其中的重要环节，并借此论述师范教育的意义："新教育发轫之初，政府、人民选定或创造了现代教育的物质形式，诸如校舍、器具、地图之类等，力求丰富完备，然而教育当局惟独无法聘请到数量充足、经过良好培训的教员"；"尽管有大量旧学校中的教职员赋闲，也不能在新学校中找到出路，许多中国科举时代的旧学人缺乏新学校教育所需的知识和技能"；"师范学校与师范养成所的毕业生是教员的最大的来源。"

民国初年师范教育在培养"共和国的信徒"和"新知识的学究"两方面，都有着杰出的表现，形成了鲜明的"师范教育体系"（包括其独有的课程设置、课程内容、教学方法等）和"师范教育知识群体"（区别于传统士大夫阶层，分为师范教育家、师范教师和师范生三种身份）。

、

二

1913年1月，安徽省督军柏文蔚与教育司长江彤侯商承孙中山先生提出的普及义务教育的五项纲领，决定全省分为六个学区，每一学区设一所师范学校。徽州六邑（休宁、歙县、黟县、祁门、婺源、绩溪）属第五学区，设一师范学校，名为"安徽省立第五师范学校"（1914年2月更名为安徽省立第二师范学校，简称"二师"），委任胡晋接担任校长。在不到两年的时间里，安徽二师就以鲜明的办学成绩得到了教育家黄炎培先生的高度肯定。1914年，黄炎培先生考察浙、皖、赣三省教育时，参观了安徽二师，他在考察日记中极力称赞二师："师范学校，余此行所特别注意者。所见可十数，求最足以移我情者，惟斯校乎！""余观是校，不觉为之神往，夫所谓输入国民必须之思想学艺，而不破坏其淳朴懿粹之美德。俾异日有文明之启导，无习惯之捍格，与夫注意调查研究乡土历史地理农工矿物，联络各地方小学，此岂仅新安师范学校宜然也哉，而非易数观矣。"

笔者于今年元旦在北京西单中国书店旧书铺淘得安徽省立二师校刊《安徽省立第二师范学校杂志》（以下简称《二师杂志》）、《黄山钟》一套（缺《二师杂志》第4期），后得绩溪稼研会会长周文甫先生赠我的《二师杂志》第4期复印本，遂得全套二师校刊文献。《黄山钟》杂志封面上写有"休宁黄村黄氏小学校"字样。据中国书店经理介绍，这套校刊应当是在民国时期就由休宁黄村小学流入北京旧书市场，在仓库里整整躺了六十多年时间。偶得这套有着浓郁徽州教育元素的安徽二师校刊，幸甚至哉！笔者因此命名书斋斋号：黄山钟斋。

自1913年创立至1928年2月更名安徽省立二中，安徽省立二师在每学年都坚持编辑出版一册校刊，共14期12册（《黄山钟》4、5期和6、7期是合刊），前7期称《安徽省立第二师范学校杂志》，从第8期起改名为《黄山钟》。据不完全统计，二师校刊12册总计约二百万字，涵盖领域甚多，在办学校务、教学育人、教育研讨、文苑、通讯等方面开设有多个栏目，全方位再现了育人理念、课程体系、教学方法等师范教育体系的方方面面。

从《二师杂志》和《黄山钟》的发刊词中，可以进一步理解安徽二师办刊办校的教育理念。胡晋接校长在1914年出版的《二师杂志》第1期《序》中提出：

　　……环顾吾乡教育界，所供教育研究之资料者，更不觐见焉。以视江浙教育界之语言文字风起云涌，相去宁可以道里计耶？然则此区区杂志之编辑，为我乡教育界大辂推轮之导，于以联络精神，而促其互相研究之兴味者，又焉可以已也。

通览《二师杂志》，安徽二师在1913年—1920年之间的办学新思潮亦是"风起云涌"，所采用和实施的"村民教育主义""实用教育主义""社会经济教育主义"等层出不穷。黄炎培先生评价的"夫所谓输入国民必须之思想学艺，而不破坏其淳朴懿粹之美德"，诚哉斯言。

但在1921年这个分水岭，胡晋接校长一反前期教育新思潮多元化的主张，改为推行"务本教育"，提倡"尽性学佛、尽伦学孔、道学为林、科学为用"的主张。

在1921年10月出版的《黄山钟》第一期上，胡晋接校长在《本刊宣言》中对共和十年以来真正缺乏共和的道德痛心疾首：

> 共和建国垂十载，而民生反日困，国事反日非；除山西以模范省着闻外；几无处非争权夺利纷扰不宁之修罗场者，何也？曰：以共和无本故。所谓共和之本者何？即吾民真共真和之心德也。近日海内谈教育者，多偏重知识，而于道德方面略焉。不知共和乃道德名词。真正共和问题，断非徒讲知识可能解决。

胡晋接认为实现"真正共和问题"，知识和道德二者都不可偏废，并针砭时弊提出"务本主义"的教育方针：

> 本年杂志：门类分别，大致略同；而体例则颇有更订。盖前者仅记载吾校经过状况，此后则并欲举吾校所主张所实行之"务本主张"，以质正于并世前贤，以期望吾国未来之新教育，不事枝叶而反于根本。务以道德为重，寡欲崇俭，退让不争；或可致吾民于真共真和也。且

举东方"务本主义"的文化，推广而宣传之；并与世界真正永久之和平，至有关系；此则邦人君子最大之责任矣。夫"务本主义"本极平庸；然非此殆不足以救时潮末流之失，而为一切教育植其根基。往圣遗言，如亲诏我。若吾校年前所怀抱之各种主义，及今思之，殊病其琐碎支离耳。同人以是杂志：出于吾徽而吾校校址，位于万安乃适当黄山西出一支天马山山脉之麓。又念言为心声，有合于"钟"之义。而以声感声，同声者将必相应。因从第八期起，名之曰："黄山钟"云。

三

在《二师杂志》《黄山钟》的浩繁卷帙中，留下了胡适、洪范五与胡晋接校长交游行止、论道问学的珍贵印迹。《二师杂志》《黄山钟》中记载了胡适与胡晋接来往书信四通，辑录如下。

1.致胡适之先生信

……别久甚念，曩岁得你所著的《哲学史大纲》，于我国学术思想进化的途径均有确实的证明，认为吾国第一部哲学史。此时吾国适当五千年来思想革新时代，异说争鸣非得一先觉之指导，或至与真理相背驰的亦所不免。近见《新青年》第七卷第一号尔所著的《新思潮的意义》，说"新思潮的根本意义只是一种新态度"，即"评判的态度"，要"重新估定一切价值"。这句话我很信为吾国社会之对症良药。……篇中所提纲要"研究问题，输入学理，整理国故，再造文明"足为青年修养的指针。我对于此时训育学生的方法颇思准酌国情、判别个性为新思潮的指导。使一般青年有真正的觉悟、向上的精神。但智识短浅，尚冀本所心得，赐以箴铭，幸甚！

顺颂健康！

胡晋接

校长在此函中盛赞胡适新著《中国哲学史大纲》，并对胡适发表在1919年《新青年》第7卷第1号上的《新思潮的意义》一文极为推崇，为"吾国社会之对症良药""青年修养的指针"。胡适在此文中提出了"研究问题，输入学理，整理国故，再造文明"的经典范式。

2.胡适之先生来信

（前略）我有一件事要请先生帮忙，我现在搜求绩溪汉学家的遗著，只搜得下列各书：

胡秉虔《说文管见》《古韵论》《卦本图考》；

胡匡衷《郑氏仪礼目录校证》；胡培翚《仪礼正义》《禘祫答问》。

此外如胡培翚先生之《研六室文集》之类竟寻不到单行本。这几位都是先生同族，不知先生能替我访求他们的著作否。……我近来搜求清朝一代汉学家的书籍，故极愿先生从绩溪下手。先生若能帮忙，我真感激不尽了。匆匆奉复。

顺祝先生平安！

胡适在此函中请胡晋接代为搜求绩溪清朝汉学家"理学三胡"胡秉虔、胡匡衷与胡培翚的书籍。

3.胡适之先生来信

前承先生抄寄胡氏两先生的家传都已收到了。……我很想将来选刊一部《绩溪丛书》，内包诸胡及石鹤舫诗词、陈（程）蒲孙、邵班卿及先君之遗著，但不知此愿何时始能实行。乡间人来皆说吾绩学务大有起色，此皆先生提倡之力，深所钦佩。我为战乱所阻，至昨夜（八月一夜）始到南京，今日上课，百忙中草此奉谢。

即祝先生暑中安好！

胡适在此函中感谢胡晋接抄寄胡氏两先生家传，并论及家乡学术。

4.致胡适之先生信

久疏通信，想德业又益猛进，曷胜忻慕。顷由章大木弟以《努力》报数张见示，得知公等现方注意于制宪问题，并陈述所主张之数事，所言多切中时弊，且以制宪解决时局尤为救时之第一要义。……

此则鄙见以为最高元首之推戴与最初公民之进身皆宜行古代选举制者也。夫公民之进身既已行古代选举之法，而所进用者皆贤而才矣。则凡国家之立法行政与司法皆此所进用之贤才为之。由是或加以甚优之礼遇而行征聘制，或加以严格之别择而行考试制，尚安有不当其才者乎？最高议院，当访全国德、行、道、艺最高之士。而征聘之人，不必多，惟其贤。如是，而不能得人者未之有也。而选举根本，则在平时注重德、行、道、艺之教育而有以奖励之，使贤才日出。……

民国成立，垂十一年，而宪法迄未制定，诚为憾事。倘因此迟误，屡经研究，或竟制成环球最良之宪法，则又不幸中之幸也。……

愚瞽之见，是否有当，聊备贤者采择。倘承是正违失而辱教之，感幸何似。专泐。

敬请道安！

胡晋接在此函中拥护胡适制宪之主张，痛陈时弊，谈学论政，力主任人唯贤，"平时注重德、行、道、艺之教育而有以奖励之"，方可"使贤才日出"，希望国家"制成环球最良之宪法"。

此外，在《胡适遗稿及秘藏书信》第30册中辑录了胡晋接致胡适的另外三通来信，分别谈及请求慰留省立三中方振民校长、慰留安徽教育厅长卢绍刘和代为索还胡秉虔甘肃著稿诸事宜。

四

《二师杂志》《黄山钟》中记载了洪范五与胡晋接来往书信三通和演讲一篇。辑录如下。

1.留学美国洪范五先生通讯

项接教书，敬悉第四学区体育运动，成绩甚佳，洵为可喜。能继续与否，视乎学校精神如何。有先生及振民先生诸热心教育者，每年举行一次，当不难也。贵校可订购美国教育体育月报一份，即 *American Physical Education*。该杂志颇好，可由上海商务印书馆杂志部代定，约价三元半，寄费不在内。每次新材料，可译成中文，裨益于学生，当非浅鲜。且可知美国近来之体育状况。弟意学校中可选购中西各种有价值之杂志，学生可以从中求学问。……

即请诲安！

洪范五彼时在美留学，来函与胡晋接校长讨论体育教育事宜，并推荐订购《美国教育体育月报》等中西杂志。

2.图书馆中教育（洪范五）

（前略）学校之图书馆，其宗旨有四：

（1）辅助教授之不逮。

（2）增加学者阅书之兴味。

（3）指示学生用书之方法。

（4）教学者器具资料有限，当时时于图书馆中求新。如营商务者，卖货须先买货也。教员既得之书籍，亦可指示学生参考。

…………

图书馆教育之方法儿童最喜阅童话及故事等。凡此类书籍，图书馆中具备之。但须选择。或于儿童智育上德育上，有所裨益，可以补助教育之不逮，始可也。余曾参观美国某学校某教员讲解童话，儿童听者津津有味。及既下课，不忍中止，犹要求继续讲解。既允所请，乃大悦。及后，更由教员指导其往图书馆某处检阅。又参观某学校，有学生四百人，鹄立檐下。有某学生手面不洁，教员训之曰，汝手污，将染及衣服书籍。衣不洁，既妨雅观，又有亏于惜物之道。予有图书，以汝手污，不假汝阅。某生知过，自请回家浣濯。又某学校中，有一学生，见教员时，皱眉蹴额。教员即训之曰，若是之面容，殊非敬师之道，今后毋许汝往图书馆中阅图书。某生惧，改容谢过。此皆应用图书馆辅助训育，法至善也。且管理图书者，以极温良之态度，对待儿童，几如父兄子弟。并于春日融和之际，以桃红柳绿之图，布满室中，引诱儿童，来室阅书，其用心良远矣。彼外国儿童之图书馆，其注重若是焉。回顾吾国若何？前年美人来游，语予曰，予来数月，未见贵国所设之图书馆，是可异也。诸位试思之，庸非国家之耻乎？且图书馆不完全，即教授科学时，徒托空言。鲜有图书标本，为学者之考证，则所授不能坚人信仰矣。虽然管理图书者，须有下之三条。（1）交际手段。（2）科学知识。（3）教授方法。然后所办理之图书馆，乃克有效焉。今北大东大等校，顺时势之需要，均有倡办图书馆之预备，可为一喜也。

…………

此系洪范五1922年回休宁万安桑园村故乡时造访安徽省立二师并作演讲。洪范五在演讲中对现代学校图书馆的宗旨和图书馆教育的方法做了深入浅出的阐释，并指导安徽省立二师的图书馆建设。

3.洪范五致胡止澄先生信

止澄先生台鉴:

前接教书敬悉。以积年储款作为基金,组织国学研究部,弘扬文化,倡导国粹。苦心毅力,至为钦佩。……年来国学日落,旧刻图书,日稀而价日昂。皕宋楼藏书归之异域良可痛心。日美等国且年派人至沪采访我国古籍。是则关怀国粹事业,于此亦岂容漠视,不急起图之乎。……东屏先生来宁委托聘请徐曦伯先生,已于日前首途,携有一仆,徐先生年逾古稀,精神矍铄,功课钟点不宜多,其他种种情形,已托东屏先生转达,专此奉复,并颂公绥,弟洪有丰顿首。

洪范五在此函中赞赏胡晋接在安徽省立二师筹建国学研究部、倡导国粹的努力,并应程东屏先生之托聘请东南大学徐曦伯先生赴"二师"国学研究部任教。洪范五借此机会,再次阐述图书馆对于研究学术、传播文化的深远意义,希望胡晋接多方购置古籍图书,办好"二师"图书馆。

4.致洪范五先生信

范五先生执事:

前日程君东屏为组织敝校国学研究部事过宁,备承款洽,致深感荷。……但如师范中学一经毕业,若寒士无力升学，遂致无处读书，即读书亦乏良师指导。以是之故，因有提拨积年储款组织国学研究部之举。至于从事研究，非书莫由，诚如尊论。原拟一面与敝校旧藏图书通用（现约二千余种），一面再从事募集。能特别就亥山顶建筑图书馆尤佳，即研究部基金亦嫌太少，须再设法募捐。……

顺颂公绥！

弟胡晋接顿首

胡晋接在此通复洪范五的信札中，回应洪范五上一通来信对倡导国粹和办好图书馆的关切，提出"提拨积年储款组织国学研究部"、"就亥山顶建筑图书馆"和在二千余种旧藏图书基础上继续募集图书的举措。

五

民国初年师范教育蓬勃发展，形成了以师范教育家、师范教师和师范生三位一体、有机结合的"师范教育知识群体"。在安徽省立二师的这个个案当中，校长胡晋接将"师范教育家"的角色发挥得淋漓尽致。

胡晋接出身于徽州书香门第，是儒家经典和程朱理学熏陶训育出来的传统知识分子，是传统士大夫阶层中的一员。民国创立、共和肇始的革故鼎新之际，胡晋接响应新式教育、师范教育兴起的潮流，投身创办安徽省立二师，办学成就斐然，转变成为"师范教育知识群体"的一分子。

以上辑录《二师杂志》《黄山钟》中胡晋接与新文化运动领袖人物胡适、中国现代图书馆教育拓荒者洪范五的交游行止和谈学问道，尽管胡晋接与二者有同乡之谊，但仍可见彼时徽州一所中等师范学校校长在道德文章方面可以达到的高度和广度。胡晋接与胡适谈论徽州学术和"新思潮的意义"，关切时政和桑梓教育。胡晋接与洪范五就"二师"开办国学研究部与建设图书馆多方切磋。

虽然彼时安徽省立二师偏居徽州万壑丛中，与京宁沪杭等新文化运动中心交通不便，但凭借师范教育家的个人学养和人格魅力，以胡适、洪范五等为代表的新文化运动干将对胡晋接校长个人的办学理念加以影响，并进而指导、扶携"二师"的成长。安徽省立二师办学历程中此种同声相应、同气相求的同人理念，正应了《黄山钟》发刊词中对刊物更名"黄山钟"的阐释：

> 同人以是杂志：出于吾徽而吾校校址，位于万安乃适当黄山西出一支天马山山脉之麓。又念言为心声，有合于"钟"之义。而以声感声，同声者将必相应。因从第八期起，名之曰："黄山钟"云。

这是黄山白岳之间新棠村里一声并不遥远的钟鸣。

（刊于《中华读书报》2015年10月21日）

新文化运动在徽州的接受

——以胡适与胡晋接等来往书信为中心的考察

新文化运动期间，胡适与徽州知识界多有交流，徽州学人对他的"文学改良"等思想或赞同或批评，文字往还间可以见出徽州知识界对"新文化"的态度。据余英时考察，"从社会史的观点看，'五四'新文化运动的基础无疑是城市中的新兴知识分子和工商业阶层"[①]。新文化运动方兴未艾之时，安徽省立第二师范学校（简称"二师"）是徽州最高学府，因办学成绩卓著在皖南乃至安徽都有着极高的声誉。二师集聚了当时徽州最优秀的知识分子群体，新文化运动在二师的接受与否和接受程度，某种意义上可以说是新文化运动在徽州的缩影。本文以胡适与安徽省立二师校长胡晋接、教员黄宗培的文字交往为中心，考察徽州知识界对新文化运动的态度。

[①] 余英时：《中国近代思想史上的胡适》，台北：联经出版事业股份有限公司，1984年，第31页。

一

1918年8月8日，《时事新报》"学灯"副刊刊登"绩溪黄觉僧"的《折衷的文学革新论》一文。"黄觉僧"是黄宗培的笔名[1]，他于1916年暑假后受聘为省立二师国文教员，并兼任绩溪县教育会会长[2]。黄宗培在文中总体赞成胡适文学革新的主张，并力陈旧文学的弊端，但同时又认为"胡先生等所倡之说，亦不无偏激之处，足贻反对者以口实，愚今请以折衷之说进"："（一）文以通俗为主，不避俗字俗语，但不主张纯用白话。……（二）符号之取用不可盲从西洋而当取其适用者。……（三）不用典故不讲对偶之说，愚亦赞成。但旧文体之著作不在此限。"

胡适和黄宗培是旧相识[3]，他从友人处得知这篇"赞成《新青年》所讲文学革新的文章"，极为重视，找来阅读后在

---

[1] 黄宗培，又名梦飞，于1914—1926年先后执教于县内小学、省立二师、省立第一农校、省立一中等校，曾任《安徽通俗教育报》总编辑，生平见绩溪县地方志编纂委员会编《绩溪县志》（合肥：黄山书社，1998年，第896—897页）。笔者曾向绩溪县学者徐子超请教"黄觉僧"为何许人，得到徐先生指点，特致谢忱。

[2] 黄梦飞：《往事回忆录》（辑要），《绩溪文史资料》，1985年，第6—7页。

[3] 1919年，黄宗培致胡适信云："前年暑假曾在邑中一面，匆匆未及多谭，至以为怅。"［《黄宗培致胡适》（1919年4月12日），中国社会科学院近代史研究所中华民国史组编《胡适来往书信选》（上册），北京：中华书局，1979年，第35页］胡适1917年7月27日回绩溪上庄省亲，8月30日离开家乡北返［耿云志《胡适年谱（修订本）》，福州：福建教育出版社，2012年，第49—50页］。胡、黄二人应是在这期间结识并短暂晤谈。

不到一周的时间内就撰写专文回应，刊发于《新青年》杂志五卷三号"通信"栏。针对黄觉僧"不主张纯用白话"的观点，胡适表明主张用白话文的理由："我们主张用白话最重要的理由，只是'国语的文学，文学的国语'十个大字。足下若细读此篇，便知我们的目的不仅是'在能通俗，使妇女童子都能了解'。"对于黄觉僧用"方言不同"反对白话文，胡适反驳道："因为方言不同，所以更不能不提倡一种最通行的国语，以为将来'沟通民间彼此之情意'（用足下语）的预备"，"方言未尝不可人文"①。在同期《新青年》"通信"栏，胡适还发表《论句读符号》一文，针对黄觉僧与慕楼关于句读符号使用的观点进行辩驳，认为句读符号的作用在于"帮助文字达意"，"意越达得出越好"，"文字越明白越好"，"符号越完备越好"②。

1919年4月12日，黄宗培致信胡适，谈到这场笔墨官司："去岁弟在上海《时事新报》登载一文，题曰《折衷的文学革新论》，寥寥数百字，意思多所未尽，乃蒙赐以指教，甚幸甚幸。敝处无《新青年》杂志，尊书乃友人为弟言之，语焉不详，以故未能作答。"黄宗培在信中重申其"折衷的文学革新论"："先生等所倡新说，如文学革命、平民政治、社会主义、男女平等诸问题，宗旨弟均赞成，惟方法上间有异议。废汉文一说，弟绝对反对。以白话为文学正宗，亦弟心中所期期以为

---

① 胡适：《答黄觉僧君〈折衷的文学革新论〉》，《新青年》第5卷第3号"通信"，1918年9月15日。
② 胡适：《论句读符号》，《新青年》第5卷第3号"通信"，1918年9月15日。

不可者。至于贞操问题，弟意与其纯从消极方面破坏女子贞操，不如从积极方面提倡男子贞操之为有利而易行。"黄氏还表达了对胡适在新文化运动中战斗角色的坚决支持："愿先生鼓励勇气与群魔战，以期打破此黑暗地狱，取中国各种现状而新之，此百世之功也。即或不幸而至于以此身殉真理，亦足为世人尊敬。弟虽不学，愿联合同志为先生后盾，先生等其放胆为文。"同时，黄氏对《新青年》以及《新青年》诸先生作了尖锐的批评："但若不从事理上研究，而徒肆口谩骂，如刘半农之言论，则弟实不敢领教也"；"弟非谓新党无可反对也，实以言论自由天经地义，旧党不循正当轨辙辩论真理，乃欲以黑暗手段取言论自由之原则而残之，此实世界之公敌，有血气者安可与之同日月耶。虽然，《新青年》诸先生亦有过焉，言论自由自言论自由，何苦以不相干之话予人以难堪，此亦不可以不反省者也。"①

胡适对黄宗培的批评颇为不快，复信表达了对安徽省立二师先生们的不满："总而言之，如果先生们认《新青年》为'洪水猛兽'，也该实地研究一番，看看究竟《新青年》何以是'洪水猛兽'。如果不看《新青年》，又不准学生看《新青

---

① 黄宗培：《黄宗培致胡适》（1919年4月12日），《胡适来往书信选》（上册），中国社会科学院近代史研究所中华民国史组编，北京：中华书局，1979年，第35—36页。

年》①，一意把'洪水猛兽'四个字抹煞我们一片至诚救世的苦心，那就是'取言论自由之原则而残之'的'黑暗手段'了。"在信末，他还请黄氏"把这信请子承先生一看"②。

胡适提到的"子承先生"，就是二师的校长胡晋接。胡晋接在青年时期即立下"教育报国"的理想："欲改造中国而非改造中国思想界不可。然欲改造中国之思想界，又非改造中国教育制度不可，盖教育乃一切思想之源泉，而小学又为教育之基础也。"③1903年，在江苏通州经商的绩溪县仁里村程序东兄弟四人，出资在家乡创办思诚两等小学堂，聘请胡晋接担任堂长主持教务。胡晋接因办学成绩卓著，后被任命为安徽省立第五师范学校（1914年2月更名为"安徽省立第二师范学校"）校长。安徽省立二师从开办到结束的十五年间，始终由胡晋接担任校长，二师也因此打上了鲜明的胡晋接烙印。胡适早年的好友许怡荪、程乐丰等皆为胡晋接思诚小学堂的得意门生。因此之故，胡适与胡晋接有了书信交往④。

1920年，胡晋接致函胡适，说："曩岁得你所著的《哲学

---

① 安徽省立二师学生柯庆施和章衣萍后来都回忆说学校不允许学生看《新青年》，胡适大概是从同乡处得到这个信息〔胡适：《致黄觉僧》（1919年5月4日以后），耿云志、欧阳哲生编《胡适书信集》（上册），北京：北京大学出版社，1996年，第204页〕。上引黄宗培致胡适信中说"敝处无《新青年》杂志"，也从侧面证实二师禁止学生看《新青年》。

② 胡适：《致黄觉僧》（1919年5月4日以后），《胡适书信集》（上册），耿云志、欧阳哲生编，北京：北京大学出版社，1996年，第204—205页。

③ 汪俊赓、程庸祺整理《胡晋接先生年谱》，1884年条，载周文甫主编《斯文正脉：胡晋接先生纪念文集》，合肥：黄山书社，2012年，第114页。

④ 安徽省立二师校刊（1至7期称《安徽省立第二师范学校杂志》，从第8期起改名为《黄山钟》）和《胡适遗稿及秘藏书信》中录有胡晋接与胡适往来书信七通。

史大纲》，于吾国学术思想进化的途径均有确实的证明，认为吾国第一部哲学史。此时吾国适当五千年来思想革新时代，异说争鸣非得一先觉之指导，或至与真理相背驰亦所不免。近见《新青年》第七卷第一号尔所著的《新思潮的意义》，说'新思潮的根本意义只是一种新态度'，即'评判的态度'，要'重新估定一切价值'。这句话我很信为吾国社会之对症良药。……篇中所提纲要'研究问题，输入学理，整理国故，再造文明'足为青年修养的指针。我对于此时训育学生的方法颇思准酌国情、判别个性为新思潮的指导，使一般青年有真正的觉悟、向上的精神。"①从信中可知，胡晋接不但读过胡适的《中国哲学史大纲》，也读《新青年》杂志。

同年，胡适致信胡晋接，请他帮忙搜寻"绩溪汉学家的遗著"。信中说绩溪学者胡匡衷、胡秉虔、胡培翚"都是先生同族，不知先生能替我访求他们的著作否？……又这几位先生的事迹，贵族谱上定有私传，不知先生能为我钞一份吗？……如有未刊的著作，如信稿、日记之类，若能雇人钞一份，更是我极盼望的事。钞费邮费，当由我这里汇寄。"②胡晋接收到信件后钞了一些材料寄给胡适，胡适于8月2日回信表示感谢，并希望胡晋接"在乡党间"随时搜集绩溪学者"已刻未刻"的著作。胡适还赞扬胡晋接为地方教育做出了贡献："乡间人来，

---

① 《安徽省立第二师范学校杂志》第七期，1920年。
② 同上。另参吴元康《胡适关于安徽清代学人及文献之佚函二通》，《文献》，2007年第3期。

皆说吾绩学务大有起色，此皆先生提倡之力，深所钦佩。"[1]

1922年，胡晋接致胡适函说："顷由章大木弟以《努力》报数张见示，得知公等现方注意于制宪问题，并陈述所主张之数事，所言多切中时弊，且以制宪解决时局尤为救时之第一要义。……民国成立，垂十一年，而宪法迄未制定，诚为憾事。倘因此迟误，屡经研究，或竟制成环球最良之宪法，则又不幸中之幸也。……吾国古籍如《尚书》，如《周礼》，如历代之典章制度，先民遗产实有无穷之宝藏饷遗后人，俾供搜采者，今乃悉取而弃之，而惟西方已敝之法是循，诚未见其可也。"[2]胡晋接赞同胡适的制宪主张，又略陈己见，"聊备贤者采择"。彼时正值第一次世界大战结束不久，战争对文明的巨大摧残使得中国知识分子重新思考西方思想文化和制度。和写作《欧游心影录》的梁启超一样，胡晋接也主张从中国传统中寻求思想资源。

胡晋接与胡适在新文化运动时期的书信往来是二人谈学论道的具体呈现，胡晋接对胡适"重新估定一切价值"等思想高度赞赏。胡适当时曾在致黄宗培、胡近仁诸人书信中，表达对胡晋接在二师禁止学生看《新青年》的不满，甚至称之为"取言论自由之原则而残之"的"黑暗手段"，但此种情绪在他与胡晋接的通信中丝毫未曾流露，还在给胡近仁的信中叮嘱关于二师"替陈独秀造了无数党员"的消息"千万不可让胡子承先

---

[1] 《黄山钟》第一期，1921年。另参吴元康《胡适关于安徽清代学人及文献之佚函二通》。
[2] 《黄山钟》第二期，1922年。

生知道"①，这在某种程度上也体现了胡适对这位乡邦宿儒的尊重。

新文化运动期间，胡晋接与陈独秀亦有书信往来，从中可管窥胡氏对新文化运动的体认。

陈独秀早在清季即与绩溪汪孟邹之兄汪希颜交好，后鼓励支持汪孟邹创办上海亚东图书馆，并在亚东出版多部作品。胡晋接是汪孟邹的业师，曾出资让汪氏到芜湖开办科学图书社，因汪孟邹的缘故而与陈独秀结识。民初鼎革，陈独秀担任安徽都督柏文蔚的秘书长，曾与教育司长江彤侯论及"要办徽州的教育非请胡晋接来主持不可"。1917年胡晋接致陈独秀信中，对陈独秀引领新文化运动风气之先深表赞赏："今先生所主张之救国主义，独从改革青年思想入手，此诚教育之真精神所寄。……以先生之大雄无畏，推翻数千年来盘踞人人脑筋中之旧思想，而独辟町畦，以再造新中国，仆深信大志《新青年》出版之日，乃真正新中国之新纪元也。"陈独秀的复函也表达了对胡晋接的惺惺相惜："先生讲学万山中，不识世俗荣利为何物，所遇门下诸贤，大都洁行而朴学，知先生之德教感人也深矣，溥矣。以硕德名宿如先生者，道破旧式思想之污浊，提倡教育精神之革新，新教育真教育之得见于神州大陆也，当为日不远矣。"②

---

① 胡适：《致胡近仁》（1924年6月4日），《胡适书信集》（上册），第331页。
② 胡晋接致陈独秀、陈独秀复胡晋接，《新青年》第3卷第3号"通信"，1917年5月1日。

二

民国初年兴办师范教育的进程中，形成了以师范校长、师范教师和师范生"三位一体"的"师范教育群体"。从前述黄宗培《折衷的文学革新论》、胡晋接致陈独秀与胡适书信可以看出，以胡晋接、黄宗培为代表的安徽省立二师教师，对新文化运动的宏旨是高唱赞歌、大力支持的。

胡晋接是一个思想开明的人，晚清时就"非常赞成康（有为）梁（启超）的新思想"，常常叫学生"要多读历史、地理以及新书、新报"①。他盛赞陈独秀和《新青年》的革新主张，对胡适《新思潮的意义》也推崇备至，足以说明他是新文化运动坚定的支持者。黄宗培总体上对胡适和《新青年》诸先生"共张文学革命之帜，推倒众说，另辟新基"持高度肯定的态度，并称赞胡适"见识之卓，魄力之宏，殊足令人钦佩"。黄氏编辑之师范学校国文读本，"虽所选材料，与胡先生等所主张者容有出入，而其根本主义，务在排除艰深的、晦涩的、骈俪的、贵族的、浮泛的文学，而建设一种浅近的、明了的、通俗的、平民的、写实的文学，则大概趋于一致"②。二师教师对新文化运动的宏旨持大力支持态度，与民国初年师范教育勃兴的土壤密切相关。

---

① 汪原放：《亚东图书馆与陈独秀》，上海：学林出版社，2006年，第3页。
② 黄觉僧：《折衷的文学革新论》，《时事新报》"学灯"副刊，1918年8月8日。

1912年，中华民国南京临时政府甫一成立即通电各省，"顾欲兴中小学校，非养成多数教员不可。欲养成多数中小学教员，非多设初级、优级师范学校不可。……此时注重师范既能消纳中学以上之学生，复可隐植将来教育之根本，是其当务之急者"[①]，强调设立师范学校的重要性。从1912年至1922年，全国中等师范学校由253所发展到385所，学生从28525人发展到43846人[②]。

从政治社会化的角度分析，帝制覆灭，共和肇始，自然要行"社会教化"，普及共和思想观念；另一方面，共和国的创建必然要开启民智，要求新一代的国民，不但是共和国的公民，同时也是具备现代知识结构的一代新人。师范教育的勃兴，不单是一个意识形态问题，同时也是一个知识结构的问题。简而言之，师范教育不但要培养"共和国的信徒"，还要培养"新知识的学究"[③]。

在"共和体制下的教育重建"阶段，"共和"色彩在教育政策中最为突出。南京临时政府教育部通令各省，只采用内容符合共和宗旨的教科书，与共和精神不合的前清教科书、参考书一律禁用。第一任教育总长蔡元培将"新教育宗旨"定义为：注重道德教育，以实利教育、军国民教育辅之，更以美感

---

① 转引自中国教育学会教育学研究会编《师范教育学》，福州：福建教育出版社，2013年，第53页。
② 中国教育学会教育学研究会编《师范教育学》，第54页。
③ 吴子桐：《民国初年师范教育的黄山钟鸣——〈安徽第二师范学校杂志〉〈黄山钟〉中的胡适与洪范五》，《中华读书报》2015年10月21日，第15版。

教育完善其道德。蔡氏进一步解释"道德教育"的含义，乃是"将自由、平等、博爱的知识传播给人民，而使之产生正确的观念"①。

胡晋接1915年参加全国师范学校校长会议时，递交提案《关于整顿全国师范教育之意见书》，系统论述了师范教育在培养"共和国的信徒"方面的重要作用。在他看来，国民教育面临重重掣肘："国民多未受真正教育，无道德心以为之根基，实为其最大之一因焉"；"以现代国民之少可用者，则一线希望，不得不集注于第二代国民"。胡晋接所言之"道德"或"道德心"，正是蔡元培"道德教育"理念中"自由、平等、博爱"的共和理念。兴办师范教育正是突破此种困境的不二法门："陶铸第二代之国民，必有人焉"，"而师范学校，即以造成此陶铸第二代国民之人为天职者也"②。胡晋接1917年给陈独秀的信中说到："此时吾国凡百事业，靡不失败，其大原因，皆由思想未曾革新致然。……仆尝太息痛恨于此日中国之教育，大多数为伪教育，以其形式则是而精神则非，一般教育者与被教育者，其脑筋中固仍然未变革其数千年来之污浊之思想也。以故兴学垂二十年，而迄鲜效果可言。……今先生所主张之救国主义，独从改革青年思想入手，此诚教育之真精神所寄。必一般青年澌除其数千年来污浊之思想，而发生一种高尚纯洁适于世界二十世纪进化潮流之思想，然后吾国前途之新国

① 郭秉文著，储朝晖译：《中国教育制度沿革史》，北京：商务印书馆，2014年，第120页。
② 《安徽省立第二师范学校杂志》第二期，1915年。

民，乃能崭然露头角于新世界，而有以竞存而图强。"①也正因此，"建立全国师范学校网络被开明的教育家视为维持全国统一的基础"②。

诚然，共和体制的建立亟须高扬共和精神、普及共和理念、培养新式国民，教育家们更深信开启民智是巩固共和的保障。哥伦比亚大学教育学博士、回国后担任南京高等师范学校和国立东南大学校长的郭秉文指出："巩固国家非开通民智不可，稳定的共和在很大程度上要靠公民的智力。"而师范教育在这方面能发挥无可替代的作用。郭秉文在分析国民教育的重要问题时，将"教员的培养"作为其中的重要环节，并借此论述师范教育的意义："新教育发轫之初，政府、人民选定或创造了现代教育的物质形式，诸如校舍、器具、地图之类等，力求丰富完备，然而教育当局惟独无法聘请到数量充足、经过良好培训的教员"；"尽管有大量旧学校中的教职员赋闲，也不能在新学校中找到出路，许多中国科举时代的旧学人缺乏新学校教育所需的知识和技能"；"师范学校与师范养成所的毕业生是教员的最大的来源。"③只有通过师范教育培养出具备"新学校教育所需的知识和技能"的教员，才有可能造就新公民。

民国初年勃兴的师范教育兼有培养"共和国的信徒"和"新知识的学究"双重使命，新文化运动的宏旨与此高度重

---

① 胡晋接致陈独秀，《新青年》第3卷第3期"通信"，1917年5月1日。
② 丛小平：《师范学校与中国的现代化：民族国家的形成与社会转型：1897—1937》，北京：商务印书馆，2014年，第92页。
③ 郭秉文著，储朝晖译：《中国教育制度沿革史》，北京：商务印书馆，2014年，第118、157—161页。

合，这是安徽省立二师校长和教师们赞颂、支持新文化运动的原因所在。在胡晋接的主持下，二师得到各方称赞。1914年，黄炎培考察浙、皖、赣三省教育时，参观了二师，他在考察日记中极力称赞二师："师范学校，余此行所特别注意者。所见可十数，求最足以移我情者，惟斯校乎！""余观是校，不觉为之神往，夫所谓输入国民必须之思想学艺，而不破坏其淳朴懿粹之美德，俾异日有文明之启导，无习惯之扞格，与夫注意调查研究乡土历史地理农工矿物，联络各地方小学，此岂仅新安师范学校宜然也哉，而非易数观矣。"[①]安徽省政府得悉情况后，于1914年5月传令嘉奖[②]。

三

安徽省立二师教师在总体上坚定地支持新文化运动的宏旨，但在微观操作层面，却普遍抱持折中、节制的态度。在新文化运动随着时间的推移而愈加激进的时候，特别是在1919—1921年这样一个时间节点，二师校方对新文化运动的这种态度就显得愈加"不合时宜"。胡适对此进行了严厉批评，他1919年致黄宗培信说："先生所痛骂的'取言论自由之原则而残之'的'黑暗手段'，其实并不在北京，乃在休宁安徽第二师范学校。北京还没有人敢禁止《新青年》，也还没有人禁止学

---

① 黄炎培：《黄炎培考察教育日记》（第一集），上海：商务印书馆，1914年，第142页、148页。
② 《前安徽都督兼民政长倪训令》，《安徽省立第二师范学校杂志》第二期，1915年。

生看《新青年》。我梦里也想不到子承先生和先生等竟做出这种手段来，甚至于有因此开除学生的事。"①1924年，胡适将二师称为"危险""专制"的学校："现在真没有好中学堂！那里不是你说的'机械教育'！二师的危险是很明白的……二师虽专制，却是制造革命党的好地方。胡子承不但替胡适之造了许多信徒，还替陈独秀造了无数党员！"②

胡适说二师"黑暗""专制"，是指二师禁止学生接触"新文化"并开除追求新思想的学生。1916年8月入学的章衣萍（洪熙），1919年被二师退学③。他后来回忆说："十四岁进了一个师范学校……在校里读了两年书，又被校长开除掉了，理由是'思想太新'，其实什么是新思想，连我自己也不大了然，不过那时我的确有点顽皮，不肯服从教师的命令：譬如教师要学生做古文，我却偏要跟着时髦做白话；教师要学生多读古人的书，而我却偏爱读今人的书而已。"④柯庆施（尚

---

① 胡适：《致黄觉僧》（1919年5月4日以后），《胡适书信集》（上册），第204页。
② 胡适：《致胡近仁》（1924年6月4日），《胡适书信集》（上册），第330—331页。
③ 方光禄等：《徽州近代师范教育史（1905—1949）》，芜湖：安徽师范大学出版社，2013年，第155页、301页。
④ 章衣萍，《我的自叙传略》，《樱花集》，上海：北新书局，1928年，第213—214页。章衣萍反复说过胡晋接禁止学生看《新青年》："我从前在徽州一个师范学校读书，那学校的校长胡子承先生，是个很顽固的人，不许学生看小说（看小说是要记过或开除），甚至于《新青年》也禁止学生看。"（衣萍《作文讲话》，上海：北新书局，1931年，第18页）"那时徽州师范学校的校长是胡子承先生，他禁止学生做白话文，看《新青年》，但他愈禁止，我愈要看。……后来竟因此被学校开除。"（章衣萍《我的读书的经验》，王子坚选编《现代青年之切身问题》，上海：上海经纬书局，1934年，第60—61页）

惠）于1917年8月入二师求学。五四运动爆发之后，学生讲演团"救国十人团"的组织动员方式，自北京迅速辐射到交通闭塞的徽州。1919年5月29日，柯庆施参加徽州救国十人团，加入五四爱国运动的洪流，从此走上革命道路。8月28日，胡晋接致信柯庆施的父亲柯临久："令郎尚惠因思想一时误谬，遂发生许多误会，酿成一种不信仰学校之心理"，"恐心满气亢无受教之余地，若强迫入校非徒无益而害之，不如留家一年，察其思想已否矫正再行斟酌办理为妥"。出于严明校纪，更出于让青年人"安心求学"的心理，二师对参加学潮的柯庆施采取"留家一年"的惩戒。不过，也留有余地："寄上题目于日内作就，内容须具有恳切忏悔之意思而类悔过书者……日记亦须记就寄来，内容以多忏悔语为佳"，然后校方可以考虑让其返校[①]。

如何解释二师对新文化运动这种折中和节制的态度？是什么原因导致二师在五四运动这个节点上的保守和曲折？可从三个方面分析。

1.追求新旧平衡的核心理念

胡晋接的思想倾向兼有新旧两端，追求新旧平衡。1903年，陈独秀寄居芜湖科学图书社办《安徽俗话报》，胡晋接是图书社的股东，所以非常关注《安徽俗话报》。1904年他给科

---

① 周文甫主编：《斯文正脉：胡晋接先生纪念文集》，第92页。柯庆施还是于1920年退学，见方光禄等《徽州近代师范教育史（1905—1949）》，第91页。

学图书社写信说："至《俗话报》出版以来，同人皆颇欢迎，而局外则颇多訾议。如'自由结婚'等语，尤贻人口实。其实此时中国人程度至'自由结婚'尚不知须经几多阶级；若人误于一偏，不将'桑濮成婚'概目为文明种子乎？鄙人甚敬此报，甚爱此报，而又不敢随声附和此报，意欲更图改良，立定宗旨，可乎？请与重翁（陈重辅，即陈独秀）等商之。"他主张"辞旨务取平和，万勿激烈"。理由是："现在民智低下，胆子甚小，毋令伊惊破也。"[1]胡晋接在《新思潮之别择》一文中感慨新思潮裹挟下，国人对"解放"与"改造"的混淆："解放与改造必相辅而行，若徒一味主张解放，而不知注重改造，则恐举国大乱而至不可收拾之境矣"，"'解放与改造'，一方言解放，一方即言改造，乃阅者每每但见'解放'二字，而将'与改造'三字略过，以此鼓吹岂非大乱之道？"与"解放"相比，胡晋接更看重"改造"的意义："改字亦含有解放之意义，必先有改而后有造也。"[2]

新文化运动发端时，胡晋接是热情拥护的。但他对输入的新思想、新学艺所能接受的程度，恐怕是以"不破坏其旧时淳朴懿粹之美德"为底线的，一旦冲决了这个底线、破坏了新旧平衡，胡晋接对新思想、新学艺的态度恐怕会发生根本改变。待到新文化运动发展到愈加激进的新阶段时，中西文化呈现剧烈的矛盾冲突，特别是五四学生运动之后，学运风潮甚至从北

---

[1] 汪原放：《亚东图书馆与陈独秀》，上海：学林出版社，2006年，第17—18页。
[2] 《安徽省立第二师范学校杂志》第七期，1920年。

京扩展到穷乡僻壤的徽州二师，新思想、新学艺已经对徽州社会旧有的礼俗秩序发生激烈的冲击，老派学人出身的胡晋接似乎无法接受这样"礼崩乐坏"的事实，柯庆施等被二师除名便无法避免。

黄宗培认为胡适等人文学革命的主张"亦不无偏激之处"，反对"纯用白话文"，提倡"折衷之说"；赞成胡适等人"文学革命、平民政治、社会主义、男女平等"的宗旨，但"方法上间有异议"；更对刘半农等《新青年》人士"徒肆口谩骂"的言论不以为然。在在透露出平衡新旧的折中观念。

胡晋接们的这种态度，也与徽州社会的整体环境有关。对20世纪20年代徽州的师范教育环境，王振忠有精彩分析："尽管当时进入民国已有十余年了，但徽州人自师范学校毕业，黄卷青灯，壮志鹏飞，与明清时代科举及第的社会反响如出一辙。从迄今尚存的《安徽省立第二师范学校讲习科毕业试卷》来看，其间不但备列有一长串先祖、业师之名讳，而且还特别强调'本校毕业考试及第'，其格式与科举时代之朱卷并无二致。唯一稍有变化的，只是承印此类文卷的书坊，已由著名的'徽城乙照斋'改为时尚的'徽城维新斋'而已。"[①]在这样的环境中，胡晋接们也不能不行中庸之道。

2.教育不问政治的态度和严格训练的办学方针

胡晋接在二师的办学上，一直秉持"教育不问政治"的

---

① 方光禄等：《徽州近代师范教育史（1905—1949）》，王振忠"序"，第2页。

态度和严格训练的方针。据黄宗培回忆，胡晋接坚持教育是清高的事业，办教育、受教育的人都不应过问政治。"五四"以后，黄宗培积极参选安徽省议员，胡晋接得知后要黄氏停止这种政治活动，黄氏就以意见不合提出辞职，离开了二师[1]。面对"五四"之后的学潮，胡晋接在致省教育厅董亨衢厅长的信中慨言："惟学生颇多欢迎新思潮者，方与同人随时利导，示以言论别择的标准、思想革新的指针，以引之归于正轨，不事抑制而亦不敢放任，以此为过渡时代的方法。"[2]

胡晋接治校以严格著称。胡氏"五四"之后撰写的《吾国学校宜行严格的训练之理由》一文，感慨新思潮之下鱼龙混杂、泥沙俱下："教育之功效，固以学生能实行自治为佳；然此时之学生自治，几与民国共和同为空挂一招牌而已。自各校举行学生自治以来，多数学生益流于放肆怠惰。此无可讳言者也。"他继而分析此种乱象的根源，在于中国学生自幼没有经历严格的训练，"必从严格的训练养成优良之习惯，方有进步"，"教之育之使成优良之习惯"[3]。

徽州学者颜振吾从兵家的角度看待胡晋接治理二师严格到近乎"专制"的方式："指责子承治校专制，绝非空穴来风，而是铁证如山。但也如同大帅统军，若能章法合理、纪律严明、指挥若定，即使一时蛮干，也可以侥幸打胜仗那样。二师

---

① 黄梦飞：《往事回忆录》（辑要），《绩溪文史资料》，1985年，第6—7页。
② 《安徽省立第二师范学校杂志》第七期，1920年。
③ 《黄山钟》第一期，1921年。

十五年里，成绩是卓然可观的。"①

3.新文化运动受国内外局势影响而愈加激进

通览安徽省立二师校刊，在1913年—1920年之间，二师采用过不少新的办学思想，如"村民教育主义""实用教育主义""社会经济教育主义"等。在1921年这个分水岭，胡晋接校长一反前期的主张，改为推行"务本教育"。

1921年10月刊行的《黄山钟》第一期，胡晋接在《本刊宣言》中对共和十年以来真正缺乏共和的道德痛心疾首："共和建国垂十载，而民生反日困，国事反日非；除山西以模范省著闻外，几无处非争权夺利纷扰不宁之修罗场者，何也？曰：以共和无本故。所谓共和之本者何？即吾民真共真和之心德也。近日海内谈教育者，多偏重知识，而于道德方面略焉。不知共和乃道德名词。真正共和问题，断非徒讲知识所能解决。"胡晋接认为实现"真正共和"，知识和道德二者不可偏废，故提出"务本主义"的教育方针："吾校所主张所实行之'务本主张'，以质正于并世贤哲，以期望吾国未来之新教育，不事枝叶而反于根本，务以道德为重，寡欲崇俭，退让不争；或可致吾民于真共真和也。……夫'务本主义'本极平庸；然非此殆不足以救时潮末流之失，而为一切教育植其根基。……若吾校年前所怀抱之各种主义，及今思之，殊病其琐碎支离耳。"②

---

① 颜振吾：《胡晋接与徽州教育》，周文甫主编《斯文正脉：胡晋接先生纪念文集》，第155页。
② 《黄山钟》第一期，1921年。

胡晋接教育思想的转向，在某种程度上是受国内外情势的影响。第一次世界大战对欧洲文明造成巨大创伤，胡晋接认为"东方文明端在精神，西方文明乃在物质，第一次世界大战是物质文明被判死刑的时代，有鉴于此，提倡佛学，讲求精神文明，于人类'功德无量'。为了修身养性，就必须让学生'尽性学佛，尽伦学孔，道学为体，科学为用'"[①]。

新文化运动与第一次世界大战终结、苏俄社会主义革命同步，与此间国际形势相对应的是，国内思想舆论界也愈加激进。据王汎森对《新青年》的考察，在"五四"之前，《新青年》的发展大约可以分为几个阶段：一开始，它强调"青年文化"，同时也介绍各国的青年文化，这与刊物的名称相符。第二个阶段则刻意批评孔教与军阀因缘为用，并抨击孔子之道与现代生活不合。第三个阶段提出伦理革命及文学革命。而第四个阶段则强调思想革命，认为文学本合文学工具与思想而成，在改变文学的工具之外，还应该改换思想。在"五四"前后，《新青年》中社会主义的成分愈来愈浓，1919年5月的"马克思主义专号"即是一个例证。1921年以后，《新青年》逐渐成为中国共产党的"机关报"[②]。

另据柯庆施1940年写的自传材料："五四运动以后，我们就看到《新青年》、《新潮》等杂志（开始校长叫我们看《新青年》，后来又不许看，但我们仍买来偷看），受了他们很大

---

① 方光禄等：《徽州近代师范教育史（1905—1949）》，王振忠"序"，第7页。
② 王汎森：《中国近代思想与学术的系谱》，长春：吉林出版集团有限责任公司，2011年，第245—246页。

的影响，思想上发生了很大的转变，而有了一些新的认识。过去那种仅仅是压迫强制得不舒服而产生的反抗情绪，到了这个时期，好像是加了油（思想上的）一般，使我们的思想与学校当局的思想发生了根本的矛盾，于是冲突更甚。"[1]

为什么胡晋接校长开始鼓励学生看《新青年》，五四运动以后又不许看《新青年》？为什么胡晋接的形象，从1917年讴歌《新青年》的教育改革家，短短两年即转变为禁止学生看《新青年》的专制家长？王汎森的论述是极好的诠释："《新青年》不停地变，新知识分子却不一定能赞同它每一阶段的主张"，"《新青年》像一部急驶的列车，不断地有人上车，不断地有乘客下车，能共乘前一段路的，不一定能共乘后一段路"[2]。

既追求革新又折中、节制，胡晋接和他领导下的安徽省立二师与时代洪流发生剧烈的碰撞，这庶几可以作为对新文化运动在徽州接受情况的解读。当然，今天看来，胡晋接们对新文化运动的折中态度，也不乏合理处。

［刊于《安徽大学学报》（哲学社会科学版）2017年第5期］

---

① 汪太戈：《柯庆施在安徽省立二师》，《徽州社会科学》，2008年第8期，第50页。
② 王汎森：《中国近代思想与学术的系谱》，长春：吉林出版集团有限责任公司，2011年，第246页。

"五七""五九"，国耻日由此发端

　　1915年1月18日，日本驻华公使日置益向中华民国总统袁世凯递交了几页写在有兵舰和机关枪水印的纸上的文件，即臭名昭著的"二十一条"，并恫吓中国政府"迅速商议解决，并守秘密"。"二十一条"内容包括山东问题、南满及内蒙古东部问题、汉冶萍公司问题、沿海岛屿问题和对全中国的控制问题等五号。特别是第五号内容，"在中国中央政府须聘用有力之日本人，充为政治、财政、军事等各顾问"，"所有在中国内地所设日本病院、寺院、学校等，概允其土地所有权"，"将必要地方之警察，作为日中合办，或在此等地方之警察官署须聘用多数日本人"，"由日本采办一定数量之军械（譬如在中国政府所需军械之半数以上），或在中国设立中日合办之军械厂，聘用日本技师，并采买日本材料"……日本妄图通过这些内容在事实上完全剥夺中国政府对内的控制权。［彭明：《五四运动史（修订本）》］

　　1915年5月7日，日本政府向袁世凯政府下达最后通牒，要求中国不加修改地接受"二十一条"中第一号、第二号、第三号、第四号和第五号中有关福建问题的要求。5月9日，袁世凯政府接受日本最后通牒的所有要求，并于5月25日签订了中日《民四条约》。"五七"或"五九"被作为国耻纪念日载入史册，其中，"五七"是指日本政府下达最后通牒的时间，"五九"则是袁世凯政府接受"二十一条"的时间。[《五四运动史》（修订本）]

据罗志田的考据，1915年5月16日，上海企业家穆藕初致电全国教育联合会，要求与会代表通告本省大中小学校，勿忘5月7日国耻。5月20日，江苏教育会通过全省学校，以每年5月9日作为国耻纪念日，并列入校历。全国教育联合会后通过决议将每年5月9日作为国耻纪念日。（罗志田：《乱世潜流：民族主义与民国政治》）

万山丛中、交通闭塞的安徽省立第二师范学校，也发起了以纪念"五七""五九"国耻为主题的国耻主义教育，师范学校校长、教师、师范生等师范教育知识群体，在国耻主义教育上表现出近乎完全的一致。这在某种意义上也是对施行共和教育的一次极好的检验。

章昭煌在"二师"求学时曾撰写二十多册日记，他在1915年至1917年的十二册日记封面上都写有"尔竟忘五月七日之日本哀的美敦书乎""毋忘国耻"等显著字样。据章昭煌日记记载，1915年5月16日，他在晚间散步时即听到汪师言"二十一条"内容，引发内心焦虑。

章昭煌和程应鸣的日记同样记载了随后一周（即5月23

日）胡晋接校长就"五九"国耻所作的专题训育的内容。程应鸣日记的记录尤为生动。胡晋接在向学生痛陈"二十一条"内容后，启发师范生"雪耻"的抱负和责任：

> 呜呼，痛矣！吾国人于此大病之后，若不自振拔，以图雪耻，其何以为国？吾愿国人时时以五月七日之哀的美敦书置之于心，诵之于口，而不可一刻忘之也！吴王夫差可以为法矣。今天世界上之国家可分为二种，一所竞争国，一能竞争国。吾国之此时即所竞争国也。吾国民人人当奋发自强，一变而为能竞争国，是则师范生之责也！故当猛省而益自淬砺奋勉，以为国家济变图强之用。（周文甫主编：《斯文正脉：胡晋接先生纪念文集》）

程氏次日作手工时，即看见手工教室墙壁上贴有两张标语，内容分别为："愿我同胞永记国耻""快快救国"，并在日记中感慨："二者皆为呼醒国民之爱国心也，吾人其忘五月七日之哀的美敦书乎？！"（《斯文正脉：胡晋接先生纪念文集》）

据程应鸣是年9月19日的日记记载，胡晋接校长以"国耻问题与全国师范学校之关系"为题作专题训育。胡晋接由"国耻"谈及"雪耻"，并进而论及师范生的职责：

> 今日国家欲与世界列强共立平等地位，必使国民程度与列强国民程度平等，而后可欲使我国民足与列强国民程度相左右，非普及国民教育不为功。是知国耻与全国师范

会议之关系也……而欲养成国民教育必先养师资，而后可造新民国、师资维何，则师范生也。故将来吾国能与列强竞争则师范生之功也，若仍受侮，亦师范生之咎也。由是观之，国耻问题与全国师范会议不有密切关系哉。此全国师范学校会议至为深远也。（《斯文正脉：胡晋接先生纪念文集》）

安徽省立第二师范学校响应全国教育联合会要求，在1916年—1919年每年的5月9日，陆续举办"五九国耻"纪念会，校长、教务长和各位教师纷纷发表"国耻教育"的主题演讲。章昭煌、程应鸣的日记对此皆有详尽的记载。譬如，程应鸣1917年5月9日的日记记载当日情景：

1917年5月9日（三月十九日）星期三　晴

起身如昨，早体操后读国文，早膳后因今日为国耻纪念日休业。八句钟开会演讲：（一）校长谓中国人之通病在缺乏自治力，吾人当注意个人自治然后方可雪耻。（二）丁捷臣先生说中国之国耻并非止前年日本一事，以前中国最大之国耻割台湾、澎湖，开吾通商，即五月八日事也，故吾国之国耻几无日不有也，均于此日总纪念之。吾等必止此日而后雪耻矣。（三）胡淮甫先生谓：普之胜法，日之胜俄，均不归功于将卒之用命而归功于小学教员，故小学教员之关系于国家不小，故小学教员以能造就国民为责任而后国耻雪也。（四）沈度如先生言国耻之由来均由于国人之不负责任，故以国耻为耻，毋宁以不能负我之责任为耻，苟人人若此，即国家强矣而耻亦雪矣。（五）余学彭先生谓，纪念国耻无不以日本之事为最痛心之事。余谓不然，乃谓最可希望之事。孟子云："动心忍性增益其所不能。"此事正为良好之教训也，而最痛心者，则莫如吾国后来之状态，不观乎去年五月九日正为争帝制之时髦不纪念国耻，此事不堪痛心乎？（六）黄梦飞先生谓，中国致耻之原由于我国人无耻五分钟热度，与乎生计困难人心腐败。雪耻之方：一、希望诸位勉为教育人才；二、希望诸位勉为经济人才；三、希望诸位勉为地方自治人才；四、希望诸位勉为实行人才，欲雪耻必如此四者实行之而后可。（七）毕醉春先生说日本之外交手段颇令人敬服，特其施于我国，故又不得不可恶，今日彼又惧后来之祸而与吾国亲善，表面视之，一若可亲者，而其实皆为己不可靠也。（八）胡景磻先生宣读，休城天主堂曹慕堂先生对于本校全体学生之忠告书，洋洋数千言，中国之情形及师范生之责任说之弥遗，后唱国耻纪念歌，遂闭会……（《斯文正脉：胡晋接先生纪念文集》）

"二师"1917年的"五九"国耻纪念会，校长和诸位教员从历史、外交、义理、辞章等多个角度阐发，洋洋大观。亲临现场的师范生程应鸣在日记中对此记载完备，可见这场"五九"国耻的纪念会对学生教益的深刻，在某种意义上也正是"国耻教育"成果所在。

又如章昭煌1919年5月9日的日记，记载"二师"当年"五九"国耻纪念会的盛况。除了校长和诸位教员的演讲之外，还邀请了在南通州经商的歙县商人吴霭迟演讲，介绍在商业上遭受日本商人的盘剥。与此前三年的"五九"国耻纪念会相比，"二师"1919年的"五九"国耻纪念会有着特殊的意义。1918年底，欧洲结束，中国成为战胜国，但在次年召开的巴黎和会上，西方列强不顾中国的反对，意欲将德国在华权益转给日本。1919年4月底，巴黎和会失败的消息传到国内，北京各个爱国学生社团即准备于"五七"国耻纪念日举行民众示威游行。后行动提前至5月4日举行，轰轰烈烈的五四爱国运动由此发端。正如周策纵的评论，"五四"事件的近因不仅是巴黎和会的惨败，也是1915年"二十一条"所引起的愤怒情绪的延续。（［美］周策纵著，陈永明、张静等译，欧阳哲生审校：《五四运动史：现代中国的知识革命》）"五四"的爆发，是"五七""五九"的延续，同时也给"五七""五九"的国耻纪念注入了全新的内容。

章昭煌在日记中记载，胡在渭（景磻）先生在纪念会上作国耻主义的教育为救国之大本的演讲，给其留下非常深刻的印象。《二师杂志》第六期，刊发了胡在渭在国耻纪念日讲演的全文——《国耻主义之教育》。

我国志士卧薪尝胆欲雪斯耻者有人矣。定纪念日也，开纪念会也，立纪念碑也，募集救国诸金也，提倡抵制日货也。奔走呼号，声嘶力竭，志士之所为，不为不热心矣。然试问其效果竟何如乎？一耻未雪，一耻又来。旧恨新愁，纠缠不已。今欧战告终，我同胞泣诉于巴黎和会，亦未见有若何效益。……今欲为根本的、普遍的雪耻之策略，舍乞灵于教育，末由也已。

胡在渭认为，以往国耻纪念活动的效果微乎其微，巴黎和会的失败即是明证，要根本的雪耻，必须"乞灵于教育"：教育可以灌输国家思想、国耻观念于国民，教人"知国耻"；教育可以教人从根本上准备各种实力，教人"雪国耻"。也正因为教育在教人"知国耻"和"雪国耻"上的作用，"振兴教育"以及"振兴国耻主义之教育"被视为救国的根本的、普遍的策略。胡在渭在论文中系统提出，由学校、家庭、社会三方面系统施行国耻主义教育的主张，并分别提出施行的具体方法。

按照他的擘画，学校教育可分为教授和训练两大方面。教授修身，要注重国民必备之人格、为国牺牲之主义，养成学生之爱国思想，鼓吹学生之救国志愿；教授国文，教材要注重国耻事实及亡国殷鉴；教授习字，要注重用国耻纪念范本；教授算术，应用问题之材料，要注重我国历来失地赔款漏卮及外人所经营之铁路航线矿业等之计算；教授历史，要注重历来国耻痛史，并利用其书图，又注重救国雪耻之模范人物事略，并利用其肖像；教授地理，要注重失地借地及外人所经营之铁路航线矿业等在地理上之关系，并利用国耻地图；教授博物，要注重动物之畜牧、植物之培养、矿物之开采，发展实业，挽回利权；教授手工，一面注重国产材料工具之采用，一面注重工具及普遍日用品国耻纪念品等之自制；教授图画，一面注重国产画纸颜料之购用，一面注重普通实用画及国耻纪念画等之自绘；教授体操，注重国技之提倡、兵式之教练、童子军之组织及关于国耻主义之游技；教授唱歌，注重国耻纪念歌以及其他关于国耻主义之歌词。

在训练方面：校训，要注重养成雪耻必需之德性；朝会，所唱之歌词须有毋忘国耻之意；训话，时时以奋发向上立志救国相劝勉；揭示，平时注重关于国耻主义之格言，遇适宜之机会揭示国耻；图书室，多置关于国耻主义之图书，教员辅导学生课余阅览；阅报室，多置关于国耻主义之报纸，教员辅导学生课余阅览；国耻纪念会，每年五月九日，开会、讲演、唱歌，其他纪念日不必特别开会，但须特别揭示或特别训话；国耻纪念物，关于国耻图表屏联及救国雪耻模范人物之肖像等悬挂各室中；服务，须有级长、室长、值日生及各场所照料生等之任务，练习自治能力；作业，须有学校园、工艺部、贩卖部等之作业，行农工商之实践，尊重劳动主义；储蓄，须有储蓄部之组织和存款、放款之办法，养成学生储金救国之观念。

家庭教育，要注重国耻主义之家训、国耻主义之字书、家庭职务、家庭经济和组织家庭教育会。社会教育，要注重发行国耻主义之通俗报、组织阅览书报之机关、组织国耻主义之宣讲团、国耻主义之改良戏剧。（《安徽省立第二师范学校杂志》第6期）

胡在渭设想的施行国耻主义教育的方法，具体而微却又自成体系，特别是他对学校教育在教授和训练两个方面的细节要求，谆谆教诲之中，拳拳爱国赤子之心令人动容。

如果说胡在渭在微观层面阐述如何施行国耻主义教育，胡晋接校长则从共和主义的高度提出"新公民教育为雪国耻之根本"的论断。胡晋接认为，新公民应具有自立性、互助性、爱公性、向上性等道德，具有法制、经济、历史地理、工艺、哲学等方面的知识，在体质上精神饱满、体魄强健。胡晋接对师范教育承担新公民教育的使命寄予厚望："诸生皆师范生，负有制造第二代公民之责。诚能认定新公民教育，为雪国耻之根本方法，各于修学时代，先第二代公民而养成公民人格，以为将来实施公民教育之准备。庶吾国有富强之，而国耻亦不求雪而自雪乎！"（《黄山钟》第一期）

"二师"对国耻主义教育的倡导和实施，对师范生柯庆施以深刻的教益。柯庆施在1919年的5月9日写有《国耻纪念日之感想》一文，把注重国耻教育作为富国强民的手段。"故能救我国于危者，第二代新国民是赖！而第二代国民之能雪耻与否，全恃教育之能力焉"。柯氏所作此断语，完全符合师范生的逻辑和气度。他继而从"耻耻之心"和"实力养成"的角度，阐述雪耻必须依赖教育：

盖耻耻之心，人之所固有者。若少时在校教师能极力发挥之，则耻耻之心不至为外物所夺而得以保全且光大之。此其所必赖教育之一理由也。儿童在校，时时与师长相处，师长能时时以国耻事实告之，乃语以外人之如何侮我。久之则儿童耳熟心热，报仇之心油然而生，并时时注意养成儿童种种之实力，使得以实行雪耻。而无种种之实力仍属空谈。若体力耐力智力勇力等皆须有以养成之，而使其十分发达也。此亦其所以必赖教育之一理由也。由是观定，则雪耻之必须赖教育者。（汪太戈整理之柯庆施青年时期日记、作文）

自"五七""五九"，进而步入"五四"，其衍变进化的逻辑草蛇灰线，是共和教育、国耻教育施行的题中应有之意。未几，为雪"五九"国耻的师范生柯庆施参加徽州救国十人团，加入"五四"爱国运动的洪流，从此走上革命的道路。柯庆施参加徽州救国十人团的两张交费收据保存至今。一张单据长约三寸，宽约寸余，为长方形油印的收款格式，上面用毛笔填写："今收到团员柯尚惠君五月份储蓄叁角正。此照：中华民国八年五月二十九日。"在"叁角"二字上盖"徽州救国十人团"正方形红色印章。另一张收据使用的是宣纸，长约23公分，宽10公分，编号为"救字第八号"。上书："今收到团员柯尚惠君七月份储蓄费洋零元叁角正。此照：中华民国八年六月。徽州救国十团第一团具。"上面盖的红色印章约2.5公分见方，印章为篆体字，印章上"徽州救国十人团"的字迹清晰。

"救国十人团"是五四运动时学生和劳工动员组织的典范。五四运动爆发之后，北大、清华等校学生组织讲演团，分段分组展开游行讲演活动，每组十人左右，称为"救国十人团"。"救国十人团"分为主席一人、调查员一人、编辑一人、纠察一人、财务一人、讲演员五人，各司其职。"救国十人团"负责与所在学校的学生联合会联络，而学校性或地区性的学生联合会对各省学生联合会负责，而各省学生联合会则对中国学生联合会负责。(《五四运动史：现代中国的知识革命》)

据张国焘的回忆，"救国十人团"的组织是由北大庶务主任、并负责《每周评论》发行工作的李辛白在"五四"时首先提倡的。李辛白与蔡元培、李石曾、李大钊等友善，有革命实行家之称。李辛白独自出资刊印十人团章程，出版《新生活周刊》，号召人民按十为单位组织起来，由十而百而千而万，迫使政府不得不尊重人民爱国要求，并致力平民生活状况的改善。这方案为学生会所接受实行。[张国焘：《我的回忆》(第一册)]

"救国十人团"的形态后来由北京扩展到各地，成为学生和劳工行动组织的核心。"救国十人团"的号召大大超出了首倡者的预想，在短短一两个月之间，在中国的大江南北，甚至边疆偏远城市都有了迅速扩展。这是因为，他们的号召不只是一般地提到救国的任务，而且具体地提出了实现这一任务的方法和组织。"救国十人团"在形式上借鉴了"十家为一甲、十甲为一保"的保甲制，"以这种民众熟悉的组织形式顺势反击，把它变成了从下向上层层垒积起来的民主的组织"。日本学者小野信尔对"救国十人团"的动员组织作用给予极高的评价："用为了共同的大义团结起来，一面互相鼓劲，一面前进的连带责任代替了为了统治者保证剥削和治安的连坐制，而且，在明确指出当前的具体行动目标(消极的责任)的同时，也提出了通过储蓄达到国民经济自立这样的长期展望（积极的责任）。也就是提出了人们站在日常生活的立场上，作为主体参加当前的爱国运动，通过与无数同志一起积蓄零碎的资金而直接参加中国的自立和富强的可能性。"（［日］小野信尔著，殷叙彝、张允侯译：《救国十人团运动研究》）

　　"救国十人团"的组织动员方式，自五四运动的中心北京辐射到交通闭塞的徽州腹地，并被迅速接受，这从另外一个角度检验了"二师"共和教育、国耻教育的成果。

　　通过安徽省立第二师范学校这个缩影，师范教育家、师范教师、师范生所构成的三位一体的"师范教育知识群体"，在国耻教育上表现出惊人的一致。尽管后来发生了柯庆施等进步学生因参与学潮而被"二师"除名的插曲，但不可否认，造成柯氏思想激进转变的根源不在他者，恰恰是"二师"以及胡晋接自身。"二师"成立以来一以贯之的共和教育，特别是"五七""五九"国耻教育，对包括柯庆施在内的师范生造成了刻骨铭心的影响。"五七""五九"国耻教育必然会孕育"五四"爱国学生运动，只不过学生激进转变的态度超越了校方所能接受的范围罢了。

（刊于《中华读书报》2016年5月4日）

以新视野新维度新方法阐释中华文化
——写在"中华文化新读"丛书发布暨"快雪讲坛"启动之际

一

暮春之初,"中华文化新读"丛书发布会暨"快雪讲坛"启动仪式在北海公园快雪堂举办。

该丛书特点有四:立足当代性,择取中华传统文化精华,与当代社会的文化价值观和审美观结合,实现中华文化的当代呈现;意在世界性,以国际视野研读中华文化,以世界表达讲述中华文化,体现中华文化在世界的独特价值;秉承原创性,所有选题均为原创著作,并吸收新的研究成果和材料,着重引入近年来对认识中华文化有所突破和创新的成果;坚持普及性,以"大家写小书"为原则,写作深入浅出,图文并茂,用新语言、新形式讲好中国文化故事,打造当代中国人提升本土文化素养的优质读本。

清华大学国学研究院院长陈来认为，对中华文化的"新读"是推动中华优秀传统文化创造性转化与创新性发展的重要形式，并援引哲学家伽达默尔的"视域融合"理论对这套丛书的名称进行诠释。"中华文化新读"具有三重视域：原作者即文本原初的视域，解读者所具有的传统和现代的两重视域。"中华文化新读"的过程，是这三重视域交互作用的结果。一方面，历史传统造就了我们；另一方面，我们在理解的过程中，结合当下运用传统元素，这就会使传统得到发展。对传统文化的创造性转化和创新性发展，在"新读"过程中得以实现。

北京大学哲学系教授干春松解读其著作《公天下与家天下》，聚焦于"大同"和"小康"这两个核心概念，并阐释"大同"和"小康"理念在中国思想史、中国近代史和中国当代政治生活中的重要影响。他认为，对中华文化的"新读"，不仅仅是对古代文献的重新阅读，也意味着在审视当今面临的问题之时，当代人要用好中国文化的丰富思想资源，不断提出对问题的新理解，并为文化的发展壮大提供新力量。

二

"中华文化新读"丛书发布也见证了"快雪讲坛"的启动。北京大学现代中国人文研究所所长陈平原就快雪堂建筑空间的前世今生，特别是对梁启超在此地发起创办松坡图书馆并担任馆长的学林往事做了深入浅出的阐发。

北海公园快雪堂建筑群建于清代乾隆年间，原为皇帝前往阐福寺拈香请福之前休息的场所，仅有澄观堂、玉兰轩两组院落。乾隆四十四年（1779年），闽浙总督杨景素在调任直隶总督时，将明代匠人刘光旸所镌刻的书法石刻进献给乾隆。乾隆极为喜爱，特在玉兰轩后面添建快雪堂院落，将四十八方书法石刻镶嵌在院落墙壁之上。乾隆因王羲之《快雪时晴帖》石刻将此院落命名为快雪堂，并专门撰写《快雪堂记》一文："快雪堂之建，因石刻，非因雪。"

1923年，北洋政府将北海公园快雪堂全院拨作松坡图书馆第一馆，以纪念在护国运动中立下不朽功勋的蔡锷将军。1925年，快雪堂松坡图书馆第一馆正式开放，已受聘清华大学国学研究院导师的梁启超担任松坡图书馆馆长。

据《梁启超年谱长编》记载，梁启超每周在清华大学住4天，另外3天回到城里居住在快雪堂。他常约清华大学国学院的学生在暑期畅游北海，"俯仰咏啸于快雪、浴兰之堂"；也常邀名师在快雪堂举办学术活动。清华大学国学院学生吴其昌记录张君劢在快雪堂的讲学："为诸同学讲宋贤名理，盖穆然有鹅湖、鹿洞之遗风焉"。北海快雪堂由清代帝王的皇家苑囿，转型为公共图书馆和讲学场所，甚至在学生眼中具有了鹅湖书院、白鹿洞书院等的气象。

如今，北海快雪堂不仅仅是一座书法艺术博物馆，也将随着"快雪讲坛"的启动被赋予现代书院的全新功能。快雪堂建筑空间功能的嬗变，恰恰印证了梁思成《为什么研究中国建筑》一文中"尊重这古国的灿烂文化""复兴国家民族的决心"和"在传统的血流中另求新的发展"的愿景。

三

《礼记·大学》有云："苟日新，日日新，又日新。"近代以降，学术界聚焦对中华文化的全新解读、诠释与研究。

陈寅恪在《陈垣〈敦煌劫余录〉序》中写道："一时代之学术，必有其新材料与新问题。取用此材料，以研求问题，则为此时代学术之新潮流。治学之士，得预于此潮流者，谓之预流。其未得预者，谓之未入流。此古今学术史之通义，非彼闭门造车之徒，所能同喻者也。"陈寅恪研讨的主体虽是敦煌学，却也提纲挈领地指向了"新材料"与"新问题"这两个关键词。

王国维在历史学上提出了"二重证据法"，提倡在治学上运用考古发现的"地下之新材料"与古文献记载的"纸上之材料"相互释证。1934年，陈寅恪在《王静安先生遗书序》中，将王国维的治学方法提炼为三：一是取地下之实物与纸上之遗文互相释证，二是取异族之故书与吾国之旧籍互相补正，三是取外来之观念与固有之材料互相参证。王国维治学的"新方法"在学术界产生重大影响。

1919年《新青年》7卷1号刊发胡适《新思潮的意义》一文。胡适在文中提出："新思潮的精神是一种评判的态度"，并提出"研究问题，输入学理，整理国故，再造文明"的16字范式。

"中华文化新读"丛书以对中华文化的前沿研究为立足点,以新视野、新维度、新方法阐释传统文化,力求挖掘中华优秀传统文化的思想观念、人文精神、道德规范,以时代精神激活中华优秀传统文化的生命力。

新材料,新问题,新方法,新思潮,这是"新读"中华文化的荦荦大端。

与古为徒,温故知新。快雪时晴,佳想安善。

［刊于《人民日报》（海外版）2023年4月26日］

YE BOOK

让 思 想 流 动 起 来

官 方 微 博：@壹卷YeBook

官 方 豆 瓣：壹卷YeBook

微信公众号：壹卷YeBook

媒 体 联 系：yebook2019@163.com

壹卷工作室
微信公众号